向け，文化資源化・観光資源化するという作用が，地域アイデンティティに寄与するというプロセスを「産業」「企業」という対象を用いて描き出すこととする．

　本書の中では，文化遺産の概念が拡張する中で企業博物館が文化資源や観光資源としてまなざされ，国や自治体の観光政策の中で産業観光に寄与していく様を示す．企業の資料保存・公開やブランド力向上のために設置された企業博物館はそれゆえの限界はあるが，地域の活性化と観光の隆盛を往還させる一方，生涯学習施設として社会の要請に応えている．また，産業遺産の認定制度，産業観光推進，文化観光推進計画など国や自治体の政策があり，企業がCSRや社会貢献活動の一環としてそれに応えていったという過程がある．企業ニーズにより設置された企業博物館が，国や自治体および社会からの期待に応え，社会的役割を拡幅して地域資源として機能しているのである．

　博物館と観光については，地域単位での自治体，産業界がネットワーク化した包括的な取り組みが必要である．本書の事例研究がその可能性を示すものとなれば幸いである．

まえがき

　本書では，近年注目を浴びる博物館と観光について考察するために，企[業]物館が地域資源として機能する事例をとりあげる．博物館と観光を研究対[象]選んだのは，自分がかつて愛知県の企業博物館で勤務し，またそれ以前に[地]元の新聞社で公立・私立の博物館・美術館と協働で文化事業に従事してい[た]とが端緒である．企業博物館は多くが企業の創立周年を契機に設置され，[自社]の PR，企業史料保存，自社や関連業界理解促進，地域対策・地域貢献，[観光]客対策，その他宣伝活動などが目的である点が公立博物館と異なる．しかし[な]がら，愛知県は自動車産業をはじめとする「モノづくり」産業が盛んであり[，]産業や企業活動が文化や観光，まちづくりに資する地域資源としての役割を[担]う事例に実践的に接していたことから，その現象を明らかにしたいと考えた[．]

　2023 年 4 月から改正，施行された博物館法は，従来の社会教育法に加え[，文]化芸術基本法の精神に基づくことになり，博物館に社会教育施設としての機[能]のほか，他館との連携や，多様な主体との連携・協力による文化観光など地[域]活力向上への取り組みが努力義務とされた．しかし，とくに観光に関しては[博]物館の現場から，社会教育や文化活動を経済活動に組み込むのかという批判[が]多い．これら現場の博物館が抱える課題に学術的・実践的に貢献するため，[地]域のさまざまな事象を観光資源として見出す作業に，どのようなアクターが[ど]のようにかかわり，地域の特色を表す資源が生成されていくのかというプロ[セ]スを示す事例研究を行うこととした．

　文化遺産の社会学において，現代では文化財にとどまらずあらゆるものが[文]化遺産となり得，それらを保存しようとする集合的な意志を解き明かす仮説[と]して荻野は「博物館学的欲望」（荻野 2002）を提示している．また観光社会[学]のアーリとラースンの理論「観光のまなざし」（アーリ・ラースン 2011=2014）[で]は，「観光の場」は観光者のまなざしによって作られ，その範囲は拡大して[]いっているとしている．本書ではこの「博物館学的欲望」や「観光のまなざ[]し」を援用し，従来他者に対するものであった欲望やまなざしを自らの歴史[に]

目　次

まえがき

序　章　博物館と観光を巡る議論 ————————— 1

1　「博物館と観光」は問題なのか　（1）
　　——社会教育，文化，観光を巡る背景——
2　「文化資源」の領域の拡大　（13）
　　——産業活動，企業活動の文化資源化——
3　本書の構成　（16）

第 I 部　観光資源・文化資源の拡張と産業

第 1 章　観光資源・文化資源の拡張 ————————— 25

1　観光と観光資源　（25）
2　博物館と文化遺産の対象の拡張　（28）
3　本書の理論枠組み　（33）

第 2 章　産業振興と博物館 ——————————— 35
　　——未完の産業技術博物館構想——

1　日本における産業関連の博物館の概況　（35）
2　未完の産業技術博物館構想　（41）
3　開館への推進力に関する考察　（56）

第 3 章　企業博物館と産業観光 ————————— 65

1　企業博物館　（65）

iv

2　企業博物館の公益性・公共性　　(69)

3　トヨタの展示施設の設立経緯と，各役割の変遷　　(85)

4　産業観光と企業　　(102)

5　自治体から企業への期待のギャップと「演出された真正性」の学習効果
　　(105)

第 II 部　企業博物館の観光資源化プロセス

第 4 章　愛知県における産業観光ネットワークと企業博物館の
　　　　　観光資源化プロセス ——————————————— 119

1　愛知県の産業観光政策の浸透プロセスの検討　　(119)

2　愛知県における産業観光の推進と博物館　　(120)

3　各自治体と企業博物館の取り組みと相互認識　　(124)

4　分析・考察　　(134)

第 5 章　北九州市における産業の文化資源化と
　　　　　企業博物館の観光資源化プロセス ——————— 141

1　北九州市の産業の文化資源化と観光資源化プロセスの検討　　(141)

2　北九州市の概況　　(142)

3　北九州市の博物館・文化政策　　(146)
　　——「SHINE 博物館構想」と近代化遺産——

4　北九州市の産業観光と博物館　　(150)

5　企業博物館の設立経緯・取り組みと観光へのスタンス　　(157)

6　分析・考察　　(173)

終　章　地域資源としての企業博物館の役割 ——————— 181

1　産業・企業の文化資源化　　(181)

2　産業・企業の観光資源化　　(185)

3　産業・企業が地域資源化すること　（186）

4　博物館と観光への示唆　（191）

5　おわりに　（192）

初 出 一 覧　（197）

あ と が き　（199）

参考文献・資料　（203）

索　　　引　（221）

序 章

博物館と観光を巡る議論

1 「博物館と観光」は問題なのか
──社会教育，文化，観光を巡る背景──

（1）観光に関連した日本の博物館政策の近年の動向

　近年，博物館が収集・保存・研究・展示などの従来の社会教育施設としての機能を超え，社会的・経済的に地域に貢献していくべきという議論が高まっている．たとえば，社会的貢献を求める動向は，国際博物館会議（ICOM：International Council of Museums）での博物館定義の改正を巡る議論にも反映されている．2019 年 9 月に行われた第 25 回 ICOM 京都大会で審議された ICOM[1]博物館定義の改正案[2]は，最終的には採択が延期になったが[3]，現在世界中の博物館を取り巻く社会課題や，そこから博物館に期待される役割を提示するものであった．松田は，伝統的な博物館観を反映する，前の ICOM 博物館定義に対[4]し，新定義案には米英豪やカナダ，北欧の博物館学で主流となりつつある新しい博物館観が反映されていると指摘している．すなわち，現代社会が抱えるさまざまな課題─多文化共生，移民，ジェンダー，LGBTQ，貧困，犯罪，戦争や紛争，環境破壊や気候変動など─に博物館が積極的に関与していこうという博物館観である[5]（松田 2020 p. 26）．

　また，経済的貢献を求める動向は，OECD と ICOM が共同で発行した『文化と地域の開発：最大限の成果を求めて──地方政府，コミュニティ，ミュージアム向け　OECD─ICOM ガイド──』（OECD・ICOM 2019a）[6]にも見ることができる．同ガイドの序文では，ミュージアムや文化遺産が「地域発展を強力に後押しする大切な資産であり，観光客を誘致し，収益を生み出し，地域経済を活性化し，包摂を強化し，文化の多様性を促進し，地域のアイデンティティ

を再構築する力」を持つとの点が述べられている（OECD・ICOM 2019b）．同ガイドの発行の背景について後藤は，博物館に関する問題を地方政府における上位問題として位置づけるよう，ICOM が UNESCO や OECD などと連携してきた経緯があると指摘する．さらに，同ガイド発行の目的が，博物館の問題が地方政府の政策として実行されるために，①博物館が文化的，経済的，社会的に効果が大きいというエビデンスを示す，②地方政府，コミュニティ，博物館がそれぞれ何を行うべきか，三者がどのように連携するのか，を具体的かつ明瞭に示す，との点にあったとしている（後藤 2020 p. 42）．

　パリのルーブル美術館，ロンドンの大英博物館，ニューヨークのメトロポリタン美術館を例にあげるまでもなく，世界の著名博物館は文化観光の場として機能しており，ツアーや観光ルートの目玉として組み込まれて主要な観光資源として認識されている．2015 年に UNESCO が採択した「ミュージアムと収蔵品の保存活用，その多様性と社会における役割に関する勧告」では，博物館と観光について以下の記述がある．「イントロダクション　2．ミュージアムはまた，文化の伝達や，文化間の対話，学習，討議，研修の場として，教育（フォーマル，インフォーマル，及び生涯学習）や社会的団結，持続可能な発展のためにも重要な役割を担う．ミュージアムは，文化と自然の遺産の価値と，すべての市民がそれらを保護し継承する責任があるという市民意識を高めるための大きな潜在力を保持する．ミュージアムは経済的な発展，とりわけ文化産業や創造産業，また観光を通じた発展をも支援する．」「経済およびクオリティ・オブ・ライフとミュージアムの関係　14．加盟各国は，ミュージアムが社会において経済的な役割を演じうることや，収入を生む活動に貢献しうることを認識すべきである．加えて，ミュージアムは，観光経済に関係して，所在地周辺の地域社会や地方のクオリティ・オブ・ライフに貢献するような生産的な事業を行っている．より一般的には，ミュージアムはさらに，社会的弱者の社会的包摂を増進することもできる．」（日本博物館協会 2017）．

　一方，日本では 2022 年 4 月，博物館法の改正が成立した．「博物館に求められる役割が多様化・高度化していることを踏まえ，博物館の設置主体の多様化を図りつつその適正な運営を確保するため，法律の目的や博物館の事業，博物館の登録の要件等を見直す」もので，法律の目的については，社会教育法に加

えて文化芸術基本法の精神に基づくこと，（中略）他の博物館などとの連携，多様な主体との連携・協力による文化観光など地域活力向上への取り組みが努力義務とされる．1951年に公布・施行された博物館法に初めて「観光」に関する文言が盛り込まれたことになる．施行は2023年4月からである（文化庁 HP a）．2020年5月には文化観光拠点施設を中核とした地域における文化観光の推進に関する法律，文化観光推進法が施行されており，これに基づく拠点計画および地域計画の申請・認定が同年から始まった（文化庁 HP b）．2022年9月現在，公立・私立の博物館や文化施設を中核文化観光拠点施設とした計画が44件認定されている（文化庁 HP c）．

　令和3年度社会教育調査では，日本の登録博物館・博物館相当施設は1305館で過去最多，博物館類似施設は4466館で前回調査より増加している（文部科学省 2023）．日本では，1970年代から1980年代にかけて歴史博物館，美術館，文学館，動物園，植物園などさまざまな種類の博物館が建設されたが1990年代前半に景気が著しく後退し，国や地方自治体の財政赤字が拡大に伴う事業見直しの中で，利益を生まない公立博物館への風当たりが強くなった（木下 2019 p.31）．2002年，小泉改革の一環として地方自治法が改正され，2003年度からは指定管理者制度が公立博物館にも適用され，運営の民営化による経営効率化が求められ，新自由主義的な傾向が博物館運営にも入ってきている．

　2018年10月には文部科学省の組織改編が行われており，教育分野の筆頭局であった生涯学習政策局に替わり，総合教育政策局が設置された．この目的は従来，学校教育政策と社会教育政策とが縦割りで展開されているとの指摘があったことから学校教育と社会教育を通じた包括的で一貫した教育政策をより強力かつ効果的に推進するためであり，総合教育政策局のミッションは「学校教育・社会教育を通じた総合的かつ客観的根拠に基づく教育政策を推進」「生涯にわたる学び，地域における学び，ともに生きる学びの政策を総合的に推進」の二つである．従来の社会教育課は廃止され，青少年教育課を合体して地域学習推進課となった．同時に文化庁の機能強化をはかることを目的に博物館行政が文部科学省から文化庁へ移管された（文部科学省 2018）．2019年6月に，社会教育法，博物館法，図書館法の一部が改正され，教育委員会が所管する公立の図書館，博物館，公民館その他の社会教育に関する教育機関について，ま

ちづくり，観光など他の行政分野との一体的な取組の推進などのために地方公共団体がより効果的と判断する場合には，社会教育の適切な実施の確保に関する一定の担保措置を講じた上で条例により，地方公共団体の長が所管することが可能となった（文部科学省 2019）．

　従来博物館が社会教育施設として提供してきた教育機能に加え，「観光ビジョン実現プログラム 2018」（平成 30 年 6 月 12 日　観光立国推進会議決定）などで政府が推進する「文化財の観光資源化」「稼ぐ文化」に照準をあわせ，博物館・美術館が教育行政だけでなく，文化行政・観光行政の一翼をも担っていくという方向性で（観光庁 2018a），2020 年施行の文化観光推進法，2023 年施行の博物館法の改正はこの流れに沿ったものである．

　このように博物館が「社会教育施設」という立場を超えて，「観光施設」としての機能をより強化するという国の政策についてはさまざまな議論がなされている．日本社会教育学会は，「国際的にも生涯学習が重要な政策課題になっている時に，生涯学習政策局及び社会教育課を『廃止』することは，今後の我が国の教育政策に与える影響と，特に，自治体生涯学習振興行政・社会教育行政の改編に与える影響は大きいと危惧」し，文部科学省に対して 2017 年 9 月に「文部科学省の組織改編に伴う生涯学習政策局及び社会教育課『廃止』に関する要望書」を提出してその存続を求めた（日本社会教育学会 2017）．また，社会教育施設の所管の変更についても，法的疑義と，導入された場合，社会教育行政が衰退する自治体が発生する恐れがあるとし，文部科学省に対して 2018年 6 月に「公立社会教育施設の教育委員会所管堅持に関する要望書」を提出し（日本社会教育学会 2018a），他の教育関係の 6 学会もこれを支持した（日本社会教育学会 2018b）．

　文化財に関しては 2017 年 9 月，山本幸三地方創生担当相（当時）が大津市での講演後，観光やインバウンド（訪日外国人）による地方創生に関する質疑で「一番のがんは文化学芸員だ．観光マインドが全くなく一掃しなければだめだ」と発言して物議を醸した．全日本博物館学会はこれを事実誤認とし，博物館は地域を学ぶ場であるとともに観光の拠点となっている，とする声明を出した．また，未来投資会議構造改革徹底推進会合に文化庁から提出された資料「アート市場の活性化に向けて」で，「先進美術館」が作品をオークションで売買す

る図が示されて美術館関係者から批判が起こり，全国美術館会議は「美術館は
すべての人々に開かれた非営利の社会教育期間である（中略）収集にあたって
は投資的な目的とは明確な一線を画さなければならない」との声明を出してい
る[9]．栗田は前述の二つの事例に関して「共通して危惧されるのは，観光，経済
主義に前のめりになるあまり，博物館の最低基準である『国際博物館会議職業
倫理規定』（2004）の基本理念が軽視されているのではないか」とし，同時に
「歴史的，芸術的，学術的，鑑賞的価値だけが，文化財に見出されてきたが，
社会的価値，経済的価値の追求も文化財政策の重要な課題となった」とする松
田の指摘（松田 2018 pp. 45-46）や，2017 年 6 月に成立した文化芸術基本法，
2019 年に施行された文化財保護法の大幅改正に触れ，文化財の保存と活用を
二項対立的にとらえる視座からの脱皮を果たすべき時期が早晩やってくるのは
確実であろうと述べている（栗田 2019 pp. 279-284）．

　日本博物館協会担当者によれば現在の博物館行政に大きく影響を与えている
のは，日本全体の政策変換である．日本の持続可能な経済発展の方向性はこの
10 数年で明確に変わり，製造業の輸出によるビジネスモデルが成功軌道に
乗っていた時代が終わりつつあると国が認識し，国内的には少子高齢化が進み，
経済活動を支える人口減が起こり，40 年先の人口ピラミッドの危機的な状況
が予想されている．持続的に日本を発展させる方策として，ソフト優先の芸術
文化立国，観光施策がある．今まで製造業で稼いでいた部分を，インバウンド
誘致による観光産業で賄おうという考え方で，2019 年度の「経済財政運営と
改革の基本方針 2019～「令和」新時代：「Society 5.0」への挑戦～（令和元年 6
月 21 日閣議決定）」，いわゆる政府の「骨太の方針」にもそれが謳われている．

　これを受けて博物館関連の行政も，前述のように文部科学省から文化庁へ移
管し，また地方自治体の公立博物館が教育委員会から首長部局にも移管可能と
なる．文化芸術推進基本法の文化芸術基本法への改正，文化財保護法改正など
の政策転換もここ数年で行われてきた．

　そして教育基本法，社会教育法，それにひもづく博物館法に規定されている
博物館のあり方に多様化が求められる．多くの博物館関係者は，今まで教育委
員会所管の社会教育施設だと位置付けられていた博物館が，所管が首長部局に
行って産業振興や観光部局にどんどんシフトすると，社会教育機関としての機

能が低下するという危機感を持っている．しかし博物館の持続的な発展のためには今後は社会教育機関機能以外にもさまざまな要素を身につけた館への脱皮が求められていく．

　一方，地方自治体における公立博物館の現場が抱える課題は，1990 年代から都道府県・市・町立館とも，予算，人員配置などのリソース不足である．1990 年代のバブル崩壊や 2000 年代末のリーマンショック後に 20〜30％のシーリングがかかり始め，現在も 3〜5％のシーリングがかかり続ける館も多く，県立博物館で資料購入費ゼロの館が約 5 割，学芸員 1 人当たりの研究費はゼロ，という館も多い．指定管理者制度は民間活力の導入以上に，全体的には合理性，経済効率性を優先する仕組みとして使われる傾向にある．そのような状況の中，国から，観光施設として，また地域のコミュニティの中核施設としての役割を求められても，小規模自治体や現場はそれに対応できる施策やリソースがないというのが多くの公立博物館の現状である[10]．

（2）日本の観光政策の近年の動向と，まちづくりの関係

　2020 年から始まった新型コロナウィルス感染の影響がなかった令和元(2019) 年の観光白書によると，2018 年の訪日外国人旅行者数は 3119 万人(2012 年の 836 万人から約 3.7 倍)，同旅行消費額は 4.5 兆円（同 1 兆 846 億円から約 4.2 倍）でいずれも東日本大震災の翌年 2012 年から 6 年連続の増加である．日本人宿泊旅行者数は延べ 2 億 9105 万人，同旅行消費額は 15.8 兆円，国内日帰り旅行は延べ 2 億 7073 万人で同旅行消費額は 4.7 兆円であるが，ともにこの 6 年間は横ばいあるいは減少していることを見ると，日本の観光産業にとってはインバウンド客の割合が急増しているのがわかる（国土交通省 2019）．

　2016 年 3 月 30 日には『観光先進国』への新たな国づくりに向けて，「明日の日本を支える観光ビジョン構想会議」が「明日の日本を支える観光ビジョン」を策定した．その中の訪日外国人旅行者数目標は 2020 年度 4000 万人，2030 年度 6000 万人，また訪日外国人旅行消費額目標を 2020 年度 8 兆円，2030 年度 15 兆円である．国際旅行収支を「見えざる貿易」（長谷編 2017）として貿易額と比較すると，2018 年度の日本の製品別輸出額のうち，1 位の自動車は 12.2 兆円，2 位の化学製品は 8.9 兆円，3 位の電子部品は 4 兆円であり

（観光予報プラットフォーム推進協議会 2019 p.3），2018 年度の訪日外国人旅行消費額は現在 3 位の電子部品を上回る．2006 年の「観光立国推進基本法」成立以来の「観光立国」政策およびインバウンド施策は一定の成功を収めたと言ってもよい．2030 年度の目標数値（当時）を獲得できれば 2018 年度に 1 位の自動車も上回ることになる．

　日本では 1963 年に観光政策の基本方針などを示した観光基本法が施行された．同法施行当時には政府はインバウンド政策に積極的だったが，1970 年代以降 1990 年代までは貿易黒字を是正し各国との経済摩擦を避けるため，日本人の海外旅行，アウトバウンド政策を推進してきた．しかし，1990 年代初頭のバブル崩壊，国内産業の海外移転による雇用減少などによる景気低迷による新産業創出の観点から，観光は成長分野として注目され，とくに訪日外国人旅行者の誘致が図られることになる．

　2003 年には当時の小泉内閣総理大臣が観光立国懇談会を開催，同年「ビジット・ジャパン・キャンペーン」が始まり，観光立国担当大臣が任命された．そして 2006 年には観光基本法を約 40 年ぶりに改正した観光立国推進基本法が成立した．その基本的施策は①「国際競争力のある高い魅力ある観光地の形成」，②「観光産業の国際競争力の強化及び観光の振興に寄与する人材の育成」，③「国際観光の振興」，④「観光旅行の促進のための環境の整備」である．2007 年には観光立国推進基本計画が閣議決定され，計画期間 5 年間の目標として次の五つの基本的目標が定められた．① 訪日外国人旅行者数 1000 万人（2006 年 735 万人），② 日本人の海外旅行者数 2000 万人（2006 年 1753 万人），③ 観光旅行消費額 30 兆円（2010 年度まで），④ 日本人の国内観光旅行一人当たり宿泊数年間 4 泊，⑤ 国際会議開催件数を 5 割以上増やす．このうち 2012 年までに達成されたのは⑤のみであった．2008 年には国土交通省の外局として観光庁が発足した（中井 2018 pp.145-150）．

　2016 年に前述の「明日の日本を支える観光ビジョン」が策定され，これを踏まえて 2017 年には新たな観光立国推進基本計画（4 年間）が定められた．「観光は我が国の成長戦略の柱，地方創生への切り札であるという認識の下，拡大する世界の観光需要を取り込み，世界が訪れたくなる『観光先進国・日本』への飛躍を図る」という考え方のもと 2020 年度までの数値目標として①

国内旅行消費額 21 兆円，② 訪日外国人旅行者数 4000 万人，③ 訪日外国人旅行消費額 8 兆円，④ 訪日外国人リピーター数 2400 万人，⑤ 訪日外国人地方部延べ宿泊者数 7000 万人，⑥ アジア主要国における国際会議開催件数に占める割合 3 割以上（アジア最大），⑦ 日本人の海外旅行者数 2000 万人を掲げている（観光庁 2017）．このうち⑥は 2018 年度ですでに達成，①⑦は近い数値まで上がってきている（国土交通省 2019）．2020 年から始まった新型コロナウイルス感染拡大で停滞していたものの，中長期的には訪日外国人観光客を誘致し，産業としての観光を進行していこうという政策の方向性は継続している．

　一方，観光の現場である地域の視点から見ると観光は地域の経済活動およびまちづくりと密接に絡む．堀野は，バブル経済期の最中である 1987 年の総合保養地域整備法（リゾート法）により，全国の過疎問題に悩む農村地域の自治体が，所得や雇用の創出の機会として大企業によるリゾート開発事業に取り組んだが，大半が経営難に陥り自治体の多額の債務や自然破壊など深刻な禍根を残したことを指摘する．また，高度経済成長期に隆盛であった団体旅行客が 1980 年代には減少したことにより，既存の観光地も苦境に陥った．一方，個人旅行者の多様化する観光ニーズに応える，エコツーリズム，グリーンツーリズム，コンテンツツーリズムなどのニューツーリズムが注目され，旅行会社企画による発地型観光ではなく，地域ごとの特色を生かし地域主導で観光企画や商品開発を行っていく内発的観光開発，着地型観光が推奨されていく．ここで注目されていくのが，観光と地域づくりの関係である．2000 年代初頭に，小樽，遠野，小布施，高山，長浜，湯布院などで成功した「観光まちづくり」の考え方は，地域の行政，企業，住民が中心となり地域外の関係者との交流を通じて地域資源を発掘し，地域住民のアイデンティティの形成や文化創造に寄与する．既存施設を活用し，自然・社会の環境許容量に適合した規模の開発を進め，持続可能な観光基盤を築いていくというものである（堀野 2011 p.100）．

　しかし，現在，「観光立国」推進のため地域主導型観光も再び「まちづくり主体」から「観光主体」に方向転換しつつある．一例として観光庁は 2015 年に日本版 DMO（観光地域づくり法人：Destination Management/Marketing Organization）の育成支援を始めた．その後「登録 DMO」と改称された DMO の説明としては「地域の『稼ぐ力』を引き出すとともに地域への誇りと愛着を醸成す

る『観光地経営』の視点に立った観光地域づくりの舵取り役として，多様な関係者と協同しながら，明確なコンセプトに基づいた観光地域づくりを実現するための戦略を策定するとともに，戦略を着実に実施するための調整機能を備えた法人」である．2022 年 10 月現在，登録 DMO 法人は 255 団体である．「観光ビジョン実現プログラム 2019」でも，地域観光の主体を自治体および DMO と定め，観光資源の発掘・磨き上げからマーケティング，インバウンド対応などワンストップで観光施策を行う団体と位置付けており，設立支援のための資金融資や人材マッチング，マーケティングツールの提供なども行っている（観光庁 2019a）．ともあれ，地域主導型観光は「まちづくり」主体だった時代から，観光による経済活動にシフトしている．そして，その中で地域の博物館も観光資源として着目され，観光施設としての機能を期待されているのは前項で述べたとおりである．

（3）「博物館と観光」「観光まちづくり」の関係

　ここで「博物館と観光」「観光まちづくり」が歴史的にどのようにとらえられてきたか，先行研究や資料などから考察する．まず「博物館と観光」に関する先行研究では，博物館を観光資源ととらえてきた歴史，観光型博物館の存在や成立，博物館が地域の観光に及ぼす影響，および博物館に観光貢献を求める政策の問題点の指摘，といった観点から知見の蓄積がある．

　中村は，歴史的にみると博物館を観光資源としてとらえる考え方が，戦後から存在していることを指摘している．日本博物館協会が 1947 年に『觀光外客と博物館並に同種施設の整備充實』を発行し，① 観光事業の重要性，② 観光事業に対する博物館並に同種施設の任務，③ 観光地における既設博物館動植物園水族館など設備の充実完成，④ 館園外客迎接施設の整備，⑤ 観光地に新たに設置すべき博物館並に同種施設，⑥ 全国館園の共同的観光対策，について記し，サンフランシスコ平和条約締結後，海外から日本への渡航が自由になった際に外国人観光客が増加することを予測して「本邦の特異の文化を真によく理解せしめて帰すことは，日本の品位向上の点から見てきわめて重要」と提言している．観光基本法制定（1963 年）以降，大阪万国博覧会の開催や週休二日制の定着により日本は観光旅行の大衆化の時期をむかえ，その受け入れ施

設としての博物館に関する議論，とくに地域開発と博物館の果たす役割に関する論考が見られ始める．「ヘリテージツーリズム」「エコツーリズム」など欧米の概念を取り入れた地域資源再発見の観光とともに，産業博物館・企業博物館への関心も高まった．そして観光立国推進基本法が制定された 2007 年以降は，博物館に観光施設としての機能をより求められる政策が進み，日本博物館協会でも大会の分科会や機関誌などで，「博物館と観光」についてとりあげている[11][12]（中村 2017 pp. 124-129）．

　伊藤は，『市民のなかの博物館』で博物館を「地域志向型」「中央志向型」「観光志向型」の三つの型に分類し「博物館の利用というと，今までは観光的利用や，一般教養的目的で国立博物館，科学博物館の重要な資料を見学するというスタイルが中心でした」とやや批判的に述べている（伊藤 1993 pp. 13-16）．この論考の原本は 1984 年に出されており[13]，この時点での日本の博物館の設置状況は，伊藤の分類による中央志向型・観光志向型が中心であり，博物館＝観光という考え方はむしろ当然と受けとめられていたと考えられる．伊藤は同書においてさらに博物館を世代ごとに分類しており，「第一世代」は宝物の保存施設であり観光・娯楽としての非日常的利用，「第二世代」は多様化する地域資料を収集・調査・公開する県立・市立の地域博物館で，博物館法にのっとって収集・調査・展示・教育普及を行うが，学芸員をはじめとする博物館からの一方通行の発信であり，観客にとっては一過性の見学施設と位置づけている．「第三世代」は社会の要請に基づいて必要な資料を発見し，作り上げていく市民参加・体験を運営の軸とする博物館である（同上 pp. 141-154）．第三世代はこの時点では期待概念であったが，伊藤のこの提唱は全国の博物館関係者に大きな影響を与え，現在では琵琶湖博物館，大阪市立自然史博物館，平塚市博物館などがその代表的な事例として語られる．

　また，古本は，「観光型博物館」がリゾート地に多く存在している点を指摘したうえで，特定地域の観光地化と博物館成立の関係について考察している．具体的には，静岡県の伊豆高原地域と長野県の安曇野高原地域を事例として，別荘地開発での移住者の流入によるコミュニティの形成と美術館集積，観光地化について論じている（古本 2014）．

　博物館が地域の観光に及ぼす影響については，和泉は実践的な観点から，観

光による地域振興に対しての博物館の貢献可能性について論じている．同論考において和泉が提案している博物館の有効性は，地域固有の資源の新たな活用の基礎構築への貢献，情報発信の拠点，地域の産業との連携によるコミュニティベースの経済振興への貢献など，である（和泉 2016）．また山本は，実際に大型集客施設となったミュージアムがどのような影響を地域に及ぼしたのかについて検討している．山本が対象としたのは広島県呉市の大和ミュージアムの事例で，同博物館の成立を受けて当初予想以上の来場者が集まり，そのことが同市と周辺の観光・地域戦略を変化させていった過程を，広島県と呉市の「空間的分業」の存在と瓦解という視点から論じている（山本 2015）．

　辻や森屋など，博物館に観光貢献を求める政策について問題点を指摘する論考もある．辻は，社会教育施設としての出自をもつ公立博物館や，そこに勤める職員に，経済活動への貢献を期待することの妥当性について疑問を呈している．2015 年に閣議決定された第二次安倍内閣の「日本再興戦略」以降「文化財でカネを稼ぐ」政府方針が強く打ち出されているが，文化財の保存と観光目的の活用の両立を既存の博物館や学芸員が担うことは，現場の状況から見て現実的ではないのではないか，というのが辻の指摘する問題点である（辻 2019）．また森屋は，地域博物館論を軸とした「自律的観光」のあり方を論じる中で，地域を基盤としたボトムアップの「ミュージアム・ツーリズム」の考え方と，トップダウンによる国の博物館政策との間に齟齬が生じているとの点を指摘している（森屋 2019）．

　次に観光と地域については，「観光まちづくり」に関する論考は数多あり，堀野は，日本観光研究学会の学会誌の中で登場する「観光まちづくり論」を時代ごとに三つのステージにわけて整理している．第一ステージは「観光まちづくり」という言葉が登場した 1996 年から 2000 年代までで，この頃は前述のようなリゾート開発の失敗やマスツーリズムの弊害という観光の負の側面の反省から地域と観光のあり方を見直し，地域主体の「まちづくり」の取り組みによって結果的に観光を呼び込むという「結果観光論」が主張されている．第二ステージは 2000 年代で少子高齢化や過疎化による地域で，交流人口の増大を促すことが必要とされ，まちづくりの結果としての観光ではなく，観光のための人材育成，マーケティング，経営という課題が上がってくる．第三ステージ

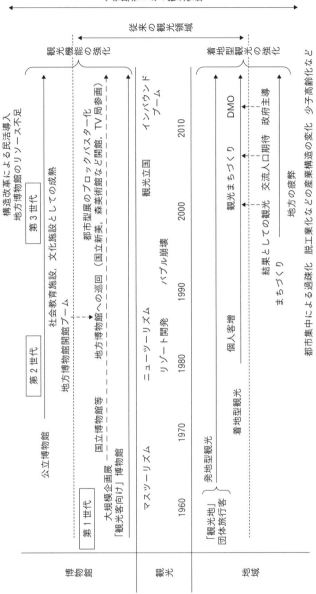

図1 博物館、地域の観光に関連する動き

出所）筆者作成.

は大きな特徴は，政府や観光関連産業への観光まちづくり論の取り込みである．学会・行政・業界がこぞって観光まちづくりを推奨するという構図が現れ，その実質的な目的は経済的効果を上げるための観光の推進だという（堀野 2017）．

このような「博物館と観光」「観光まちづくり」をめぐる議論には共通項がある．すなわち，戦後から高度経済成長期にかけては，国民の余暇・娯楽としてのマスツーリズムが隆盛となり，「観光地」は観光に目的化した地域づくりがなされ，博物館も一部の国立館などを除き立地も内容も「観光」に目的化した「観光施設・集客施設」として設立されていたものが多かった．1980年代以降，観光においてはマスツーリズムの衰退やリゾート開発の失敗などにより，地域主導型のまちづくりがなされ，結果的に観光に貢献する「観光まちづくり」が現れる．博物館においては1980年代〜90年代に地方自治体の公立博物館開館が相次ぎ，伊藤が言うところの第二世代，第三世代の博物館が社会教育施設としての機能を確立していく．2000年代に入ってからは観光においては観光立国，そして少子高齢化による過疎化などの課題解決のための地域主導観光，博物館においては構造改革による指定管理者制度導入などにより，経営視点での取り組みが促されていく．そして2012年以降のインバウンド施策の中の観光政策から，地域においてDMOの設立や地域の観光資源の磨き上げ，既存の地域の博物館の観光資源化，観光拠点化が推奨されていく．つまり，高度経済成長期の反動で「観光目的」で疲弊した地域，また日本における博物館概念が未成熟な時期に本来的な博物館機能に欠けていたとされる博物館が，「まちづくり」を主体とする地域活動，「社会教育」のための博物館として内発的な取り組みを進めて成熟していったにもかかわらず，今再び社会課題解決や経済論理による「観光立国」政策により否応なしに「観光」に取り込まれていく姿が浮き彫りになってくるのである（図1）．

2 「文化資源」の領域の拡大
――産業活動，企業活動の文化資源化――

（1）「産業」の文化資源化
博物館の観光への寄与が促されていることに関しては，すなわちその収集・

展示の対象である資料も，観光資源ととらえられているといえる．博物館法第二条には収集対象の資料として「歴史，芸術，民俗，産業，自然科学等」があげられている．とくに，産業に関しては近年の産業遺産，産業観光ブームとも相まって，文化資源化が進んでいる．

　歴史的な産業遺構や工業製品が「産業文化財」「産業遺産」と見なされるようになったのは，高度経済成長が終わった 1990 年代以降に近代への認識が大きく変化したことが背景にある．「近代」に対しては，「進歩」「豊かさ」などの肯定的要素の反面「戦争」「公害」などの否定的要素も強かったが（産業観光推進会議 2014 p. 17），1992 年，日本がユネスコの世界遺産条約を締結し，1996 年には「負の遺産」の象徴である広島の原爆ドームが登録され，近代に対するまなざしの大きな転換点となった（同上 p. 4）．明治以降の我が国の近代化，産業技術の歴史を再評価する動きが出はじめ，1990 年から文化庁は各都道府県教育委員会を通じ「近代化遺産総合調査」を開始しており，1996 年には近代化遺産を主要な対象とする登録文化財制度が創設されている．2007 年には経済産業省が「近代化産業遺産群 33 件」を認定，翌年さらに 33 件を追加している（経済産業省 HPa）．世界遺産では 2007 年に「石見銀山遺跡とその文化的景観」，2014 年に「富岡製糸場と絹産業遺産群」，2015 年に「明治日本の産業革命遺産 製鉄・製鋼，造船，石炭産業」が認定された（産業観光推進会議 2014 p. 4）．

　一方，博物館の歴史では，産業博物館の設立において博覧会が影響している事例を多く見ることができる．たとえばイギリスにおけるサウス・ケンジントン博物館（のちにビクトリア・アルバート美術館とロンドン科学博物館に分離）の設立は 1851 年の第一回ロンドン万国博覧会の直接の産物であった．万博の開催により他国の優れた工業製品やそのデザインが紹介され，イギリスの科学技術教育や工業デザインの立ち遅れが明らかになり，国民への教育の必要性が唱えられて，万博の剰余金から 1857 年にサウス・ケンジントン博物館が開設された（高橋 2008 pp. 225-236）．アメリカではシカゴ科学産業博物館が 1933 年のシカゴ万国博覧会に間に合わせる形で開館され，その後副総裁・事務局長であったローアが同館総裁に招かれたことから，博覧会と同様に「大衆教育」路線を選んで，企業が展示のスポンサーとなるシステムが確立された（同上 pp. 338-350）．

　日本が初めて正式に万国博覧会に参加したのは，1867 年の第二回パリ万国

博覧会への江戸幕府などの出品である．明治維新後 1873 年のウィーン万国博覧会には日本政府として初めて公式参加し，参加した佐野常民の報告書や日本の出品に助言した御雇い外国人ワグネルの意見などから日本国内の博物館建設の機運が高まり，また 1877 年から日本で 5 回開催された内国勧業博覧会で建設された美術館などが基盤となり，のちの東京国立博物館，国立科学博物館の起源となる博物館が設置されている（安高 2014 pp. 44-57）．

（2）「企業」の文化資源化

日本には企業博物館が数多く存在する．企業博物館は，一般に企業が直接あるいは財団などで間接に運営している博物館を指す．半田は日本で企業博物館に関する議論が本格化したのは 1980 年代半ば以降だと指摘する．世界的には 1980 年代以降の企業博物館研究に主導的役割を果たしたのは，シカゴ科学産業博物館の館長兼最高経営責任者をつとめた V. J. ダニロフで，企業博物館（Corporate Museum）について「博物館的環境のなかで，実物の展示を中心に，企業の歴史や事業，または企業理念や企業の目指すところを従業員，顧客，大衆に知ってもらう企業の一機能」と定義し，従来からある企業立の美術館と一線を画している．一方，企業博物館は営利目的の企業の一部であり，商業主義的，専門職員がいないケースも多いなどの観点からアメリカ博物館協会による[14]博物館の定義には該当しないとし，その後の日本の企業博物館に関する議論に影響を与えた（半田 2017 pp. 224-229）．

高柳は日本での企業博物館は戦後 1970 年代以降に増加し，80 年代，90 年代にはピークをむかえたと指摘し，高度経済成長により企業が CI やブランディングに力を入れたこと，永続する企業が増え創業の精神の伝承の必要が増えたこと，企業の周年事業の増加，各企業内での歴史的資料や製品の蓄積，大阪万博やその後の地方博覧会の連続的な開催により，パビリオン出展した企業が自社展示のノウハウを積んだこと，そしてその施工を請け負った電通，博報堂などの広告代理店，丹青社，乃村工藝社，トータルメディアなどのディスプレイ会社が，展示技術を発展させていったことなどが，企業博物館の増加の主要因と述べている（高柳 2011 pp. 39-70）．

また，工場見学に取り組む企業も多い．1960 年代には公害が社会問題化し

たことで企業がその対応として工場開放と視察などに取り組んだ（産業観光推進会議 2014 p.4）．一方同時期にマスツーリズム時代をむかえ，食品・飲料工場など「観光集客を意図した工場」が観光対象として台頭している（同上 p.29）．2000年以降には，生産現場をそのままではなく「ご覧いただくための工場＝ファクトリーパーク」として投資・建設する傾向が見られるようになった（同上 p.5）．

3 本書の構成

（1）本書の着眼点

　第1節で「博物館と観光」をめぐる議論，第2節で文化遺産の概念が拡大し産業や企業が文化資源ととらえられて行くことについて整理した．現在，博物館と観光，まちづくりなど地域活性化への取り組みのため，現場の博物館が抱える課題に学術的・実践的に貢献するためには，地域のさまざまな事象を観光資源として見出す作業に，どのようなアクターがどのようにかかわり，地域の特色を現す地域資源が生成されていくのかというプロセスを示す事例研究が有効と考える．

　地域と産業遺産に関する事例研究は数多く展開されており，木村は軍艦島を題材に，行政と地元住民がどのように軍艦島を産業遺産として生成し，表象実践していったかというプロセスを分析している（木村 2014）．山本は，地理学の視点から，国の政策である「近代化遺産」を，地域住民がどのような戦術的実践でとらえていくのか，北九州市の「東田第一高炉」保存運動と，佐世保市の米軍事施設の近代遺産化を事例に論じている（山本 2013）．森嶋は，企業博物館を核に近代化産業遺産を保存活用している岡山県倉敷市と茨城県日立市の二つの歴史的企業城下町について，中核企業の企業文化，および企業と地域各主体の関係構造の差異に着目して比較考察している（森嶋 2014）．平井は炭鉱・鉱山の遺構を対象に複数の事例の通時的な比較研究を行い，1970年代から今日に至るまでの日本における産業遺産の観光資源化の一連のプロセスを分析している（平井 2017）．

　しかし，日本の観光政策，博物館政策の流れの包括的な観点として，地域の

中で既存の博物館がどのように観光資源として発見され，磨き上げられ，観光施設として機能しているのかという視点での先行研究は見当たらない．

以上を踏まえ，本書では，産業観光と企業博物館の関係を手掛かりにその現象を明らかにしようと試みる．日本では1990年代頃から産業観光が盛んとなり，公益社団法人日本観光振興協会[15]に事務局を置く全国産業観光推進協議会[16]が2007年から毎年「産業観光まちづくり大賞」を主催しているように，企業や企業博物館が「産業観光」の枠組みで観光まちづくりに参加し，地域活性化に貢献している事例は多くあると推測される．しかし，今のところ，地域社会やステークホルダー目線での，地域資源としての企業博物館に着目した研究は見当たらない．長年活動を継続している企業博物館の事例を見ると，地域社会の文化発信拠点として根づき，地域資源の役割も果たしている可能性もある．

（２）研究方法・構成

本書は，地域における文化および観光への貢献の観点から，企業博物館の地域資源化プロセスを明らかにする．資料・文献調査に加え，企業博物館担当者，自治体観光部局および文化政策部局担当者などへの聞き取り調査などから事例研究を行う．

序章では，本書の背景と目的を整理する．2022年に改正が成立した博物館法や，2020年に施行された文化観光推進法を巡る議論もあわせて，文化資源の対象が産業を含む広い領域に拡大しており，同時に博物館に対して社会教育施設，文化施設という価値以外に観光やまちづくりなどへの貢献が求められていることなどの課題を整理し，研究の方法について述べる．

第1章では本書に関する理論枠組みを設定するため，第1節で「観光のまなざし」「演出された真正性」を軸に観光社会学の理論を，第2節では博物館学や文化遺産の社会学での理論や先行研究をレビューし，近代市民社会の誕生とともに観光や博物館が大衆化し，博物館が国民国家としてのナショナリズム涵養の場となること，また，資本主義の浸透とともに文化遺産の対象が拡大していくことを俯瞰する．第3節で本書の理論枠組みを設定する．

第2章では企業博物館の前提としての産業博物館について概観する．第1節では日本の産業関連の博物館の概況，第2節では未完に終わった産業技術博物

館構想を複数事例調査し，第3節では未完に終わった要因を考察する．第二次
世界対戦後，日本では産業振興，科学立国のために科学館や産業にかかわる博
物館が設立されたが，総合的な産業技術博物館が何度も計画されながら実現し
なかったことについて，各構想の相互影響と社会環境変化も踏まえて論考する．
　第3章では企業博物館と産業観光について検討する．第1節では企業博物館
の概況を，第2節では企業博物館の公益性・公共性を公立文化施設との比較で
検討し，第3節では歴史的事例として複数の文化施設をもつトヨタの各展示施
設の設立過程を記述する．第4節では日本の産業観光の歴史を概観し，第5節
では愛知県の産業観光政策と自治体からの企業への期待についてインタビュー
から分析し，産業観光と教育観光について「演出された真正性」を軸に考察す
る．
　第4章では，愛知県を事例に企業博物館と自治体の産業観光の取り組みをと
りあげる．第2節で愛知県の産業観光政策の歴史を概観し，第3節で政策浸透
の流れと，各自治体と企業博物館の取り組みと相互認識をインタビューと資料
調査から描き，第4節で，企業博物館の観光資源化プロセスを考察する．愛知
万博を契機に官民で立ち上がった産業観光のネットワークが，その後も自治体
の観光政策に織り込まれて，企業博物館が観光資源として機能するに至ったプ
ロセスを追う．
　第5章では北九州市を事例に，公立産業技術博物館設立の動きと産業観光の
関連，また行政と企業博物館の相互認識について考察する．第2節では北九州
市の概況，第3節では博物館・文化政策，第4節では北九州市の産業観光と博
物館について，第5節では五つの企業博物館の取り組みについて記述し，第6
節で分析・考察を行う．官営八幡製鉄所から歴史が始まった現在の北九州市が，
新旧の産業を文化資源，次いで観光資源としてとらえて，公立博物館だけで構
想されていたかつてのSHINE博物館構想から，企業博物館も加えた文化観光
地域計画「北九州ミュージアムパーク創造事業地域計画」となるプロセスを概
観する．
　終章では，総合考察として，観光社会学，文化遺産の社会学，博物館学の理
論を援用し，上述の「博物館学的欲望」により産業や企業が文化資源化してい
くこと，その文化資源としての企業博物館への「観光のまなざし」により，企

業博物館が「観光の場」として発現し，それが企業博物館にとっては地域貢献の手段になっていくことを検討する．また，現在博物館全体に求められている観光やまちづくりへの貢献をはじめとする社会的役割に対し，本書から得られた示唆を提示する．

　本書の特色は，企業博物館を手掛かりに企業活動を観光やまちづくりに資するものとして，企業博物館，自治体観光部局双方にインタビュー，資料調査することで相互視点から論ずること，公立などの産業技術博物館と企業博物館の相互影響を論ずること，観光社会学や文化遺産の社会学などの理論を，産業や企業博物館に援用して論ずることなどである．産業，企業活動が文化資源・観光資源とみなされるプロセスやかかわるアクター，企業の社会貢献活動が地域の中でどのような実効性を持ちうるのかの検証などを通じて，改正博物館法で社会教育施設という機能を超えて，観光やまちづくりへの貢献を求められる博物館全般の活動への示唆を行うことを目的としている．

　なお，本書中には産業に関する博物館の名称を，産業博物館，産業技術博物館をはじめさまざまな呼称で記述する．記述の方針としては，固有名詞はそのまま，また先行研究や事例研究から引用する場合はそこで使われている呼称を用い，一般名称としては産業博物館（製造業以外にもさまざまな業種もカテゴリとして含むもの），産業技術博物館（製造業で産業技術のカテゴリを含むもの）とした．

　本書に掲載する聞き取り調査研究は全て，名古屋大学教育発達科学研究科の研究倫理委員会に承認を受けて実施した．

注

1）2019 年 9 月 1 〜 7 日　国立京都国際会館他で開催．大会テーマは「Museums as Cultural Hubs: the Future of Tradition（文化をつなぐミュージアム――伝統を未来へ――）」．

2）同大会で提案された新たな博物館定義案は次の通りである．

"Museums are democratising, inclusive and polyphonic spaces for critical dialogue about the pasts and the futures. Acknowledging and addressing the conflicts and challenges of the present, they hold artefacts and specimens in trust for society, safeguard diverse memories for future generations and guarantee equal rights and equal access to heritage for all people. Museums are not for profit. They are participatory and transparent, and work in active partnership with and for diverse communities to collect, preserve, research, interpret, exhibit, and enhance understandings of the world, aiming to contribute to human dignity and social justice, global equality and planetary wellbeing."

「博物館は，過去と未来に関する批評的な対話のための，民主化を促し，包摂的で，様々な声に耳を傾ける空間である．博物館は，現在起こっている紛争や課題を認識し，それらを考察しつつ，社会のために託された資料や標本を保管し，未来の世代のために多様な記憶を保全し，すべての人々に遺産に対する平等な権利と平等なアクセスを保証する．博物館は，営利を目的としない．博物館は，開かれた公明正大な存在であり，人間としての尊厳と社会正義，世界的な平等と地球全体の幸福に貢献することを目的に，多様なコミュニティと手を携えて収集，保存，研究，解釈，展示並びに世界についての理解を高めるための活動を行う．（日本語は仮訳)」（国際博物館会議（ICOM）・ICOM 京都大会 2019 組織委員会 2020 p. 185)

3）2022 年 8 月にプラハで開催された ICOM で，ミュージアムの新定義が採択された．内容は次の通り．

"A museum is a not-for-profit, permanent institution in the service of society that researches, collects, conserves, interprets and exhibits tangible and intangible heritage. Open to the public, accessible and inclusive, museums foster diversity and sustainability. They operate and communicate ethically, professionally and with the participation of communities, offering varied experiences for education, enjoyment, reflection and knowledge sharing."

「博物館は，有形及び無形の遺産を研究，収集，保存，解釈，展示する，社会のための非営利の常設機関である．博物館は一般に公開され，誰もが利用でき，包摂的であって，多様性と持続可能性を育む．倫理的かつ専門性をもってコミュニケーションを図り，コミュニティの参加とともに博物館は活動し，教育，愉しみ，省察と知識共有のための様々な経験を提供する.」（ICOM 日本委員会 HP 2023 年 1 月 16 日)

4）前の ICOM 博物館定義は，2007 年に ICOM ウィーン大会で採択された．

"A museum is a non-profit, permanent institution in the service of society and its development, open to the public, which acquires, conserves, researches, communicates and exhibits the tangible and intangible heritage of humanity and its environment for the purposes of education, study and enjoyment."

「博物館とは，社会とその発展に貢献するため，有形，無形の人類の遺産とその環境を，教育，研究，楽しみを目的として収集，保存，調査研究，普及，展示する公衆に開かれた非営利の常設機関である．（ICOM 日本委員会による日本語訳)」（国際博物館会議（ICOM）・ICOM 京都大会 2019 組織委員会 2020 p. 185)

5）英語圏の博物館学では 10 年以上前から提起されていた考え方であり，内容が間違っ

ているという意見はなかったが，イデオロギー色が強く定義というより理念を示すものであるという批判的意見があがっていた．価値あるモノ資料を社会のために収集・保存・研究・活用するという伝統的博物館観を維持しようとする立場も多く，新しい博物館観を ICOM 博物館定義に盛り込むのは時期尚早であったといえる（松田 2020 pp. 24-26）.

6）日本語全訳版は未刊行．主要テーマは① 経済発展のためにミュージアムの力を活用する② ミュージアムの役割を足掛かりに都市再生とコミュニティ開発を進める③ 文化意識の高い創造的な社会の創出に貢献する④ 包摂，健康，幸福を達成する場としてのミュージアム⑤ 地域開発のための手段としてミュージアムを重点的に活用する（OECD・ICOM 2019b）.

7）UNESCO（2015）「ミュージアムとコレクションの保存活用，その多様性と社会の役割における勧告」など.

8）「文化観光とは，歴史的・宗教的空間や，文化的景観，産業遺産，博物館・美術館などの訪問を目的とする観光形態をいう」（古本 2011 p. 128）

9）ただし文化庁企画調整課長榎本は，令和元年度全国博物館長会議（2019 年 7 月 3 日開催．日本博物館協会主催）の行政説明の質疑応答の中で「リーディングミュージアム（先進美術館）という考え方を文化庁として推進するという事実はない」と述べている.

10）筆者による公益財団法人日本博物館協会担当者インタビュー（2019 年 7 月 27 日実施）.

11）日本博物館協会　第 61 回全国博物館大会（2013 年）分科会 2「観光と博物館」および第 62 回全国博物館大会（2014 年）分科会「観光・まちづくりと博物館」.

12）「特集　観光と博物館」日本博物館協会 2015『博物館研究』50-9.

13）伊藤寿朗 1984『住民の学習と資料　13 号　特集・市民のための博物館』社全協通信別冊　社会教育推進全国協議会.

14）American Association of Museums：AAM 現在の American Alliance of Museums の前身組織.

15）我が国の観光振興に関する中枢機関として，我が国観光の振興を総合的に図るための各種事業を行うことにより，観光立国の実現，地域経済および観光産業の発展並びに国民の生活および文化の向上に寄与するとともに，国際親善に資することを目的とする.会費，都道府県および都道府県観光協会（連盟）からの全国広域観光振興事業拠出金，公益財団法人日本財団および一般財団法人日本宝くじ協会からの助成金などが主な財源.会員は全国約 700 の観光関係者（地方公共団体，観光協会，観光関係中央団体，鉄道，航空，観光関連企業など）など．1954 年設立の特殊法人日本観光協会がその後何度か改組を経て，2013 年に現在の公益社団法人となる（日本観光振興協会 2023）.

16）2004 年に公益社団法人日本観光振興協会内に設置．「地域経済を支える各種産業における生産施設・設備，産業文化遺産及び関連施設を観光資源として，国内外の人々に優れた産業技術や産業の発展過程の理解を促し，関心を高めるとともに，地域における各

種産業の活性化ならびに産業を中心とした観光（以下，産業観光）によるまちづくり，地域づくり等産業観光の推進に寄与すること」を目的とする．公益社団法人日本観光振興協会は 2000 年から「産業観光」を提唱し，翌 2001 年に「全国産業観光サミットを実施し，同協議会設立に至る．全国の地域の産業観光の普及および推進の支援として，全国産業観光フォーラム，全国産業観光ワークショップ，産業観光まちづくり大賞を実施，また産業観光関係者間のプラットフォームとして WEB サイト「産業観光ガイド」を運営している（全国産業観光推進協議会 2019a）．

第 I 部

観光資源・文化資源の拡張と産業

第 1 章

観光資源・文化資源の拡張

1 観光と観光資源

（1）産業観光と観光社会学

　安村は，観光社会学の立場で，アーリとマキァーネルが異なる論点から，現代観光の成り立ちを解明し，産業観光の成り立ちにも言及していると述べている．アーリは現代観光の成り立ちは個人の日常と非日常の根本的差異に起因するので，非日常の観光対象に対して「観光のまなざし」が発現するとしており，産業観光に関しては，ポストモダンの浸透による「観光のまなざし」の変容によって新たに「産業遺産」が観光対象となっているのだとする（アーリ 1990=1995）．一方マキァーネルは，現代観光は，近代社会で神秘化した真正性（本物）を求める近代人の典型的な行為であるとした．産業観光に関しては，普段は部外者に閉じられている工場を観光客に公開するとき，ある演出がなされ「演出された真正性」が提供されると述べている（マキァーネル 1999=2012）．そしてマキァーネルもアーリも言及していない「現代社会の動向」と「観光の新しい動向」について，実践論として補完する論考が須田の「産業観光論」（須田 1999）だという（安村 2002 pp. 168-183）．

（2）「観光のまなざし」と「観光の場」の発現

　『観光のまなざし』は初版（アーリ 1990=1995），第二版（Urry 2002），第三版（アーリ・ラースン 2011=2014）が出版されている．第三版の冒頭では，フーコーが，「医学的なまなざし」が見えるようにしているものはエピステーメー[1]でありモノの姿も言語的に構成されている，としたこと（フーコー 1963=1969）を引用し，モノ・コトを見るということは純粋で無垢な目ではありえず，習得され

た能力であると指摘し，それを観光に援用した「観光のまなざし」理論が展開されていく．「まなざし」は世界を整序し，形作り，分類する行為で，観念，能力，願望，期待というフィルターに通され，社会階層・性差・国民性・年齢・教養でも規定されるものである（アーリ・ラースン 2011=2014 pp. 1-3）．また，「観光のまなざし」は 1840 年頃に発生したとするが（同上 p. 21），イギリスではこの頃，労働者階級の経済的水準が上がり，小都市が急スピードで膨張し，労働者階級の共同体が生まれた．さらに労働の合理化による労働時間の減少で休暇が生まれたが，余暇活動の中で粗野な労働者階級を啓蒙していくという考え方が，雇用者や政府の中で広がった（同上 pp. 50-53）．トマス・クックは近代ツーリズムの創始者として著名であるが，もともとパブティスト派の福音を説く伝道師であり社会改良家として労働者階級の禁酒運動などに注力し，1841 年に汽車を借り切って禁酒大会への旅行を成し遂げたのが，団体旅行，パッケージ旅行の始まりと言われる（蜷川 1998 pp. 11-30）．それまでグランドツアーなど上級階級に限られていた旅行が「民主化」され，団体旅行の始まりや，旅への願望や写真現像術と結びつき，西欧の近代性の中心要素となったのである（アーリ・ラースン 2011=2014 p. 46）．「観光のまなざし」は観光社会学の主要理論として，また観光領域を超えて数多の研究の中で応用されており，たとえば木村は，文化遺産の対象の拡大に関連づけ，産業遺構が文化遺産として意味づけられる社会的力学を軍艦島を題材に検討している（木村 2014）．

　第三版である『観光のまなざし（増補改訂版）』（アーリ・ラースン 2011=2014）では，「観光の場」の発現についても述べられている．「観光の場」は観光者の種々のまなざしによってかたちづくられ，作り直されるとしている．しかし，モノとして特別な環境というだけではそこは観光地とならず，場は期待，実際の現れ方，思い出の円環の中に描きこまれて初めて「観光の場」として姿を現す（同上 p. 186）．観光地やリゾート地の多くがテーマ化されたものとして企画され，その「観光の場」はネットワーク化された企業・自治体などの組織体やモノやとくに構築物との間の関係性を通じて実現する「発現力」によって「創出され（修正され）」る（同上 p. 239）．

　さらにその「場」が歴史的なもの，あるいは歴史遺産とみなされるものであれば「場の遺産化」が起こる．イギリスでは 50 万の指定建造物，1 万 7000 の

保存記念建造物，5500 の保護地区があり，1987 年にあった 1750 の美術・博物館のうち，半数は 1971 年以降に開館している．アメリカでは，「アメリカ合衆国国家歴史登録財」にリストアップされた件数は 1968 年の 1200 件から 1985 年の 3 万 7000 件に増加している例をあげ，両国に限らず観光振興をしている多くの国ですでに存在している環境を「遺産」として再興しようとしているという．イギリスに関しては，1980 年代，90 年代の急速な脱工業化が，技術そのものおよびそれを中心に発展した社会生活について深い喪失感をもたらしているが，それが遺産化することでノスタルジアが喚起される．遺産には「アイデンティティ」に立ち返るという位置付けがあり，地方や地域にはその土地のシンボルとして構築物を保全する支援がある．（同上 pp. 215-219）．

　そして「場の遺産化」が行われたところでは，美術館・博物館が増加する．かつては高い文化資本を持つ観光客が，貴重な歴史的作品のある博物館のアウラにまなざしを向けてきたが，現代ではそのまなざしを向ける方向が大きくかわってきているとする．保存されるに値すると見なされる対象がはるかに拡大し，国立博物館のように国家の作る歴史の力が弱まり，伝統から外れた歴史——社会，経済，民衆，女性，民族，産業——などを対象に，歴史の現代化が起こっている．博物館は歴史の「表象」にかかわるが，表象される価値があると思われる歴史の範囲が広がり，アウラからノスタルジアへ変化が起こっているのである．そして観光客は展示品に畏敬の念を持って佇むのではなく，参加の度合いが重要になってくる．そして展示物のアウラは薄まり，展示物が展示用にいかに「本物」に見えるように作られたかをオープンにするのが当たり前になっているとする（同上 pp. 230-234）．

（3）「演出された真正性」

　一方，ゴフマンのドラマツルギー論である「表-局域／裏-局域」論では，現実は，社会的に公式と思われ他者の目の届く「表-局域」と，他者の目の届かない「裏-局域」の二つに分裂しているが，それぞれを演じわけることによって「状況の定義」は維持されているという（ゴフマン 1959=1974）．マキァーネルはこの理論を援用し，ホストとゲストが出会う「表舞台」と内輪のメンバーの場所である「舞台裏」という用語を用いて，観光の状況設定が表舞台から始ま

り舞台裏に終わる連続体として配列されるとし，６段階に区分している．第一段階はゴフマンの言う表舞台，第二段階は舞台裏の雰囲気に装飾された観光的表舞台，第三段階は舞台裏に見えるように全体的にしつらえた表舞台，第四段階は部外者に開放される舞台裏，第五段階は観光客が時に覗いても良いように改良された舞台裏，第六段階はゴフマンのいう舞台裏，である（マキァーネル 1999=2012 pp. 122-123）そして，「観光の状況設定における演出された真正性」について次のように述べている．観光客は，社会的施設の部外者に閉ざされているエリアに近づくためガイドツアーを利用し，通常の見学者よりも中に入るが，そこにはある種の演出がなされ，観光客を表層的なものに導く．しかし観光客はそれが表層的とは必ずしも気づかず，自分がほぼ真正な経験をしていると思っている．商業，家庭，工業，官庁などの施設の内部操作までみることを許可される，部外者用の空間である．ここで観光客に提示されているのは演出された舞台裏である（同上 pp. 118-120）．観光的意識は真正な経験を求める願望によって喚起されるが，その経験が実際に真正かどうかはわからないのである（同上 p. 123）．

2　博物館と文化遺産の対象の拡張

（１）近代市民社会の誕生と，博物館の大衆化

　ポミアンは，「あらゆる大博物館の出発点には，公権力やある団体の法律行為が存在する」（ポミアン 1987=1992）とし，高橋は公共博物館の特質として，最初の近代的公共博物館とされるルーヴル美術館（1793 年開館）がフランス革命による国民国家の確立の結果として誕生した国家博物館であり，博物館の属性の一つとして，国民的・国家的，ナショナリズムを表現することをあげている（高橋 2008 p. 15）．その後公共博物館は国民意識形成のツールとして，各国に設立されたが，それらはルーヴル美術館の直接・間接の影響を受けている（同上 p. 131）．

　しかし，支配階級が独占していた美術を市民に開放し博物館を国有にしても民衆が実際に見にくる博物館とはならず，国民教育のための公共博物館はイギリスのサウス・ケンジントン博物館（1857 年設立）が端緒である．1851 年第一

回ロンドン万博の成功により博物館にも公共資金が投入されるようになり（同上 p. 230），サウス・ケンジントン博物館が設立されるが，創立者コールは，博物館を産業革命によりもたらされた社会の危機に対処する社会改革のツール，労働者階級の反乱の防止策として採用している（同上 p. 225）．

　高橋は 19 世紀のイングランドにおける公共文化とレジャーの変貌について次のようにのべる．産業革命が進むにつれ，ブルジョアジーは自己の文化を支配のツールとして被支配層に及ぼそうとし，また社会改革派の運動により政府が労働者階級のために公共文化施設を作るようになった．1845 年に制定された博物館法により人口 1 万人以上の地方自治体には博物館を設立するよう定められ，1850 年から 1880 年までの間には博物館，美術館，図書館，公共浴場，公園といったレジャー施設が設けられ，民衆は公衆道徳を身につけた．労働時間が短縮し，労働者にも万博見学のためなどの鉄道旅行が可能になった．万博や博物館はブルジョアの文化をわけ与えて民衆を馴化する場であり，ブルジョワジーのヘゲモニーが確保されていった（同上 pp. 252-261）．

　公共的な博物館や動植物園が出現し，博物学的な分類システムが普及したのは 18 世紀以降であるが吉見は，ヨーロッパの諸国家が，このような博物学的まなざしの場を，新しい資本主義のイデオロギー装置として自ら演出しようとするとき博覧会が出現し，産業テクノロジーを基軸とした壮大なスペクタクル形式のうちに総合した，と指摘する（吉見 1992 pp. 17-19）．博覧会はたんなる「産業」のディスプレイではなく，「帝国」の枠組みの中での「産業」のディスプレイであり（同上 p. 259），産業技術や工芸デザインの発達史からのみとらえられる中立的な空間というより，政治的，イデオロギー的でもある文化の戦略的な場であった（同上 pp. 262-263）．

（2）国民国家と博物館

　ヨーロッパの市民革命による国民国家の出現と，それを維持するための国民に対するナショナリズムの涵養の必要性からの博覧会・博物館という制度は，明治維新により日本にも遅れてもたらされた．

　村田は，明治初期の内国勧業博覧会と博物館が，日本の民衆に近代国家の枠組みを啓蒙する媒体として役割を果たしたが，西洋のまなざしを体現するこれ

らの空間は，西洋そのものへのまなざしと，西洋にまなざされる自己というね
じれた視覚を持つメディアだったと述べている．それはやがて日本が帝国主義
のもと，植民地獲得に動き出し，西洋がそうしたように東洋をまなざす視角と
なっていく．村田はまた，日本の明治中期以降の博物館設立の変遷を，内務省
系博物館と文部省系博物館の二つの流れで整理する．前者は国体を支える象徴
として位置付けられ「国体の精華」として主に日本美術の蒐集・展示が重視さ
れた．後者は学校教育のための博物館として，当初は殖産興業の流れの中にあ
りながら，大正期には国体論を啓蒙する「通俗教育（社会教育）」の枠組みの中
で規模を拡大していく．そしてそのどちらにも収斂されない，産業系・勧業系
の博物館が地方の博覧会と組み合わせて明治後期から大正期にかけて開館し，
娯楽要素の強い展示文化を定着させていったと指摘する（村田 2014 pp. 131-136）．
このように，博物館はナショナリズムを人々が受け入れ国民化していく点で，
「国家のイデオロギー装置」（アルチュセール 1970=1993）の機能をもち，既存の歴
史を国家の歴史として新しく編み直す「伝統の創造」（ホブズボウム・レンジャー
1983=1992）の場となり，国民国家という「想像の共同体」（アンダーソン 1983/
2006=2007）の維持に寄与してきたといえる．

　松宮は，ポミアンが近代の博物館は教会に代わって社会の構成員が同じ祭式，
国家が主体となり客体となる祭式を執り行う場所になり得る（ポミアン
1987=1992）としているのを受け，博物館は，「展示」を通して「展示」を可能
にしている「国家理性」の認識のための施設であり，制度であると述べている．
ここでいう近代国家の「国家理性」とは「『国民』という『共同幻想体』を創
出し，継続させ，自らを国民のアイデンティティの最終的な拠り所にさせてい
く営為の総体」である．しかしながら，松宮は西欧の近代国民国家が内向きに
はかなり健全な国民国家を形成したのは，「国民」以前に国家権力と私的権力
の中間地帯である「公衆」の存在があるという．博物館は「公衆」を育成し，
「世論」を形成すべきもので，直接的な権力の介入があるとそれが停止し，「国
民」形成の力も失うと主張する（松宮 2009 pp. 138-144）．

（3）博物館化と遺産化
　それでは博物館で収蔵・展示される資料はどのように価値づけられ，コレク

ションとして適合すると見なされていくのだろうか．メレスによれば「遺産」という用語はフランス革命時に登場し，1世紀半後である1980年に大臣が使用してフランス全土に普及した．博物館の世界は「文化遺産」という概念と結びついている（メレス 2011=2022a pp. 6-7）．フランス革命以前から博物館は存在したが，革命後には「国家遺産」という概念をイメージして，国民性の強化を目的とするものになった（メレス 2011=2022b p. 23）．現代になり遺産の概念が拡大したのは，工業化の進展と農村からの脱出，次いで脱工業化の進展によるもので，前者は農村生活をテーマにした博物館の設立，後者は産業遺産概念の出現と現地博物館の設立につながっている．さらに消費社会の発展自体が，博物館に送られる遺産を生み出し，喪失感や忘却感による博物館の設立にもつながっていると指摘する（同上 p. 48）．

　また資料を博物館に収めることを指す「博物館化」とは，文脈の変化や選択，保存，提示の過程を通じて対象物の変化が起こり，研究と展示の源となって，特定の文化的リアリティを獲得することである．モノやコトだけでは元の文脈から切り離され，情報を消失した現実の代替物に過ぎないため，博物館化には保護・研究・コミュニケーションという博物館全体の活動が包含されなければならない．メレスは，ピーター・ファン・メンシュの「文脈」の分類，「モノが使用されている文脈（一次的文脈）」「廃棄物の文脈（二次的文脈）」「博物館学的文脈」を援用し，実物を保護するために一次あるいは二次の文脈から取り除く文化行為を「遺産化」または博物館的保護と呼ぶ．しかし「博物館化」されたものは全て遺産化されたといえるが，「遺産化」されたものは全て博物館化される訳ではないとも指摘している（メレス 2011=2022c pp. 110-113）．ベルジュロンはこの博物館化の過程を「レベル1　日常のモノ」「レベル2　歴史的資料」「レベル3　民族学史的資料および芸術作品」「レベル4　煉獄あるいは収集家の場所」「レベル5　遺産的資料」「レベル6　博物館資料（博物館学的資料）と記念物」の認識プロセスがあるとする．対象資料が特定の文化的文脈について示す価値を，学芸員，博物館学研究者，取得委員会のメンバー，理事，専門家などが認識すること，つまりレベル6が博物館化である（ベルジュロン 2011=2022 pp. 214-217）．

（4）文化遺産の拡張と「博物館学的欲望」

　現代では文化財にとどまらずあらゆるものが文化遺産となり得，それらを保存しようとする集合的な意志を解き明かす仮説として，荻野は「博物館学的欲望」を2002年に提示し（荻野 2002a），2020年に次のように再整理している．他者が生産した商品を貨幣によって入手できるという資本主義の浸透は，それ以前は抑圧されていた他者の生産物や所有物を所有したいという欲望を解放した．その欲望は他者をとりまく異文化への関心を引き出し，商品だけでなくモノ全般に対する欲望をも惹起する．欲望を解放した推進主体は西欧のブルジョワジーで，王侯貴族や非西欧地域の所有物を合法的に国民の共有財産として公開・展示する制度，すなわち博物館や文化遺産制度を生み出した．これを荻野は「博物館学的欲望」と名づけた．

　国家の歴史を示す遺物は国家の自画像を表象し，異文化の文物は他者像を表象して，国民国家としての国民の同一性を保証する．また「博物館学的欲望」の特徴の一つは「完全性」で，モノを永久保存すること，モノの供養を否定し，時間を凍結し，臭いが消されて安全性が保証されることである．他方は「真正性」つまり「本物」であることで，専門家による正統性が鑑定され，稀少性がありそれ自体がレファレンス（参照の対象）となることである．「完全性」「真正性」は世界遺産の登録条件としても示されている．

　「博物館学的欲望」は遺産化の自動機械と化し，現代の建築物や作品，美術的価値のない悲惨な出来事の記憶をとどめる負の遺産なども欲望の対象となる．同時にブルジョワジー以外の階層も「博物館学的欲望」を抱くようになり「民主化」される．それまで顧みられることのなかった地域の文化や歴史を示す事物が発見・再発見され，地域が誇る文化遺産として保存する活動が行われ，欲望の対象であった「他者」が自らの文化を自ら語り，評価し始める．かつてはブルジョワジーと王侯貴族，あるいは西欧と非西欧地域，と分かれていた欲望の主体とその対象が，同一となる事態が生じる．その者にとっては，身近な日常世界と，「博物館学的欲望」に駆られた未知の世界，つまり世界の二重化が生じる（荻野 2020 pp.54-58）．

　荻野はまた，文化遺産は博物館に帰属することにより公共性が見出されるとする．価値を高く評価された美術品は商品経済から外れて永久保存の文化遺産

となる．歴史的な連続性に拘泥しない資本主義の論理を文化遺産制度は補完し，社会秩序を維持する機能を持つ．「博物館学的欲望」は公共性を持った正当な欲望とみなされ，博物館は異文化理解，歴史学習の場として重要な位置を占めるようになる（荻野 2002b pp. 263-265）．現代は文化財以外にも生活様式，生活技術，伝統芸能や自然や景観，災害の痕跡や地域の記憶まで，あらゆるものが「文化遺産」と成り得，文化偏在主義の浸透が起こる．従来の博物館学が扱って来なかった「文化遺産とは何か」「保存の意味」「真正か複製か」「博物館の社会的位置」などの問いを，荻野はここで社会学的視点で考察している（荻野編 2002）．

　木村らは，文化遺産をめぐる社会学的研究について，荻野がこの「博物館学的欲望」を提示した『文化遺産の社会学』（2002 年）と，片桐らの『歴史的環境の社会学』（2000 年）が長らく参照されてきたと指摘する（木村 2020a p. vii）．片桐らは環境社会学の観点から，歴史的町並みや景観，文化遺産，さらには負の歴史的遺産や産業遺構などを持つ地域のフィールドワークを行い，歴史的遺産そのものだけでなくそれらを取り巻く環境にも着目した．従来保存すべきとされてきた文化財以外の資産・遺産・景観も含めた歴史的環境の場の創出とその保存の意義を社会学アプローチで検討し，それらを歴史的環境の社会学と名付けた（片桐編 2000）．木村らは，この二著の発刊時からの社会構造変化により現代社会ではさらに広い範囲で「文化遺産＜である＞」ことから「文化遺産＜になる＞」，つまり「遺産化」が進んでいることに着目し，『社会学で読み解く文化遺産』において，この 20 年の間に蓄積されてきた知見を，制度，思想，欲望，環境などの研究の視点とフィールドにわけて整理している（木村・森久編 2020）．

3　本書の理論枠組み

　博物館と観光はいずれも，19 世紀近代市民社会の進展につれて大衆化したといえる．その端緒前後のヨーロッパの状況を見ると，市民革命あるいは産業革命以降のブルジョワジー，労働者階級の出現があり，さらにブルジョワジーのヘゲモニーを確保するために，労働者階級の馴化の手段として公共的なレク

リエーションが創出され，そこに観光，あるいは博物館も主要な活動として含まれていた．

　一方，近代市民国家においては，従来王や貴族が独占していた文化財が国民のものとして公開されるが，やがて国民国家，次いで帝国主義の象徴としてのナショナリズムを表象する場としての役割が博物館に付加された．

　さらに，レクリエーションや観光が大衆に拡大するなか，資本主義の浸透により，かつては贈与によってしか移管，あるいは公開され得なかったものが交換価値のあるもの，所有できるものとして欲望の対象となり，文化遺産の概念が拡大していくことになる．資本主義の中で欲望の対象となる文化遺産は，経済的な循環の中にも取り込まれる．所有の移管ということでは売買，公開ということでは集客・観光への寄与である．「観光のまなざし」理論が，文化遺産領域にも親和性があるのはこのような理由ともいえよう．

　以上を踏まえ，本書では，社会が産業や企業を地域資源としてとらえていくプロセスを，「観光のまなざし」，および「博物館学的欲望」をキー概念として論考する．あわせて，「観光のまなざし」と「博物館学的欲望」に通底する，従来他者に対するものであった欲望やまなざしを自らの歴史に向け，観光資源化・文化資源化するという行為が，やがて地域アイデンティティ醸成に寄与するというプロセスを，産業，企業という対象を用いて明らかにしていこうとするものである．

注

1）epistēmē　ラテン語のスキエンティア scientia（英語の science の語源）にあたるギリシア語．もともとは〈ドクサ doxa〉つまり蓋然的な見解と対立し，プラトンにおいて真実在に対する学問的で厳密な知を意味した．フランス構造主義において，フーコーが意味するところは，ある時代において多様な諸学問を横切って言述のレベルで見いだされる連関の総体のこと（中村 2014 p. 638）．

第 2 章

産業振興と博物館
——未完の産業技術博物館構想——

1　日本における産業関連の博物館の概況

（1）産業振興のための科学技術普及と博物館・科学館

　日本が明治以降に産業振興に取り組んで先進国の仲間入りをし，第二次世界大戦後もいち早く復興し高度経済成長期を経て経済発展を遂げたのは，科学技術の発展や普及によるものといわれ，その振興は官民あげて取り組まれてきた．1951 年に産業教育振興法，1954 年に理科教育振興法が公布され，教育分野においても科学技術系人材育成に向けた取り組みは現在に至るまで重要視されているが，1980 年代頃からは「若者の科学技術離れ」が社会課題として浮上している．平成 5 年の「科学技術白書」では「若者と科学技術」がテーマとしてとりあげられ，その概況と対策が述べられている（科学技術庁 1993）．科学技術がより身近に感じられる社会をめざすための施策の中で「科学技術に目が向けられるようにする工夫」として，国公立の科学博物館やサイエンスセンター，民間の広報館・展示館の存在が例示される一方，欧米諸国の著名な施設（国立アメリカ歴史博物館，ロンドン科学博物館，ドイツ博物館など）に匹敵する規模の科学技術の総合施設はないと指摘されている（同上 pp. 84-89）.

　このように欧米の大規模館になぞらえて，産業遺産・文化財の保存も視野に入れた国立，あるいは公立の総合的な産業技術博物館設立の動きは 1970 年代末から 2000 年代にかけて複数存在した．製造業が地場産業の中心をなす自治体による国立館の誘致活動あるいは自治体独自の設立取り組み，また 1980 年代のバブル景気のなか，「若者の製造業離れ」に危機感を持った産業界による設立の提案もあったがどれも実現にはいたっていない．

　産業技術に関係が深い博物館の分類としては理工学系博物館，科学館がある．

36 第Ⅰ部 観光資源・文化資源の拡張と産業

我が国の理工学系博物館の始まりは 1877 年開館の教育博物館（現・国立科学博物館）で，続く 1882 年に陸海軍省の遊就館，1902 年に郵便博物館が開館している．山田は，理工学系博物館は国家の施策推進と強く結びつき，その後も社会の動向と密接にかかわっていると指摘する．1960 年代には国，産業界，学会が科学技術立国を標榜し（山田 2011 pp.375-376），1960 年に大阪科学技術館（大阪科学技術センター 1973），1961 年に企業博物館の草分けとなる東芝科学館，1962 年に市立名古屋科学館（現・名古屋市科学館），1964 年に科学技術館が開館した．またこの頃全国各地に青少年科学館・科学センターが数多く設立されている．その後日本の産業の成熟に伴い，企業や産業団体による企業博物館や専門分野博物館の設置，国立産業技術史博物館建設の検討が行われた（山田 前掲）．

（２）産業技術関連の博物館・科学館の現状

現在，産業技術に関して実際に設立・運営されている館の事例をあげると，国立では国立科学博物館の地球館の１フロアで江戸時代から現代までの科学と技術の歩みを常設展示している．また同館では 2003 年に産業技術史資料情報センターを開設し，産業技術史資料の所在調査，産業技術博物館ネットワーク構築，重要科学技術史資料の選定と台帳登録を行い，それぞれデータベースとして公開している（国立科学博物館 HP）．

公立では，単領域の地場産業をとりあげる館として，官営釜石製鉄所の流れを汲む鉄鋼業を紹介する釜石市鉄の歴史館（開館 1985 年），川崎重工業を中心とする航空宇宙産業をとりあげる各務原市のかがみはら航空宇宙博物館（開館 1996 年）などがある．また，複数の業界にまたがる地元の産業界の協力を得て設立・運営する館としては千葉県立産業技術科学館（開館 1994 年），北九州市の北九州イノベーションギャラリー（開館 2007 年，閉館 2021 年）などがある．

企業博物館の中で，自社製品のみではなく産業全般をとりあげる館としては，竹中工務店が設置する竹中大工道具館（開館 1984 年），トヨタ自動車が設置し世界の自動車史を紹介するトヨタ博物館（開館 1989 年），トヨタグループが設置し生産技術を扱う産業技術記念館（開館 1994 年）などがある．

また大学博物館では，日本工業大学工業技術博物館（開館 1987 年），東京理科

大学近代科学資料館（開館 1991 年），東北大学総合学術博物館（開館 1995 年）などが産業技術資料の実物を収蔵している．

博物館法では「産業」は収集対象の一つの分野としてあげられている[1]．『博物館学事典（全日本博物館学会編 2011）』では，「産業博物館（産業館，産業記念館)」は産業に関する資料を対象とする生活に密着した「文明財」のための博物館だが日本には総合的産業博物館はないとされ，「産業遺跡博物館」は遺構の現地における保存を基本とするもの，「産業科学館」は科学技術の進歩に支えられて発達した現代の産業の総合的な展望を理解しやすく展示・解説するもので電力・電気関係は比較的多いが総合的な内容の館は国立科学博物館など数少ないと記載されている（金子 2011 pp. 136-138)．また同事典では「理工学系博物館」の分類として① 総合館：対象の分野が幅広く，科学の原理・法則・歴史・現代産業技術など幅広く扱う，② 専門館：特定分野のテーマを扱い，歴史的資料の収集保存にも重点をおき，生命・環境などの社会的テーマを扱うなど，理工学系博物館の中でも圧倒的多数を占める，③ 青少年科学館・児童館：対象者が児童・生徒で学校教育の補完的役割を担う，④ 企業博物館・PR 館：企業の PR だけでなく日本の産業史の一翼を担い技術への理解を促進する，⑤ 研究施設・大学付属館：大学や研究所がその研究成果をもとに資料の公開・教育普及をしているもの，と示されている（山田 2011 pp. 375-376)．

しかしながら，産業を扱っている博物館はカテゴリとして明確になっておらず，公的調査や団体はない．前述のように産業関連の展示は理工学系博物館や，総合博物館や地域博物館，企業博物館などに幅広く含まれるため，正確な館数の把握は困難である．

参考になるデータとしては，令和 3 年度の社会教育調査の全国の博物館および博物館類似施設の合計 5771 館のうち，科学博物館は 447 館である．2022 年時点の全国科学博物館協議会の加盟館は 218 館で[2]，全国科学館連携協議会の正会員館は 173 館である[3]．いずれも科学館だけではなく自然史博物館や天文館なども含み，また科学館でも基礎科学に特化した館も多いため，産業を主なテーマとして展示している館の数などは算出されていない．前述の国立科学博物館産業技術史資料情報センターの産業技術博物館ネットワーク（HITNET）に登録されている館は約 170 館である[4]．

38 　第Ⅰ部　観光資源・文化資源の拡張と産業

　武田らは 2005 年から 2008 年まで，産業に関する資料を系統的に収集・保存・展示している館，という視点で全国で 114 館の調査を行い（武田 2009），これをもとに発刊した著作では本編，巻末のリストを合わせて 149 館を掲載している（武田編 2008）．企業博物館についても公的な調査はないが，2004 年に全国の運営実態を調査した星合はその時点で約 200 館（星合 2004），高柳と粟津が 2018 年に実施した企業博物館に関する調査では調査対象は約 300 館（高柳・粟津 2018），帝国データバンク史料館が 2019 年に展示用にリストアップした企業博物館は 782 館である（帝国データバンク史料館 2019）．

　以上のように日本においては，産業立国における社会教育施設として科学館，専門産業博物館，また企業による企業博物館は数多く設立され，その活動や取り組みは歴史や実績がある．また，1980 年代の企業博物館論の中では，専門館である企業博物館や個別の産業博物館を総括する総合産業技術博物館設立への期待が語られている（末吉 1987，諸岡ほか 1988，森 1988）が，総合的な産業技術博物館は幾度も発案されながらも設立をみていない．

（3）先行研究の検討

　博物館史を通観するにあたっての科学技術博物館の重要性について，高橋は次のように述べている．第一に体系的な収集と分類，配列などの博物館の基本形は自然史博物館が作ったこと，第二に国民の教育という博物館の機能は理工系科学技術博物館で展開してきたこと，第三は科学系以外の博物館の展示にも影響を与えることになったサイエンスセンターの出現があったこと，である（高橋 2008 pp. 20-22）．そして欧米を例にとり，近代的公共博物館としての技術博物館の出現としてパリ工芸院博物館を，教育のための博物館の実現としてロンドン科学博物館を，科学技術博物館の完成としてドイツ博物館やシカゴ科学産業博物館をとりあげ，そのほかスミソニアン博物館群の成り立ち，サイエンスセンターとしてのサンフランシスコのエクスプラトリアム，パリのラ・ヴィレットについても詳述している（高橋 2008 pp. 131-437）．

　高安らは，日本における科学博物館の設置の動向について，戦後に産業社会の変遷や科学技術政策との関連があったが，20 世紀末には情報科学や生命科学などの新しい科学技術の振興があり，実物資料だけでなくさまざまなメディ

アを活用した「一般化された展示」が求められるようになったと考察している．昭和30年代には高度経済成長期の産物として，また宇宙開発や原子力などの科学技術の時代到来としてアメリカ流のサイエンスセンターの日本版的な館（市立名古屋科学館，大阪科学技術館，科学技術館など）が設立された．昭和55〜60年にはエクスプラトリアムのコンセプトに基づいたこども科学館が全国各地に誕生した．1990年代には同時期クローズアップされてきた環境問題に対応し，自然史博物館が数多く建設されている（高安ほか 1999 pp. 1-9）．

　馬渕は日本の戦後の公立科学館の成立について，理科の基礎教育を重視する文部省の意を受けた地方の教育委員会による科学館と，産業人材育成施策としての産業技術博物館を対比する．1950年代，第一次ベビーブーム世代の就学により学校の教室が不足し，多くの地方自治体によって共同利用実験室としての小規模科学館が誕生して60年代までその傾向は続いた．さらに1980年代における政令指定都市を中心とする大都市の公立科学館急増について，1970年代以降に第二次ベビーブームのために教育委員会で確保された学校建設費が1980年代に一段落つき，余剰分が科学館・博物館・美術館建設費などに充てられたと指摘する．一方，ドイツ博物館をモデルとする実物志向の市立名古屋科学館は，産業界や学会の支援を受け，教育委員会ではなく総務局の所管施設[5]として1962年に開館している．馬渕は同館を高度経済成長期に実践的能力の習得をめざす産業界が支援した大規模な産業技術博物館として位置付けているが，1970年代には高度経済成長期の終焉と公害問題などから産業人材育成志向が停滞し，以降設立された館は理科の基礎教育を中心とした科学館が多数派を占めたと考察する（馬渕 2005 pp. 17-51）．

　日本において総合的な産業技術博物館が未完となっていることに関しては，後藤は，大阪の国立産業技術史博物館構想が発案・推進された1979年から25年の間に，博物館の世界では「過去の異空間の保存と再現」などの近代博物館の特性に，「人々の交流と知識の創造の場」としての役割が課せられるというパラダイム・シフトが起き，産業技術博物館では「ハンド・オン展示」であるべきとした「ダニロフ・パラダイム」が起こり，日本においてはいわゆる科学館的施設が主流をなしたと主張している（後藤 2005 pp. 6-7）．

　他方，産業博物館の全国調査として比較的規模の大きいものは前述の武田ら

が 2005 年から 2008 年にかけて行なったものがある．武田は地域活性化の視点
から産業観光の中核施設として産業博物館をとらえ，その機能を① 産業技術
資料の体系的な収集・保管・展示，② 生産現場を見学する際のガイダンス施
設としての役割，③ 体験学習の場，④ 地域活動の拠点，としている．そして，
産業博物館整備の阻害要因として，該当する館が，科学技術博物館，企業博物
館，郷土資料館などに分散しており，そのカテゴリの曖昧さゆえに全国的な調
査・研究が進んでいないと指摘する．そして 114 館を対象とした調査により導
き出した課題としては所在地が関東，東海，近畿の 3 地域に集中して偏りがあ
ること，館により展示内容の格差が大きいこと，アクセスが悪い館が多いこと，
宣伝・広報が行き届いていないことなどをあげている（武田 2009 pp. 1182-1183）．

　これらの先行研究の知見を踏まえると，欧米でも日本でも科学技術博物館は
国民の教育という視点で重要な存在であること，とくに日本においては戦後の
産業振興と関連して人材育成の場として期待されていたが，高度経済成長期が
終わり，公害問題や環境問題がクローズアップされた頃から産業振興を科学館
で打ち出しにくくなったこと，科学館は教育委員会設立館が多く基礎科学の理
解という面から産業資料の実物展示よりはサイエンスセンター寄りの展示が大
半となったこと，「産業博物館」という概念が曖昧であるために包括的な調
査・研究が，武田ら以外は見当たらないこと，などが見てとれる．

　そこで本章では，未完に終わった産業技術博物館構想の事例研究を通じ，
「産業技術」に関する博物館設立の動きの社会的背景と成立への諸条件を考察
する．なお，産業技術博物館というカテゴリには企業博物館が含まれるという
考え方が大半ではあるが，企業立であるがゆえに基本は専門産業博物館である．
総合的な産業技術博物館として構想されていたのは国公立であることから，今
回は対象を国公立を想定した構想に絞って検討する．

　事例については，大阪万博の会場跡地に構想された「国立産業技術史博物
館」，愛知万博計画時に跡地利用として提唱された「産業技術博物館」，「産業
技術と歴史を語る懇談会」および「産業技術の歩みと未来を考える交流会議」
の活動の中での構想，明石大橋開通記念と阪神・淡路大震災復興取り組みのた
め神戸市が推進した「神戸文明博物館群」，ポスト愛知万博として名古屋市が
構想した「産業技術未来博物館」の 5 例（以上，構想開始時期順）をとりあげる．

選定理由としては，国や県，政令指定都市が計画推進やアクターとしてかかわったこと，総合的な産業技術博物館構想で，構想が公式に発表され数年～数十年に渡り継続して検討されたことである．

　調査については各構想の公表資料，自治体の検討資料，報道資料，内部資料などの参照に加え，一部，関係した専門家や当時の関係者にインタビューを実施した[6]．

2　未完の産業技術博物館構想

（1）国立産業技術史博物館（大阪府吹田市・1976 年～2009 年）

① 発端，経緯，顛末

　本構想については，関西の産官学による本格的な国立館誘致活動，学会活動，科研費などによる産業技術資料の調査活動，収蔵品収集活動などが実際に行われ，活動期間が長く，関係者も多かったことから，先行研究（中村 1999, 2005, 後藤 2005 など）[7]や各種資料，報道などでも経緯が比較的詳細に報告されている．

　1970 年に開催された日本万国博覧会（大阪府吹田市）の跡地は万博記念公園として整備され，パビリオンや建築物の継続利用・転用として国立国際美術館（1977 年開館，2004 年中之島に移転），大阪日本民藝館，太陽の塔，EXPO ’70 パビリオン（旧・鉄鋼館）などが遺され，また国立民族学博物館（1977 年開館）が太陽の塔やパビリオンの一部展示を移管して設立されている．この公園内に，国立産業技術史博物館を設置する案が 1970 年代に持ち上がった（中牧 2020 pp. 487–491）．

　国立民族学博物館の開館を翌年に控えた 1976 年，万博記念協会の評議会で，公園内の日本館撤去後の敷地に理科系の博物館設立が提案され，梅棹忠夫が産業技術史博物館を提案した．梅棹は推進役を吉田光邦京都大学教授，上田篤大阪大学教授に依頼し，1979 年に就任した岸昌大阪府知事が結成した大阪府文化問題懇談会では，2 人とともに委員となった梅棹が同館設立構想を持ち出し，大阪府が運動を支援することになった．大阪府はすぐに構想案を文部省や大蔵省に持ちかけたが不首尾となり，それを踏まえて吉田，上田，梅棹はまず研究組織を立ち上げるべく，大阪府の支援のもと，1981 年から年に 1 回の研究会

を開始した．これが 1984 年の日本産業技術史学会の設立につながり，初代会長に吉田が就任した．また，廣慶太郎が会長である大阪工業会も構想に賛同して協力した（梅棹 1993 pp. 26-31）．同工業会では 1985 年と 1986 年に廣，吉田を中心とした海外視察団を欧米に派遣している[8]．日本経済新聞，サンケイ新聞，毎日新聞の記者も同行し，各連載記事により認知活動が図られている（大阪工業会 1985, 1987）．

　一方，大阪商工会議所でも 1980 年から「大阪の産業記念物に関する調査研究並びに博物館構想の策定」を桃山学院大学総合研究所に委託し，大阪市とその周辺の会員企業所有の産業技術資料調査を実施するなど（産業記念物調査研究委員会 1982），産業界として大阪に産業博物館を待望する機運が高まっていたとみられる．

　1986 年には大阪府，大阪市，日本産業技術史学会，大阪工業会の各トップが代表幹事となり，学会や産業界の各トップクラスなどが委員に入る「国立産業技術史博物館誘致促進協議会」が発足し，1987 年に「国立産業技術史博物館（仮称）」構想を提案，国への働きかけを行った（国立産業技術史博物館誘致促進協議会 1987 p. 14）．同館は国立民族学博物館同様，展示館と研究所を持つ国立大学共同利用機関としての設置を想定していた（同上 p. 1）．敷地面積は 5 万 7000 m^2，延床面積は約 4 万 m^2，建設費は 200 億から 300 億円，年間運営費は 10 億円強と見込まれた．

　しかし文部省が，研究所を早期に国立大学に設置して研究人材を育成，展示館は第三セクター方式で，府・市・財界が共同して設置し，学芸員の人件費などは国が負担，将来的に展示館と研究所を合体させる，という第三セクター方式での運営を打診したため，府・市・財界は採算の見込みなど運営が困難として難色を示した（日本経済新聞 1990 年 11 月 18 日）．また，1991 年，吉田が急逝したことによっても計画が停滞し，1997 年以降の活動は休眠状態となった．

　同館の展示・収蔵品と想定して収集された 2 万数千点の産業技術資料は万博公園内の旧パビリオン・鉄鋼館に保管されていたが，鉄鋼館が EXPO '70（2010 年開館）に改修されることになり，大阪府から国立産業技術史博物館誘致促進協議会に同館の引き渡しが要請された．これらの産業技術資料は 2009 年 3 月，他館・他団体に引き取られた一部を除いて廃棄され，同協議会も解散し

た（読売新聞 2009 年 3 月 13 日）．

② 調査研究活動

前述のように日本産業技術史学会は国立産業技術史博物館構想のための学術的バックボーンとなるべく設立された．学会誌『技術と文明』の発行の他，80年代には文部省科学研究費による調査を 3 件行っている（後藤 2005）．

1 件目は「近代日本産業技術の実態調査およびその発展過程に関する実証的研究」（1984〜86 年度　代表：吉田光邦）で，全国の企業に産業技術資料の保有調査などを行なっている．第一次，第二次産業とそれに関連する第三次産業で，東証一部・二部上場あるいはダイヤモンド社編『会社要覧（非上場会社版）1983年』掲載社，大阪工業会参加企業の 3988 社を対象にアンケートを行い，1096件の回答を得ている（吉田・井上・小野・森田 1986）．

2 件目は海外学術研究「産業技術史研究における各国博物館の機能に関する国際比較調査研究」[9]（1986 年度　代表：中岡哲郎）で，イギリス，ドイツ[10]，オーストリア[11]，ベルギー[12]，フランス[13]，アメリカ[14]で，産業技術博物館などの調査を行なっている（中岡 1988）．

3 件目は「産業技術史研究の方法に関する基礎的研究」（1988 年度　代表：中岡哲郎）で，前述の 2 件の研究成果を踏まえながら，国際的な視野に立った産業技術史研究の欠如と，国内の産業技術資料の保存体制がなく，喪失しつつあるという危機感のもとに，研究機関と保存機関のあり方，さらには産業技術を生み出す基盤である企業との連携についても示唆している（中岡 1990）．

後藤は，これらの研究は明らかに国立大型施設の設立を前提としたものだと指摘する（後藤 2005 p.5）．

③ 収集活動

前述の旧鉄鋼館に保管されていた産業技術資料は，「近代日本産業技術の実態調査およびその発展過程に関する実証的研究」での全国企業調査を始めとする調査をする中で，企業などで使われなくなった道具や工業機械などを，学会員などが譲り受けたものが蓄積していた．その数は中岡の研究時点でも約 2 万点にのぼっていた（中岡 1990 pp.79-81）．

44　　第Ⅰ部　観光資源・文化資源の拡張と産業

④ 構想の概要

表 2-1　「国立産業技術史博物館（仮称）」構想の概要

構想名	国立産業技術史博物館（仮称）構想
提案者	国立産業技術史博物館誘致促進協議会
協議会メンバー	代表幹事：岸昌（大阪府知事），西尾正也（大阪市長），吉田光邦（京都大学名誉教授，日本産業技術史学界会長），廣慶太郎（（社）大阪工業会会長） 委員（学会側）：西島安則（京都大学学長），熊谷信昭（大阪大学学長），福井謙一（京都工芸繊維大学学長），梅棹忠夫（国立民族学博物館館長），岡本道雄（京都大学名誉教授） 委員（産業界側）：花村仁八郎（（社）経済団体連合会副会長），芦原義重（日本万国博覧会記念協会会長），佐治敬三（大阪商工会議所会頭），宇野收（（社）関西経済連合会会長），梅本純正（（社）関西経済同友会代表幹事），巽外夫（（社）関西経済同友会代表幹事），前田義里（関西経営者協会会長）
提案時期	1987 年 10 月
設立予定地	万博記念公園（大阪府吹田市）
内容	提唱の趣意としては，研究理念を日本の産業技術史の流れを概観する国際的な視野に立った産業技術史博物館の設置と，国立大学共同利用機関として国際的，学際的，また企業と連携した研究の必要性とし，技術文明の解明と体験のために，研究と展示が密接に連関した一大情報センターとして設立すると述べている． 産業技術史博物館の機能としては，調査・研究，共同研究，大学院教育，収集・管理・復原，展示・一般公開，情報センター，市民大学，企業の研修センターをあげ，研究組織としては，技術文明，産業技術史研究として，技術社会系，技術思想系，技術文化系，産業技術系，国際交流系，復原技術系から構成される． 展示の理念は，日本を中心とした産業技術史の流れを正確にとらえ，理解しやすく，楽しめる内容とし，入館者に興奮と知的興味を持たせるため，展示物と有機的な結びつきを持たせる展示方法をとる．写真，映像，音響による展示物の解説，作業場，工場内，家屋などの復原，参加型の動態展示などを取り入れるものとなっていた． 領域構成は，エネルギー，資源・素材，技術原理，情報通信，交通・運輸，複製模倣，都市，住，衣，食，健康，知育，労働・経済などで，また，最新の研究成果や収蔵品，企業博物館などとの連携による特別展やテーマ展示を実施する計画であった． 大阪という立地については，日本で千数百年にわたる産業技術史の宝庫であり，近代工業の先導的役割を担い，今日でも産業立地に大きなウエイトを占めるという点，交通の要諦に当たる点，近隣府県に多くの大学や研究機関がある点などからのその優位性を主張している．
企業との関係	共同研究，企業の研修，資料提供などでの連携など

出所）国立産業技術史博物館誘致促進協議会（1987）をもとに筆者作成．

（2）産業技術博物館（愛知県・1989 年頃～2000 年頃）

① 発端，経緯，顚末

　愛知県の産業技術博物館構想は，愛知万博（2005 年開催）の跡地利用の一環として幾度か提案されたが，同万博のコンセプトおよび開催会場が当初予定から変更になり，立ち消えとなっている．具体的な動きとしては民間調査研究機関である財団法人中部産業活性化センター（当時）が，1992 年，1998 年の 2 回，構想あるいは調査報告書を出している．とくに 1998 年は中部通商産業局，愛知県，名古屋市が調査委員会に名を連ねており，国，県，市が構想の方向性に賛同していたといえる．

　町村は愛知万博のコンセプト変遷と会場の変更の経緯について，博覧会国際事務局（BIE）が 1994 年に策定した「今後の国際博覧会に関する指針」の中で「今日的テーマ」の必要性と「環境の会場の組み込み」「閉会後の跡地再利用」の重視が盛り込まれたこと，国側がその BIE の方針を取り入れた博覧会開催をめざした一方，愛知県や地元経済界は従来型の万博と同様に地元のインフラ整備の契機として誘致や計画をスタートさせたことが原因として一連の過程を概観している．

　愛知万博は，1988 年に愛知県の鈴木礼治知事が構想を発表，地元経済界の合意を得て，1989 年に準備委員会が結成されて招致活動がスタートした．当時，中部新国際空港（2005 年開港），第二東名高速道路（2012 年開通）・名神高速道路（2005 年開通），中央リニア新幹線（2027 年開業予定）が中部圏の三大プロジェクトとして位置づけられており，万博誘致はこれらの建設促進の起爆剤とみなされていた．

　また，1987 年の第四次全国総合開発計画で中部圏は産業・技術の中枢的な圏域形成を求められ，名古屋東部丘陵の開発が「研究学園都市構想」として位置付けられ，1988 年には愛知県が「あいち学術研究ゾーン」構想を発表した．地元経済界でも中部経済連合会が 1990 年に「名古屋東部丘陵研究学園都市の形成」を作成している．博覧会予定地は名古屋東郊で，これらの開発と連動していた．

　1994 年 6 月に，21 世紀万博基本構想策定委員会（木村庄三郎委員長）が答申した「愛知 21 世紀万博基本構想」では，万博のテーマは「技術・文化・交流

46 第Ⅰ部 観光資源・文化資源の拡張と産業

――新しい地球創造――」で，会場予定地はあいち学術研究ゾーンの中心である海上の森（愛知県瀬戸市）とし，跡地は「学術研究のモデル都市」とすると明記されていた．

しかし，1994 年からは BIE 申請の主体となる国側（通商産業省）の検討の結果，海上の森の環境保全が求められ，テーマも環境を重視する「新しい地球創造――自然・文化・技術の交流――」となり，1995 年 12 月に開催地立候補が閣議決定された．1997 年には BIE 総会（モナコ）で開催が決定されたが，その際のテーマは「新しい地球創造――自然の叡智――」であった．

一方，万博計画が持ち上がった当初から，海上の森の開発には地元団体の反対があり，それが県レベル，国レベルの自然保護団体も巻き込んだ運動となっていった．1999 年にレッドリストの絶滅危惧種オオタカの営巣が確認され，BIE からも批判が出たことから，2000 年にメイン会場は長久手町（現・長久手市）にある愛知青少年公園に変更され，テーマを「自然の叡智」として 2005 年の愛知万博は開催された．（町村 2005 pp. 24-67）

愛知県における産業技術博物館構想は，前述のように愛知万博の最初のテーマが「技術・文化・交流――新しい地球創造――」であったこと，1987 年の第四次全国総合開発計画で中部圏が産業・技術の中枢的な圏域形成を促されたことにより，各種の提案や計画の中に文言として盛り込まれている．

1989 年に出された中部通産局による 21 世紀の東海北陸地域産業・経済ビジョン「ソフィア・プラン」の中に「産業技術博物館」設立構想が含まれ（中日新聞 1989 年 7 月 2 日），1989 年の国土庁の中部圏の将来像実現の提言「中部産業技術首都圏形成等推進方策調査」報告書で東海地区での産業技術博物館の建設が提唱されている（中日新聞 1989 年 11 月 14 日）．1990 年の中部経済連合会「名古屋東部丘陵研究学園都市の形成」の中で「国立産業技術博物館」の誘致が盛り込まれ，それを受けて 1992 年に中部産業活性化センターが愛知万博跡地に国立産業技術博物館を中核施設とした構想を発表している（中部産業活性化センター 1992）．1994 年の「愛知 21 世紀万博基本構想」の中にも産業技術ミュージアム整備が記述されている．

1998 年には産業技術博物館の調査報告書が取りまとめられている（中部産業活性化センター 1998）．また 1993 年から 2000 年にかけて，産業技術継承に関す

るシンポジウムが，中部産業活性化センターが事務局となり毎年実施されていたが，愛知万博の会場変更が決定した 2000 年を最後に終了し，その後，愛知万博に関連した産業技術博物館設立の動きは見られなくなった．

② 調査活動

1984 年に，愛知技術教育研究会を母体として愛知の産業遺跡・遺物調査保存研究会[15]が発足した．同研究会はトヨタ財団の助成を受けて 1984 年から 3 年間，愛知県内の産業遺産の悉皆調査を行い，「愛知の産業遺跡・遺物に関する調査報告」をまとめている（愛知の産業遺跡・遺物調査保存研究会編 1987）．その後も調査研究や研究会誌の発行，シンポジウムの開催などの活動を行なって当地の産業遺産の研究や保存に寄与し，1994 年には中部産業遺産研究会と改称している（中部産業遺産研究会 2000 p. 310）．

1994 年度から 1997 年度には中部産業活性化センターが「産業遺産データベースに関する調査研究」を行い中部地域の博物館・資料館のリスト作成，産業遺産データベースを検討し，「産業技術博物館（仮称）構想実現化に関する調査報告書」（1998 年）に反映されている．また，同報告書では海外事例として欧米の産業技術博物館が紹介されている[16]．

③ シンポジウム

1993 年には「産業技術の歴史を語るシンポジウム」が研究産業協会，愛知県，名古屋市，名古屋商工会議所，中部経済連合会，中部産業活性化センターによる開催委員会主催で実施されている．1994 年から 2000 年にかけては「産業技術保存継承シンポジウム」が研究産業協会，中部経済連合会，名古屋商工会議所，中部産業活性化センター，中部産業遺産研究会，科学技術交流財団による開催委員会で実施されている．（1996 年は「産業技術の継承活動」全国交流大会との共催）．

これらのシンポジウムの中で，産業技術博物館建設について下記のように言及されている．

・1994 年：篠原徹愛知県商工部長が科学技術交流センター計画（現・知の

48 第Ⅰ部 観光資源・文化資源の拡張と産業

拠点）と愛知万博と絡めて言及（産業技術保存継承シンポジウム開催委員会 1994 p. 23）
- 1997年：平井敏文愛知県商工部長，須田寛東海旅客鉄道会長，藤村哲夫中部大学教授らが愛知万博の跡地利用として，博物館建設について議論（産業技術保存継承シンポジウム開催委員会 1997 pp. 9-24）
- 1998年：奥野信宏名古屋大学経済学部長，藤村哲夫中部大学教授らが「構想」や愛知万博との連動について議論（産業技術保存継承シンポジウム開催委員会 1998 pp. 13-30）
- 1999年：須田寛東海旅客鉄道会長，後藤圭司豊橋技術科学科大学学長らが，産業観光，企業博物館と絡めて博物館構想について議論（産業技術保存継承シンポジウム開催委員会 1999 pp. 10-24）

　なお，一連のシンポジウムは2000年まで継続されたが，2000年には博物館構想についての言及はない（産業技術保存継承シンポジウム開催委員会 2000）．

④ 構想の概要
　ここでは，愛知万博が具体化してから中部産業活性化センターが取りまとめた「産業技術博物館（仮称）構想実現化に関する調査報告書」（1998年）の内容について記述する（表2-2）．

表2-2 「産業技術博物館（仮称）構想実現化に関する調査報告書」の概要

構想名	産業技術博物館（仮称）構想実現化に関する調査報告書
提案者	産業技術博物館（仮称）構想実現化に関する調査委員会（事務局：(財)中部産業活性化センター）
調査委員会メンバー	委員長：飯島宗一（愛知芸術文化センター総長，名古屋大学名誉教授） 副委員長：藤村哲夫（中部産業遺産研究会副会長，中部大学教授） 委員：青木國夫（東京国際大学教授，前千葉県立現代産業科学館長），石田正治（中部産業遺産研究会事務局長，愛知県立豊橋工業高校教諭），磯崎哲（東海旅客鉄道(株)取締役），岡部博行（(財)中部科学技術センター専務理事），木下光男（トヨタ自動車(株)取締役），木下喜揚（(社)中部経済連合会専務理事），黒河内暎雄（(財)中部産業活性化センター専務理事），小林慶基（名古屋商工会議所専務理事），下川利郎（中部電力(株)常務取締役企画部長），炭竈豊治（(社)研究産業協会専務理事），寺倉幸夫（名古屋市経済局長），濱野径雄（中部通商産業局産業企画部長），平井敏文（愛知県商工部長）

提案時期	1998 年 3 月
設立予定地	愛知万博跡地（愛知県瀬戸市ほか）
内容	産業技術博物館設立の意義としては，日本の技術の発展の歴史を保存継承すること，若者の理工系離れへの対策，発展途上国への日本の技術の紹介，企業博物館を総括する博物館的な役割があげられている．また規模としては総敷地面積 10 万 m^2，博物館総面積は 3 万 m^2 が想定されていた． 産業技術博物館の機能としては，調査研究機能（産業技術研究所（大学院大学級）や高等教育機関および産業界との連携），収集保存機能（工房・補修工場，収蔵庫），展示機能（博物館：テーマ館，クラフト館，創造館），教育・普及機能（動態展示，体験交流型），ネットワーク機能（メディアセンター）があげられている． 愛知という立地については国内の工業製品出荷額が 20 年連続日本一（当時）であり，中部地域が日本の産業技術の中枢域圏，産業技術の世界的集積地であることをあげ，さらに愛知万博が実施されることで世界への情報発信の好機としている． 構想の推進体制は，調査委員会の提言活動から協議会組織を編成，国や関係機関を巻き込み，産・学・官・民の共同事業体での実施を想定している．
企業との関係	産業技術研究所の調査研究との連携（資金的支援，物件・資料提供，企業の人材育成，社会的ステイタス向上）の他，工場の生産現場とのネットワークを想定し，中部圏の企業博物館や工場見学リストが付記されている．

出所）中部産業活性化センター（1998）をもとに筆者作成．

（3）産業技術と歴史を語る懇談会（1991 年～1992 年）
産業技術の歩みと未来を考える交流会議（1993 年～2003 年）

① 発端，経緯，顛末

1991 年 12 月，理工系人材不足と製造業離れの傾向に対し，産業技術の歴史認識を高める必要性から，通商産業省の棚橋祐治事務次官による「産業技術と歴史を語る懇談会」（座長：飯田庸太郎三菱重工業（株）会長）が設置された．1992 年 5 月に取りまとめられた「産業技術の歴史の継承と未来への創造」では，産業技術の歴史を「将来の技術の展開と研究の方向に関する示唆を与えるとともに，自由な発想へと結実させる重要な技術的革新，研究基盤を形成するもの」と位置付けて，記録・保存，集大成・体系化，提示という活動と，産業界，学界，地域の各活動主体の協力体制の確立のための 30 のアイデアを提案している．また，1993 年に実態検討委員会（座長：樋口敬一三菱油化（株）常務取締役）を経て提案された「産業技術の歴史に関する活動の展開に向けて」では，1993 年から 1996 年を第一期（実態調査，普及啓発活動の基礎固め），1997 年から 2000 年を第二期（集大成，体系化），2000 年以降を第三期（活動の大展開）とし，第一

50 第Ⅰ部 観光資源・文化資源の拡張と産業

期，第二期の締めくくりには活動の成果を提示する場として「産業技術歴史展」を開催し，第三期の展開の事例としては産業技術博物館の設立が提言されている（産業技術歴史展実行委員会事務局編 1998 pp. 4-5）.

　これを推進する体制および，産業界，学会，自治体の情報交換の場として1993年5月に「産業技術の歩みと未来を考える交流会議」（初代座長：飯田庸太郎）が設置され，社団法人研究産業協会が事務局を担った[17]．活動内容は全国交流会議，地方シンポジウム，フォーラムなどの実施，機関誌の発行などである（産業技術の歩みと未来を考える交流会議編 2003 p.4）．メンバーは，2003年の解散時点では自治体（愛知県，広島県など）が6，業界団体などが25，学会が9，その他財団などが3という合計43団体であり，経済産業省，文部省，国土交通省，文化庁がアドバイザー省庁として掲載されている（産業技術の歩みと未来を考える交流会議編 2003 p.79）.

　第一期の締めくくりの1997年には提言通り「産業技術歴史展テクノフェスタ21」（パシフィコ横浜，8月8日〜28日）が開催された．主催の産業歴史技術展実行委員会は31業界団体[18]，13関係学会[19]，2研究所[20]などから構成され，実行委員会顧問には東京大学の総長，理化学研究所の所長などの有識者22人[21]が名を連ね，科学技術庁，文部省，文化庁，通商産業省，建設省がアドバイザー省庁となっていた．（産業技術歴史展実行委員会 1998 pp. 96-99）．主催者によるテーマ展示と産業別出展があり，前者は「日本と地球の半世紀——産業技術と社会——」「21世紀のフロンティア——これからの技術の課題——」「産業技術博物館をつくろう——世界と日本の産業技術継承活動——」の三つのテーマでの展示，後者は自動車，鉄，機械，航空宇宙・鉄道，電子・情報・通信，国土・エネルギー，化学・セラミックス，生活の八つのテーマで，業界団体，学会，企業55団体による24のブースが出展された（同上 p. 11-16）.

　しかし，第二期の締めくくりの2000年には「産業技術歴史展」は開催されず，その後2002年に研究産業協会の構造改革により事務局返上が持ち上がり，交流会議そのものが2003年に解散することになった（産業技術の歩みと未来を考える交流会議編 2003 p.7）.

第2章 産業振興と博物館 51

② 構想の概要

表 2-3 「産業技術博物館をつくろう――世界と日本の産業技術継承活動――」の概要

構想名	産業技術博物館をつくろう――世界と日本の産業技術継承活動――
提案者	「産業技術歴史展テクノフェスタ 21」実行委員会（テーマ展示）
提案時期	1997 年 8 月
設立予定地	言及なし
内容	テーマ展示「産業技術博物館をつくろう――世界と日本の産業技術継承活動――」は大きく，世界の産業技術継承事例の紹介と，日本での産業技術博物館のあり方を示していた．前者は欧米の中央大型博物館，研究所・企業・非営利団体，地域開発と産業技術遺産関連の施設の紹介である[22]． 後者の日本での産業技術博物館のあり方については 21 世紀に日本が想定する中核施設として，20 世紀前半に多くが建てられた欧米型の館ではなく，「中央産業技術博物館」とさまざまな企業や地域の活動を結ぶ「産業技術継承センター」を兼ね備えたものであるべきと述べられている． 中核施設のイメージとしては，調査研究，公開活用，交流支援を軸とし，次のような取り組みが事例としてあげられている． 話題性のある展示や充実した情報サービスや高度な調査研究・収集保存活動，企業保有の産業技術遺産の保存や産業技術遺産の教育研修や広報への利用など産業活動への支援，産業技術遺産を活かすまちづくりや産業技術遺産を護る行政や市民の活動など地域振興への支援，博物館などの施設計画やさまざまな団体や企業・個人の協力関係の組織など施設計画への支援，産業技術遺産を活かす教育活動の開発と普及やメディアへの資料提供など教育普及活動への支援，資料や企画展示の相互提供や共同の調査研究や資料の収集・保存・復原技術の提供など他の施設との協力，工場などにある産業技術遺産の発見・調査・記録，産業技術の歴史と未来を結ぶ学際的な研究活動や研究者や学生の交流など大学などとの共同研究，日本の産業技術史に関する情報の提供や国際的な共同研究などの国際協力である． また，「産業技術継承支援センター」としては，シンボル展示，常設展示，企画展示室，収蔵庫・修理工房・工作機械室，模型工房などのバックヤード，研究室などが示され，単体としての産業技術博物館というだけではなく，地方や企業の博物館施設のための展示の企画も行い，また単一産業ではなく複数の産業をまたぐ技術の発展という視点での展示もめざしたものになっている．
企業との関係	企業保有の産業技術遺産の保存や，企業博物館の展示への支援があげられている．

出所）産業技術歴史展実行委員会（1997 pp. 213-220）をもとに筆者作成．

（4）「神戸文明博物館群」（兵庫県神戸市・1994 年～2006 年頃）

① 発端，経緯，顛末

神戸市は 1994 年，1998 年に開通する明石海峡大橋の完成記念事業の一環として，国営明石海峡公園北側一帯の用地を取得し，スミソニアン博物館群の日

本版をめざす「(仮称) 20 世紀博物館群構想」の「構想委員会」を設置した. 会長は梅棹忠夫国立民族学博物館顧問である (毎日新聞 1994 年 9 月 6 日). 1995 年 5 月には「20 世紀博物館群基本構想」がまとめられ, 参考資料としてスミソニアン協会の機構とともに, 主な海外の科学・技術系博物館が列挙されている [23] (20 世紀博物館群基本構想委員会 1995).

1995 年 1 月に阪神・淡路大震災が発災したことによりこの構想は震災復興プロジェクトと位置付けられ, 1995 年 6 月に神戸市が発表した復興プラン (毎日新聞 1995 年 6 月 17 日) や, 1996 年 4 月に国土交通省や兵庫県, 神戸市により検討会が発足した復興特定事業の「阪神・淡路大震災記念プロジェクト」でも言及されている (毎日新聞 1996 年 4 月 17 日).

1999 年 3 月には, 「神戸文明博物館群 (20 世紀博物館群)」基本計画策定委員会 (委託者は, 1997 年度は神戸市, 1998 年度は財団法人阪神・淡路大震災記念協会) が基本計画を策定し, 同年 8 月に神戸市が公表している (日本経済新聞 1999 年 8 月 12 日).

同基本計画は, 科学技術を中心に据えた文明に関する博物館群を構成し, 中核館として「土木博物館」「産業技術史博物館」「科学技術博物館」「生活文化博物館」「子供博物館」を想定, 万国博覧会のイメージで, 国や民間企業による誘致を含め, 約 10 館を設置するというものであった (阪神・淡路大震災記念協会 1999 pp. 11-12). 2000 年 2 月にはシンポジウムが開かれている (阪神・淡路大震災記念協会 2000). とくに, 土木博物館に関しては明石海峡建設の土木技術力を示すものとして中心的な館とみなされ, 1998 年 9 月に神戸市の委託を受けた土木学会が設置した「土木学会土木博物館 (仮称) 基本計画 策定委員会」が「土木博物館 (仮称) 基本構想」を提言している (黒田・亀井 2003 p. 84).

神戸市は約 60 億円を投じて約 65 ha の建設予定地を取得し, 8 億円をかけて一部整備をしていたが, 財政悪化により 2006 年には土木博物館の建設を断念し (読売新聞 2006 年 9 月 22 日), 神戸文明博物館群の計画も凍結された (日本経済新聞 2007 年 8 月 21 日). 震災復興に関して国費は原形復旧にのみ投入され, 博物館群建設などは地元資金での実施を求められたことも計画断念の要因と考えられる (読売新聞 2022 年 1 月 13 日).

同博物館群の建設予定地であった藍那地区には 2017 年に生物多様性保全の

シンボル拠点である公園「キーナの森」が開園した（神戸市 HP 2022）.

② 構想の概要

表 2-4 「神戸文明博物館群（20 世紀博物館群）基本計画」の概要

構想名	神戸文明博物館群（20 世紀博物館群）基本計画
提案者	「神戸文明博物館群（20 世紀博物館群）」基本計画策定委員会（委託者は平成 9 年度は神戸市，平成 10 年度は財団法人阪神・淡路大震災記念協会）
基本計画策定委員会メンバー	委員長：梅棹忠夫（国立民族学博物館顧問） 座長：石毛直道（国立民族学博物館長） 委員：上田篤（京都精華大学教授），熊谷信昭（大阪大学名誉教授），栗田靖之（国立民族学博物館教授），下河辺淳（（株）東京海上研究所理事長），角山榮（堺市博物館長），新野幸次郎（（財）神戸都市問題研究所長）
提案時期	1999 年 3 月
設立予定地	神戸市北区山田町藍那（国営明石海峡公園神戸地区隣接地）
内容	構想の意義としては，都市文明，科学技術文明，自然と暮らしの日本文明にかかわるさまざまな分野からなる博物館群を全国から誘致することとし，目的としては，日本文明の正しい理解を促進し，市民，青少年に科学技術に対する興味を持たせるとしている. 神戸という立地については，製造業が盛んであるという歴史的意味と，震災復興事業としての位置付けをあげている. めざすべき方向性としては，市民と共につくり成長する博物館，未来志向や見る側の視点を取り入れた新たな知識拠点となり，社会との接点やフォーラムとして機能する感性創造型，参加・体験型の博物館としている. 機能と整備方針は，博物館群の基本的考え方を科学技術を中心に据えた文明に関するものと位置付け，「都市」「科学技術」「自然と暮らし」の 3 本柱で構成，10 館程度誘致する万国博覧会方式を想定している. また，生涯学習の拠点機能，民間への技術移転やエデュテイメント産業の創造も見据えた研究開発機能，博物館関連産業の創出・育成する新しい集客都市の形成をあげている. 管理運営体制としては，神戸文明博物館群の組織を中心に，ボランティア，大学，他館，企業などとの連携を想定し，建設・運営資金として資金調達，ミュージアムマネジメントにも言及しており，国，県，企業の巻き込みやミュージアムトラスト，収集，イベントも視野に入れている. 中核的役割が期待される博物館としては土木博物館，産業技術史博物館，科学技術博物館，生活文化博物館（神戸昔博物館），子供博物館を候補としている.
企業との関係	研究開発機能の中での企業の技術者活用，博物館と企業の共同研究，技術移転や，企業の研究施設の設置，企業博物館の設置，資料・展示物の提供，資金の提要，人材の派遣などが想定されている.

出所）阪神・淡路大震災記念協会（1999 pp. 1-12）をもとに筆者作成.

54　第 I 部　観光資源・文化資源の拡張と産業

（5）産業技術未来博物館（のちに，モノづくり文化交流拠点）
　　（愛知県名古屋市・2005 年〜2009 年）

① 発端，経緯，顛末

　2005 年 4 月に三選を果たした名古屋市の松原武久市長は，観光に関する公約の一つとして「産業技術と文化が両立する街」，ものづくりの現場を見られる「生きた観光都市」をめざすとし「産業技術未来博物館」の実現を掲げ（中日新聞 2005 年 4 月 25 日），名古屋市のポスト愛知万博の四大プロジェクト（他に，東山動植物園再生，名古屋城本丸御殿の復元，健康・医療・福祉の総合拠点としてのクオリティライフ 21 城北[24]）の一つとして計画を進めた（中日新聞 2005 年 12 月 26 日）．2005 年度には産業技術未来博物館構想の基礎調査として，産業技術資産を保存・展示し，「モノづくり文化」を発信・継承する施設の検討のため東海地方を中心とした企業や研究期間のアンケートや国内外の事例調査を行った．2006 年度には有識者による「モノづくり文化交流懇談会」を設置して，産業技術未来博物館構想調査を行い，名古屋市金城ふ頭の約 60 ha を予定地として，名古屋市以外に国，関連団体，研究機関，企業などを事業主体と想定し，それらを合わせた事業費を 200 億円，年間運営費を 15 億円から 20 億円，年間来場者数を 200 万人と見込んでいた（名古屋市総務局 2006a）．2007 年度には「モノづくり文化交流拠点」と名称変更し，有識者による「モノづくり文化交流拠点検討会議」を設置，2008 年 4 月に「モノづくり文化交流拠点構想」を策定している．内容は「産業技術」をテーマとして人々が交流する拠点の創出で，全体をオープンミュージアムゾーンとして展開し，テーマゾーン，モビリティーゾーン，サステイナブルゾーン，商業アミューズメントゾーンで構成する，としていた．（名古屋市総務局企画部企画課 2008）．2008 年 4 月には JR 東海が「鉄道博物館（仮称）」（現　リニア・鉄道館）の建設を公表している（中日新聞 2008 年 4 月 16 日）．

　しかし 2009 年に就任した河村たかし市長が前・松原市長の四大プロジェクトについて見直すとし，「モノづくり文化交流拠点」についても「鉄道博物館（仮称）」以外は見直しの対象となった（同 2009 年 5 月 6 日）．2010 年 6 月に再び「モノづくり文化交流拠点構想」が出されており，基本理念，目的，事業イメージは変わらないものの，JR 東海が参画表明したこと，生物多様性条約第 10 回締約国会議（COP10）名古屋（2010 年 10 月）の開催が決定したこと，2008

年のいわゆるリーマンショックによって名古屋が不況に陥ったことなどをあげ，新たな視点として，「集客性の向上」（前構想では「持続的な賑わいの創出」），「子どもが楽しめる」（同「次世代育成に向けた取り組み」），「乗り物をテーマとする」（同「地域に根ざした乗り物技術の活用」），「民間活力を導入する」（同「企業が有するノウハウ，技術力の活用」）をあげている（名古屋市総務局 2010a）．

　その後現在も「モノづくり文化交流拠点」という名称は維持されているが，金城ふ頭の新施設としては JR 東海の「リニア・鉄道館」（オープン 2011 年），商業施設「ファニチャー・ドーム」（同 2015 年），「メイカーズ　ピア」（同 2017 年），テーマパーク「レゴランド・ジャパン」（同 2017 年）などが建設された（名古屋市 HP）．当初計画にあったオープンミュージアムとしての一体感はなく，「リニア・鉄道館」以外の産業技術博物館や施設は設置されていない．

　②調査活動

　名古屋市は 2006 年 3 月に「産業技術未来博物館構想」検討のための基礎調査の報告書を出している．その中で，名古屋市と近隣の産業技術資産の調査，国内外の産業技術に関する博物館事例の調査を行っている．

　産業技術資産の調査は，2005 年 10 月から 12 月にかけて東海地方を中心とする企業・試験研究期間 321 社に対し，郵送によるアンケートを実施した．調査項目は次世代に残すべき技術資産の有無，名称，特徴，大きさ，現状，提供又は貸与の可否などである．105 社から回答を得ており，約半数の 53 社が産業技術資産を有しており，その合計点数は 311 点，うち貸与可能な点数が 96 点，不可能が 92 点，判断できないが 123 点となっている．この中には新幹線 0 系の 22 型や大型碍管，YS-11 の図面や磁気コアメモリなど，希少な資料も含まれていた．

　国内外の博物館に関する調査では，海外事例[25]，国内事例[26]，東海地方の主な産業ミュージアム[27]，集客の参考事例[28]などをとりあげている（名古屋市総務局 2006b）．

56 第Ⅰ部 観光資源・文化資源の拡張と産業

③ 構想の概要

表 2-5 「モノづくり文化交流拠点構想」の概要

構想名	モノづくり文化交流拠点構想
提案者	名古屋市総務局
提案時期	2008 年 4 月，2010 年 10 月一部改定
設立予定地	名古屋市港区金城ふ頭周辺（約 60 ha）
内容	基本理念を，モノづくり文化・技術の継承と発展，世界の技術・情報や人々が交流する賑やかな拠点作り，持続可能な社会のあり方を提示するとし，目的は産業技術の継承と人材育成，産業振興・産業観光の推進，新たな都市の魅力向上，事業イメージは，多様な主体が参画して段階的に整備し，多彩な魅力の集積を図る，ものとしている． 事業展開のイメージは，ミュージアムを空間としてとらえ，水際と一体となった港の森づくりをすすめ，他施設や周辺の開発計画との連携をするものである． エリアは当地域に根差した陸・海・空の乗り物技術を楽しみながら体験，乗り物の歴史・進歩に親しむことのできる場であるモビリティゾーン（JR 東海博物館含む），子どもたちが，モノづくりの歴史や文化を楽しみながら体験できる場であるテーマゾーン，持続可能な社会に向けての取り組みや最新の環境技術を発信する場であるサスティナブルゾーン，海・港を活用した賑わいと楽しさのある商業施設として飲食や物販施設などを複合的に展開する商業アミューズメントゾーン，水と緑が溢れる港の森の中，エリア全体を空間ミュージアムとしてとらえるオープンミュージアムゾーンという構成になっていた．
企業との関係	事業主体は名古屋市で，企業，団体，大学，市民，NPO，行政および関連団体，研究機関に，事業への参画主体への呼びかけを行い，参画形態は，パビリオン出展，展示出展，実証実験・社会実験参加，施設参加，技術参加，イベント参加，営業参加，スポンサード参加などを想定していた．

出所）名古屋市総務局（2010b）をもとに筆者作成．

3 開館への推進力に関する考察

（1）各構想の特徴と相互影響

前章で記述した 5 事例の構想を見ると，構想，学識関係者，1970 年代半ばから 2000 年代半ばまでの約 30 年間の間の時期など，重なりや相互影響などが見てとれる．以下項目にわけて記述するとともに図 2-1 にまとめる．

① 構想の契機

大阪，愛知は万博の跡地利用，神戸は明石海峡大橋竣工記念，名古屋はポス

第 2 章　産業振興と博物館　57

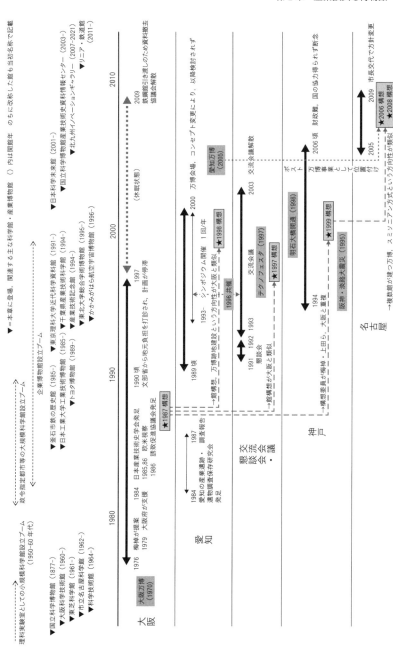

図 2-1　産業技術博物館構想の時系列の流れと相互影響

出所）筆者作成.

ト愛知万博事業という地域のイベントが契機であったのに対し，懇談会・交流会議は「若者の製造業離れ」に危機感を抱く産業界による産業技術継承活動からの取り組みであった．

② 地域性

大阪，愛知，神戸，名古屋は，それぞれ主要産業として全国規模の製造業があり，モノづくりの街であるというアイデンティティから発想されている．懇談会・交流会議は全国規模の産業界取り組みのため地域性はない．

③ 推進主体

大阪は梅棹，吉田，上田らという学識関係者が発案し，大阪府・市，大阪工業会という産官学が共同で推進主体となった．愛知は，国・愛知県・名古屋市・愛知財界が進める愛知万博の関連事業として，民間の調査機関が取りまとめている．懇談会・交流会議は通商産業省の呼びかけで産業界が立ち上げた組織で推進する産業技術継承活動の一環で提案され，神戸，名古屋はそれぞれの市が主体となって推進した．

④ 学術界・学識関係者の役割

大阪は日本産業技術史学会，愛知は中部産業遺産研究会が産業遺産調査などの基礎調査部分を担っていた．懇談会・交流会議は関係学会や大学関係の有識者が参加しているが，産業技術博物館構想そのものへの関連は表面的には見られない．神戸は梅棹，上田らが大阪構想にかかわり，日本産業技術史学会にも所属している研究者が構想をまとめ，土木博物館は土木学会が計画を策定している．名古屋は計画検討を行う有識者会議に学術関係者がいたが，中心的な存在の学術関係者はみられない．

⑤ 関係省庁

大阪は文部省に博物館設立の働きかけを行っている．愛知は愛知万博の関連で中部通商産業局（通商産業省）が調査委員会に入っている．懇談会は通商産業省の呼びかけで始まり，構想が発表されたフェスタでは科学技術庁，文部省，

文化庁，通商産業省，建設省がアドバイザー省庁となっている．神戸は阪神・淡路大震災後に震災復興プロジェクトと位置付けられ，国土交通省が検討会に入っている．名古屋は特段，国の関与は見られない．

⑥ 産業界・企業の関与

大阪は大阪工業会を中心に，関西経済連合会，関西経済同友会などの財界が積極的に関与した．愛知は愛知万博の関連事業として，中部経済連合会，名古屋商工会議所など財界が調査委員会に名を連ねている．懇談会・交流会議は製造業関連の業界団体が主体となって運営していた．神戸は企業の参加を想定してはいるが実働には至らず，名古屋は企業参加形態の一つとして展示参加を想定し，東海旅客鉄道による「リニア・鉄道館」の開館が実現した．

⑦ 構想発表時期

構想発表時期は大阪が 1987 年，愛知が 1998 年，懇談会・交流会議が 1997年，神戸が 1999 年，名古屋が 2008 年である．

⑧ 構想の類似性

大阪構想は国立の産業技術の総合的な博物館で，国立民族学博物館同様，大学院レベルの研究施設を兼ね備え，産業界との連携を想定してはいるが，単館施設を想定していた．愛知，懇談会・交流会議は基本的には大阪構想を踏襲したものとなっており設置者は国立を見据えている．神戸は 10 館程度のスミソニアンのような博物館群で，国立や企業立館などを誘致する構想となり，研究施設の併設を想定していた．中核館の一つ「産業技術史博物館」は，大阪構想を踏襲している．また，阪神・淡路大震災では市民ボランティアが活躍し，1995 年がボランティア元年とされているが，その復興プロジェクトとされた同構想にも，市民参加の要素が盛り込まれている．

名古屋は「モノづくり」をテーマとし，神戸同様スミソニアン博物館群を模し，産業技術資料の展示もありながら，テーマパーク的な要素も多く盛り込んでいる．ポスト愛知万博事業のため，企業，団体，大学などに加え，とくに愛知万博で機運の盛り上がった市民ボランティア，市民団体，NPO などの参加

を想定し，愛知万博のテーマであった「環境」も取り込んだ内容となっている．

　各構想とも先進取り組みとして欧米の博物館を調査，引用などしている．大阪構想の準備のため日本産業技術史学会は1986年に欧米の博物館調査を行い，大阪工業会も1985年と1986年に海外視察団を派遣している．その際の視察先がその後の構想にも影響を与え，その後の4事例全てが参照しているのはロンドン科学博物館，ドイツ博物館，国立アメリカ歴史博物館（スミソニアン博物館群）であり，シカゴ科学産業博物館，ヘンリー・フォード博物館，アイアンブリッジ峡谷博物館なども事例に上がっている．

（2）社会環境変化からの考察

　総務省統計局労働力調査によれば，全労働者の中で第二次産業の就業者が占める割合は，1960年が27％，1970年が35％，1980年が35％，1990年が34％，2000年が30％，2010年が24％，2020年が23％であった．

　1980年代から90年代にかけては，高度経済成長期が過ぎて日本の企業活動が成熟期に入り，日本企業のグローバル化が進んで生産拠点の海外進出がなされ，海外からの企業視察が増加し，各企業での製品・生産技術が刷新されていく中でそれらの保存や記録についての検討が進み，周年事業とあいまって企業博物館の設立も盛んであった時期でもあった．

　本章でとりあげた大阪，愛知，懇談会・交流会，神戸の構想はこの時期に策定されたものであったが，構想から実現への検討の動きの時間経過の中で，日本国内での第二次産業の労働人口の減少など，製造業の存在感の低下が実現の推進力を弱めたともいえる．ただし，愛知は自動車産業を中心とする製造業が1990年以降も隆盛であり，2005年の愛知万博の成功とともに，元気な愛知，名古屋の象徴としての「モノづくり」がブランドとして機能したことが，名古屋の構想の発端といえるだろう．

　また，大阪は明確に，愛知，懇談会・交流会，神戸も目論見として国立館を想定していたが，1990年代には，バブル経済破綻などにより国の財政が悪化し，大阪構想のように国立であっても地元自治体や財界にも運営など相応の負担を求めていくことになったこともハードルとなった．たとえば2005年に開館した九州国立博物館は，大阪構想の同時期の1988年に，官民による九州国

立博物館誘致推進本部が設置されて誘致が本格化したが，最終的には独立行政法人国立文化財機構九州国立博物館と福岡県立アジア文化交流センターが連携・協力して管理運営を行う方式となっている（国土交通省 2011）．

　一方，文化庁が 1990 年から各都道府県教育委員会を通じて「近代化遺産総合調査」を開始し，1994 年には産業遺産も主要対象になる登録文化財制度を創設した．全国各地で産業遺産の文化遺産としての価値が認知され，観光への活用が検討されるようになり，2001 年には「産業観光サミット in 愛知・名古屋」で「産業観光推進宣言」が採択されている．2007 年にはユネスコの世界遺産に「石見銀山」が日本で産業遺産として初めて登録されたことから，産業観光ブームが訪れた．

　しかし，産業遺産は，大きさ，機構の複雑さなどから博物館としての収集・保存・展示にコストと困難さを伴う．たとえば，北九州市は官営八幡製鉄所から続く鉄鋼業の街であるため 2000 年代初頭，産業技術博物館設立を計画し，国からの支援を期待したが得られなかった．このため 2007 年に開館した市立の北九州イノベーションギャラリーは，実物の産業遺産の収集・展示は断念し，市中の調査で明らかになった各企業の資料は各企業で保存・展示を促した（吉森 2012 pp. 30-31）．2015 年に世界遺産に認定された「明治日本の産業革命遺産」には官営八幡製鐵所関連の 4 件の産業遺産が含まれており，現地保存がなされている．

　2003 年に開設された国立科学博物館産業技術史資料情報センターは，実物の産業資料の博物館施設への収蔵は実施せず，全国の情報を集約しデータベース化を行っているが，産業遺産，産業技術資料の特性には見合った継承方法ともいえよう．

　他方，1992 年のブラジルのリオ・デ・ジャネイロで開かれた地球サミットに象徴されるように，世界規模では 1990 年代から現在に至るまで，気候変動，生物多様性の危機などへの対処が社会課題となり今日の SDGs 取り組みにもつながっている．高安らが指摘するように[29]，各自治体の科学系博物館も環境を重視する傾向となり，2001 年に開館した日本科学未来館も地球と環境に重点を置いた基礎科学中心の内容となっている．

　現在の日本の産業技術関連の博物館の大半は，博物館の設置者と博物館の展

示資料の提供者が同一であり展示更新が比較的容易な企業博物館，単一の地場産業に特化した地方自治体の専門産業技術博物館，教育のニーズに対応した大学博物館，教育委員会設立の科学館である．

　博物館設立は発案からの準備期間が数年あるいは 10 年以上かかることもしばしばあるが，美術や歴史などと比較して，産業技術はテクノロジーの発展と経済構造変化により，取り巻くアクターの変化やニーズの変化のスピードが速い．大規模で総合的な産業技術博物館の設立が実現しなかった背景には，博物館設立のスピードが産業を取り巻く環境変化のスピードより遅かったこと，あるいは開館後の産業構造変化に合わせて展示や活動内容を更新するシステムの構築が容易ではなかったことも推測される．

注

1）博物館法　第一章　総則　定義）第二条「この法律において「博物館」とは，歴史，芸術，民俗，産業，自然科学等に関する資料を収集し（後略）」とされている．

2）全国科学博物館協議会　2022 年度総会資料より（2022 年 7 月 7 日）．

3）全国科学館連携協議会　HP https://www.renkeikyo.jp/（2022 年 1 月検索）．

4）HITNET 産業技術史資料共通データベース　https://sts.kahaku.go.jp/hitnet/（2022 年 1 月検索）検索時点で重複，すでに閉館した館も含まれるため館数は概算．

5）その後，市民局を経て 1980 年に教育委員会の所管施設となり，1989 年に名古屋市科学館と改称した（馬渕 2005 p. 12）．

6）インタビュー対象・実施日は次の通りである．国立産業技術史博物館（大阪）構想関係者・2022 年 1 月 14 日兵庫県内，産業技術博物館（愛知）構想関係者・2022 年 6 月 3 日，同 6 月 18 日愛知県内．関係者をたどって当時の担当者を特定，1 人ないしは複数人に対し各 1 時間程度，筆者によるインタビューを行った．記録は IC レコーダーでの録音あるいはメモである．

7）後藤は，大阪府文化問題懇話会に梅棹が産業技術史博物館設立を提案した 1979 年を構想の始まりとしているが，本章では，後述のように万博記念協会で構想が議論された 1976 年を始まりとした．

8）訪問先は，1985 年はロンドン科学博物館，ロンドン交通博物館，ウィーン産業工業技術博物館，ドイツ博物館，ニュルンベルグ交通博物館，オランダ海事博物館．1986 年はシカゴ科学産業博物館，ヘンリー・フォード博物館，国立アメリカ歴史博物館，エプコットセンター，カリフォルニア科学産業博物館，オンタリオ科学センター，バンクーバー芸術・科学・技術センター．

9）ロンドン科学博物館，英国立鉄道博物館，バーミンガム科学産業博物館，ノッティン

ガム産業博物館，マンチェスター科学産業博物館，ルディントン編み機博物館，クオリ
イバンク・ミル博物館，マクルズフィールド博物館，アイアンブリッジ峡谷博物館（安
田・中岡 1987）

10）ドイツ鉱山博物館，ウェストファーレン工業博物館，バーデン・ヴュルテンベルク州
立技術・労働博物館，ドイツ博物館（庄谷・種田 1987）

11）産業遺産保存国際会議に出席（同上）．

12）リエージュ市立兵器博物館，リエージュ市立ワロン民俗博物館，鉄と石炭の博物館，
ガラス博物館，ブレニィ観光センター，鉄道博物館，都市交通博物館，世界自動車博物
館，王立軍事博物館，ビール醸造博物館，グーズ博物館，レース博物館，郵政通信博物
館，オルタ美術館，ムニエ美術館，王立文化財研究所（森田・井上 1988）

13）ラ・ヴィレット（同上）

14）ヘンリー・フォード博物館，ニューヨーク近代美術館，国立アメリカ歴史博物館，デ
トロイト・サイエンス・センター，クーパー・ヒューイット博物館，イントレピット
海・空・宇宙博物館，アメリカ自然史博物館，芸術産業館，国立航空宇宙博物館（渡
辺・中川・三宅 1988）

15）1970 年代に愛知県内の工業高校で技術教育に携わる教師が中心となって結成，技術
史を技術教育に取り入れることを目的とした（中部産業遺産研究会編 2000 p. 310）．

16）アイアンブリッジ峡谷博物館，ロンドン科学博物館，バーミンガム科学産業博物館，
マンチェスター科学産業博物館，バーデン・ヴュルテンベルク州立技術・労働博物館，
ドイツ博物館，スミソニアン博物館

17）同協会の中には同年 4 月に「産業技術継承センター」が設置され，独自の事業も行っ
ていた．

18）研究産業協会，電気事業連合会，日本鉄道車両工業会，日本化学繊維協会，日本照明
器具工業会，日本ロボット工業会，日本鉄鋼連盟，建築業協会，日本自動販売機工業会，
バイオインダストリー協会，日本航空宇宙工業会，日本工作機械工業会，日本電球工業
会，通信機械工業会，電子情報通信学会，石油化学工業協会，日本ファインセラミック
ス協会，日本電子機械工業会，自動車技術会，日本石鹸洗剤工業会，日本橋梁建設協会，
日本自動車工業会，日本土木工業協会，日本繊維機械協会，日本電気工業会，日本オ
フィス家具協会，日本電子工業振興協会，日本鉄鋼協会，日本産業機械工業会，火力原
子力発電技術協会，日本化学工業協会

19）照明学会，日本機械学会，日本建築学会，電子情報通信学会，化学史学会，日本化学
会，情報処理学会，日本産業技術史学会，映像情報メディア学会，化学工学会，産業考
古学会，電気学会，土木学会

20）マイクロマシンセンター，国際超電導産業技術研究センター

21）有馬朗人（理化学研究所理事長），飯島宗一（愛知芸術文化センター総長），石井幹子
（照明デザイナー），石川六郎（日本工学会会長），伊藤正男（日本学術会議会長），猪瀬
博（学術情報センター所長），梅棹忠夫（国立民族学博物館顧問），岡村聰吾（日本工学

64　第Ⅰ部　観光資源・文化資源の拡張と産業

アカデミー会長），金井務（経済団体連合会副会長），唐津一（東海大学教授），熊谷信昭（原子力安全システム研究所所長），斎藤英四郎（日本科学技術振興財団会長），坂元弘直（国立科学博物館館長），末松安晴（高知工科大学学長），高秀秀信（横浜市長），中村桂子（生命誌研究館副館長），西澤潤一（東北大学前総長），蓮實重彦（東京大学総長），村上陽一郎（国際基督教大学教授），吉川弘之（東京大学前総長），青柳正規（東京大学副学長），丸山瑛一（オングストロームテクノロジー研究機構研究所長）

22）ロンドン科学博物館，ドイツ博物館，国立アメリカ歴史博物館，キャンディベッシュ研究所，ベンツ博物館，ハーシータウン，コンピュータ博物館，ヘンリー・フォード博物館，アイアンブリッジ峡谷博物館，ローウェル国立公園

23）ロンドン科学博物館，ドイツ博物館，ウィーン産業工業技術博物館，ロンドン交通博物館，ニュルンベルグ交通博物館，オランダ海事博物館，ラ・ヴィレット，シカゴ科学産業博物館，ヘンリー・フォード博物館，オンタリオ科学センター，国立アメリカ歴史博物館，エプコットセンター，カリフォルニア科学産業博物館，バンクーバー芸術・科学・技術センター

24）「産業技術未来博物館」以外の3件は実現している．

25）ドイツ博物館，ロンドン科学博物館，国立アメリカ歴史博物館，シカゴ科学産業博物館

26）国立科学博物館，日本科学未来館，科学技術館，千葉県立現代産業科学館

27）ノリタケの森，瀬戸蔵ミュージアム，愛知県陶磁資料館，トヨタテクノミュージアム産業技術記念館，トヨタ博物館，佐久間レールパーク，有松・鳴海絞会館，七宝町七宝焼アートヴィレッジ，内藤記念くすり博物館

28）長崎文化歴史博物館，兵庫県立人と自然の博物館，東京国立博物館

29）本章第1節（3）

第 3 章

企業博物館と産業観光

1　企業博物館

（1）企業博物館の概要・先行研究・概況

　企業博物館とは，一般に企業が直接あるいは財団などで間接に運営している博物館を指す．企業が運営するミュージアムは，大きくわけて企業やその企業の属する産業や製品について展示する博物館，あるいはメセナ活動などとして，美術や工芸品などを収集・公開する博物館・美術館などがあるが，本書では前者を「企業博物館」として論ずる．

　企業博物館は多くが企業の創立周年を契機に設置され，自社の PR，企業史料保存，自社や関連業界理解，地域対策・地域貢献，観光客対策，その他宣伝活動などが目的である点が，公立博物館と異なる点である．日本においては，社会教育法，博物館法に則る公立博物館が，現在は観光やまちづくりへの貢献も期待されているものの，地域の社会教育が主目的であるのに対し，企業博物館に関する明確な定義はない．企業博物館でも登録博物館，博物館相当施設，博物館類似施設があり，文部科学省の社会教育統計に加わっている館もあるが，企業博物館に対象を絞って継続的に行われている調査はない．星合は 2004 年の全国の運営実態を調査した時点では約 200 館をとりあげ（星合 2004），高柳と粟津が実施した企業博物館に関する調査では調査対象は約 300 館（高柳・粟津 2018）であり，2019 年に帝国データバンク史料館は同館での展示の際に 782 館をリストアップしている（帝国データバンク史料館 2019）．

　日本で最古の企業博物館と言われているのは，明治 22（1889）年「織物参考館」（京都）で，翌年当時の帝国博物館の総長であった九鬼隆一が「川島織物博物假館[1]」と名付けている．しかしそのほかは第二次世界大戦以前には 1927（昭

和2）年にマツダ照明学校（現・東芝未来科学館）が設立されるなどの数例をみる
のみである．戦後は1950年代から設立が見られるが，1970年代以降に増加し，
80年代，90年代にはピークをむかえる（高柳 2011a pp.39-70）．

　企業博物館に関する先行研究は経営学領域のものが多く，そのほか博物館学，
経営人類学でも論考が見られる．経営学領域では① 企業博物館の定義・分類
や，成り立ち，② 企業や産業の一機能として企業博物館が果たす役割に関す
るもの，に大別できる．①について星合は企業博物館を「自社の歴史とその背
景の保存と，企業理念の理解のために，企業（またはその業界）が設立した博物
館」として五つに分類している．設立企業の資料を中心に収集する「史料館」，
関係する業界の歴史資料を集めた「歴史館」，企業の技術を説明する「技術館」，
会社や業界の公共性や安全性を普及啓蒙する「啓蒙館」，工場見学や産業遺構
を中心とした「産業館」である（星合 2004）．伊木は企業博物館は企業の歴史
アーカイブやイメージ向上の目的から発生したものとし，「歴史・資料館型」
と「技術・文化情報発信型」に分類している（伊木 2012）．高柳はダニロフの
Corporate Museum と日本の「企業博物館」の概念の一致と差異を論じてい
る（高柳 2011b）．②については，高柳は企業のイメージ構築（高柳 2011a）や企
業の地域社会貢献の窓口であるとして（高柳 2015），高柳・粟津は企業の歴史
や理念を従業員に浸透する場として（高柳・粟津 2014），堀江は組織能力やイノ
ベーションを生み出す新たな知識の結合の場として（堀江 2015），馬渕は技術
経営の視点から過去の産業技術情報の再編集の場として（馬渕 2004）論じてい
る．

　博物館学的な視点からは，樺山は企業が運営する「産業文化博物館」を産業
経済と文化の活動の両方にまたがる広い分野を占める特異な博物館とし，私企
業の宣伝目的であれ，産業の社会的・文化的役割を学術・教育に資する目的で
あれ，産業の技術と文化が生産する側と受け取る社会・消費者との対話を重ん
ずる点で，商業目的のショールームとは一線を画するとしている（樺山 2018）．

　経営人類学的な視点からは，中牧は企業博物館を企業の神聖化装置すなわち
神殿ととらえ，過去の歴史展示施設は寺院，現在の事業展示施設は神社にたと
えて，その設立目的は社会的尊敬の獲得であるとしている（中牧 2003）．日置
は個人顕彰の企業博物館の存在が限られ，そのほとんどが事業家としてではな

く技術者としての成功や発明に焦点が当てられていることに着目し，企業が事業の成功を個人に帰することが，営利企業として尊敬を勝ち得ることに繋がらないのではと論じている（日置 2003）．廣山は技術伝承を展示という視点で歴史的に辿り，ヨーロッパにおいても日本においても博覧会から始まる産業展示が企業博物館に連なっていると考察する（廣山 2003）．

　これらの先行研究は企業が企業博物館を設置する理念，目的，機能の分析など設置者視点からのものである．しかし，1980 年代〜90 年代に設立数のピークをむかえた企業博物館の継続活動を見れば，地域社会の文化発信拠点として根づき，地場産業の企業である場合は地域博物館の役割の一部も果たしている可能性もあると推測する．永年運営を継続している企業博物館においてはさまざまなステークホルダーが存在している．企業博物館におけるステークホルダーとは，① 企業博物館を設置している企業，② その企業が属している産業界，③ 研究者・学術分野関係者，④ 来場者，⑤ 地域社会，⑥ マスメディアなどがあると考えられる．しかし，ステークホルダーや地域社会から見た企業博物館に関する先行研究は今の所見当たらない．

　世界的な博物館のネットワークとしては国際博物館会議（International Council of Museums：ICOM）があり，2023 年現在専門分野別の 32 の国際委員会がある．このうち，18 委員会は収蔵品の種類を，14 委員会は一般的で包括的なテーマを扱っているが企業博物館に特化した委員会はない（International Council of Museums HP）．しかし，企業立の博物館も博物館とはみなされて会員資格はあり，国別の活動では ICOM ロシアが 2018 年までに企業博物館に関する会議を 4 回実施している（ICOM Russia 2018）．2007 年改訂の ICOM の博物館定義では博物館は non-profit（非営利）とされているが，2022 年改訂時には not-for-profit（営利を追求する団体でない）となっている（序章注 3，4 を参照）．公立や財団立など非営利団体立の博物館でも入場料を徴収する博物館が多いことから変更になったとされ，企業立であっても博物館自体が営利目的でなければ博物館と認められている．

　一方，日本における博物館の公式なネットワーク組織としては，公益財団法人日本博物館協会，全国科学博物館協議会，全国美術館会議などがあり，企業立博物館も加入可能である．企業博物館というカテゴリでは公式なネットワー

68 第Ⅰ部 観光資源・文化資源の拡張と産業

ク組織はないが，定期的に企業博物館の関係者が集まり緩やかな情報交換の場を設けている産業文化博物館コンソーシアム（COMIC 座長：印刷博物館前館長樺山紘一氏）がある．また，企業史料協議会が企業博物館に関する調査を 1980 年代半ばから行なうなど，企業博物館のあり方については議論の場が創出され，博物館の一カテゴリとして独自の役割が認知されてきたことは日本の特徴ともいえるだろう．

　日本博物館協会担当者によれば，日本の企業博物館の特徴は歴史が古いこと，また昭和 40 年代の社会教育政策の中で誕生した公立博物館に比べると多様性があることである．歴史的遺産を保存公開することで企業のブランド価値を上げるのが企業側から見た役割であり，設立のプロセスとしては，幕末から明治以降にかけての日本の近代史の集積としての近代遺産を保有する創業系の企業が，自社の歴史保存の必要性から博物館を設立し，整備されていっている．収集，調査研究，情報発信，常設展示などで，質の高い活動を維持する企業博物館は① 充実した社史を刊行している，② 歴史が古く創業家が影響力を持つ，③ 経済的な余力があり経営陣の理解度が大きい傾向にあるという．

　企業博物館のステークホルダーとはその企業にネガティブなイメージを持っている人たちも含めたマルチステークホルダーである．SDGs と軌を一にし，誰も取り残さない，誰でも同じように利用できるというのは公立博物館も企業博物館も同じである．一方，企業博物館の場合は重要なのは株主で，その企業に投資する企業のブランディング，投資家に対する企業価値を高めるための博物館の可能性の理解促進が必要である．

　地域との関係を見ると，地域に根ざした地場産業として歩んできた歴史と地域が結びついた内容を持つ，多くの優れた企業博物館が存在する．自分たちは地域の人たちにお世話になりながらこういう活動をしてきた，という歴史情報を伝え，教育的普及取り組みなどで還元していくのが，企業の中での企業博物館の役割の一つである．観光の面では地域の観光資源として機能しているミュージアムは多いが，企業博物館であっても博物館の基本的機能を持って発展し，結果的に観光施設としても特色を持っているという形が望ましい．

　多くが博物館法上の登録博物館ではない企業博物館は博物館行政の中に組み込まれるという義務は負わず，地域連携や地域外への情報発信，さらにグロー

バルな観点からの活動ができ，政権交代などに影響を受けにくいという点では，本道をいくことができる博物館群とみなすこともできる[2].

2 企業博物館の公益性・公共性

（１）博物館の公益性・公共性とは

2022 年 4 月，約 70 年ぶりに博物館法の改正が成立し，2023 年 4 月に施行された．検討にあたっては 2019 年 11 月に文化審議会に博物館部会が，2021 年 2 月にはその下に「法制度の在り方に関するワーキンググループ」が設置されて，2021 年 12 月には文化審議会が「博物館法制度の今後の在り方について」を答申した．2022 年の第 208 回通常国会に「博物館法の一部を改正する法律案」が政府から提出され，2022 年 4 月 8 日の参議院で可決され成立している．

今回の改正にあたっての主要な論点の一つは博物館の登録制度であった．日本学術会議史学委員会博物館・美術館などの組織運営に関する分科会も，2017 年と 2020 年に発出した博物館法改正に向けた提言の中で，登録博物館制度の改定を冒頭にあげている[3].

改正以前の博物館法（1951 年成立・公布）における登録施設の指定は，戦後，公立館への補助と私立館への税制上の優遇を行い，全国で博物館を増加させていくという時代背景のもと創設された．当時，全国で 200 館余だった館数は，令和 3 年度の社会教育統計では，登録博物館・博物館相当施設が 1305 館となっている．しかし，登録博物館は① 設置者が地方公共団体，一般社団・財団法人などに限定され，国・独立行政法人，大学，地方独立行政法人，株式会社などの場合は対象外で，設置主体の多様化に対応できていないこと，② 登録・相当施設は審査が外形的な基準で行われており，質や公益性を担保するものとなっておらず，活動の質向上に貢献できていないこと，③ 公布時に比べてインセンティブが少なくなり，社会教育調査の博物館総数における登録・相当施設の割合が，法律で規定されていない博物館類似施設（令和 3 年度で 4466 館）と合わせた総数の約 2 割にとどまっていることなど，公布以来 70 年経ち，法律と実態が乖離していることが課題とされた（文化庁 2021）．2020 年に公布・施行された文化観光推進法では博物館は文化観光の拠点とみなされるなど地域

への経済的貢献も期待されている．設置者の多様化への対応もこれらに連動した動きともいえよう．

2021年の文化審議会答申では，改正の理念として，博物館の規模の大小にかかわらず，要件を満たす各地域の博物館を広く振興し，その活動と経営を改善・向上する「底上げ」，予算措置を含む総合的な施策の推進により，創意工夫や新たなチャレンジを支援する「盛り立て」をあげている．それにより，博物館とその資料が，国民にとってより身近で必要なものとして価値向上し，その価値に対して更なる支援・投資がなされて，経営基盤が充実されていくという好循環の形成を図ることを目的としている．そこから設置主体については設置者の制限から登録博物館ではないが，登録博物館水準の活動を行う博物館類似施設などが存在することから，設置者の類型など博物館の外形的な基準ではなく活動そのものを評価するよう現在の登録制度を見直し，登録の対象を拡大して申請を促す方向性が示された（文化審議会 2021）．

結果として，博物館法の改正では，博物館の設置者要件が改められ，国および独立行政法人以外の法人の設置者は全て対象になった．要件としては，設置者が博物館運営に必要な経済的基礎を有すること，社会的信望を有することなどとなり，都道府県など教育委員会が文部科学省令を参酌して登録の基準を定め，審査にあたる．内容は博物館資料の収集・保管・展示および調査研究を行う体制などの基準に適合するかどうかなどである．登録博物館となると，税制上の優遇や補助金の対象になるなどのメリットが受けられる（文化庁 2022）．

同法改正により企業立の博物館も新登録制度の対象となり，審査に合格した場合は，公立館や公益法人同様に博物館として「質」と「公益性」を担保しているとみなされる．

その「公益性」ひいては「公共性」は，外形的な基準でないとすれば，はたして博物館のどのような機能・役割・形態から担保されるのだろうか．企業立の博物館の多くは博物館としての基本的機能は持っていても，博物館類似施設，あるいは社会教育調査に入らない施設として活動してきた．その設置目的は企業の周年事業や歴史的資料の保存・公開，企業広報目的が多いが，地域社会においては公益性，公共性が生じている場合もあると推測される．

そこで本節では，企業立の博物館が，「公益性」や「公共性」を持つことが

いかに可能か，関連分野の先行研究や資料から考察する．第二項ではまず文化政策の中での博物館を含む公共文化施設の公共性に関する議論を，第三項では「新しい公共」と企業の CSR や社会貢献活動の中での公共性の可能性を，第四項では企業博物館の中で語られる公共性を，それぞれ検討し，第五項では公立文化施設と企業博物館を対比しながら考察とまとめを行う．「公共性」についてはいうまでもなく幅広い分野にまたがる概念で数多の論考があるが，本章では「企業博物館の公益性・公共性」という主題から，文化施設や企業のCSR など関連する分野に絞って検討する．

（2）公共文化施設の公益性・公共性

① 公益性・公共性の語義，定義

『大辞林』第四版（三省堂，2019 年）では「公益」とは「社会一般の利益．公共の利益」，「公共」とは「① 社会全体に関すること．おおやけ　② おおやけのものとして共有すること」，「公共性」とは「広く社会一般に利害・影響を持つ性質．特定の集団に限られることなく，社会全体に開かれていること」とされている．長谷川は，日本では「公」と「民」とが，それぞれ政府・行政と企業とに等置され，英語的な意味でパブリックという観念が育ってこなかったとし（長谷川 1998），public interest の訳である「公益」は「不特定多数の利益」という意味だが，「公益」に『広辞苑』第四版のように「国家または社会公共の利益」という語釈が与えられていることには，日本的なバイアスがあると述べている（長谷川 2000 p. 438）．斎藤は，「公共性」という言葉が用いられる際の主要な意味合いは大別して，第一に国家に関係する公的な（official）ものという意味，第二に特定の誰かにではなく，すべての人びとに関係する共通のもの（common）という意味，第三は誰に対しても開かれている（open）であるとしている（斎藤 2010 pp. ix-x）．

② 公共文化施設と「公共性」議論

もともと文化は私的領域に属するという通念があり，戦後の日本では，文化に関する法律が制定されず，文化は社会教育の中でとらえられていた．一方，国から地方自治体への規制のない自由な領域であることから，1970 年代から

地方の革新自治体で「文化行政」が進められた．梅棹忠夫は中央と地方の文化格差を均一にするために「水道蛇口論」の中で，ほぼ全ての自治体において国の主導ではなく地方主体で，同一水準の文化施設の建設普及を主張し，80年代には地方自治体による公立文化施設ブームが到来する．文化や文化施設に関する法律[4]はない中，公民館，図書館，博物館は社会教育法や個別法があり，ある程度の専門性を維持することになった（小林 2018b pp. 169-173）．その後，国や地方自治体の財政状況が厳しくなり，公共事業の民営化や「新しい公共」の流れの中で，2003年の地方自治法改正により「公の施設」に関する指定管理者制度が施行され，公立文化施設——公共ホール，公民館，図書館，博物館など——もその対象となり，多くの施設で導入されている．

2005年に行われたシンポジウム「美術館・博物館の新たな公共性を求めて——指定管理者制度・NPO・地域社会——」[5]で，広島市現代美術館学芸課長（当時）の小松崎拓男は，文化財資産の保護，調査研究，教育普及事業は，利益を追求する民間企業には困難であるという「公共性」「公共的使命」から，指定管理者制度には反対する一方，国宝や重要文化財を持つ私立美術館が調査研究や教育普及事業で成果を上げている実績から，公立美術館の優位性にも疑いがあると述べている（小林 2005 p. 89）．

指定管理者制度に関する先行研究の中では「公共性」をいかに担保するかという数多くの議論が行われている．友岡は，指定管理者制度が「公共性の抽象化」を引き起こしているとする．従来は公共的課題は公的部門で処理し，公共性に関する社会の機能と制度・組織の構造は合致していたが，指定管理者制度では，公共的課題が適切に処理されるならば，その処理機能を担う組織（社会構造）の形態は問わないという前提を取る（友岡 2006 pp. 35-36）．伊藤は指定管理者制度により，公共施設の社会的ニーズと使命が問い直されているとする．従来特権階層のみが独占していた「福祉（welfare）」のサービスを，近代市民社会成立以降に市民に公開するために制度化されたものが公共施設であり，それはインスティテューション（制度）であるとする（伊藤 2006 pp. 51-52）．中川は，指定管理者選定基準である「施設効用の最大化」は公共的価値の最大化で，数値的なアウトプットでなくアウトカムで評価されるべきであり，市民との協働作業により策定しなければならない．これは指定管理に限らずそもそも自治

体の文化政策に設定されるべきであると指摘する（中川 2006 pp. 23-33）.

　文化施設ならではの公共性の問題についての論考も盛んである. 新藤は, 文化施設は全ての人がいく権利はあるが義務がなく, 大衆の感性から隔たった啓蒙的空間で, 生活の余剰とみなされがちなため, 公共施設としての公共性が持ちにくいという（新藤 2018 pp. 17-18）. 友岡は文化行政が地方振興の点でとりあげられることが多いのは, 文化は公共財でなく準公共財であり, 行政から見ると平等性の担保が難しいので「行政の文化化」などでも文化そのものを公共的なものとみなす文化行政が日本ではなされず, 総合政策のリベラリズム的価値観が欠如していると述べる（友岡 2018 pp. 225-236）. 他方, 公共ホールの領域からは, 藤野は「芸術こそが公共性を開く」として, 公共劇場は総合的インスティテューションとしての機能を持ち, 市民的公共圏形成の有力なメディアであるべきと主張する（藤野 2011 pp. 9-22）. また, 近藤は実践的な立場から, 公共文化施設にとっての公共性の根拠をめぐる議論は① 建物あるいはその所有者, ② 施設の運営形態や手順, ③ 観客・聴衆そして舞台芸術に関して議論する公衆, ④ 芸術の本質, ⑤ 公共財という考え方, という五つに分類できるとし, 文化施設に関する公共性は, 設置者が公であるなしにかかわらず全ての人に開かれた空間か, その活動・サービス・効果が全ての人に関係するかに重点があると結論づけている（近藤 2011 pp. 46-52）.

　さらに博物館の収蔵品や展示である文化財・文化遺産に関する公共性に対する論考もなされている. 荻野は文化財・遺産を公共的なものとみなすフランスと比較し, 日本では文化財は私の領域に属し, 公が私に介入しない（荻野 2002c pp. 224-226）. また, 資本主義的欲望と博物館学的欲望の関連からは文化財は博物館に帰属することにより公共性が見出されると論ずる（荻野 2002b pp. 263-265）. 松田は, 近年注目を集める「文化財の保存から活用へ」という問題を, 文化財に関する価値観の変遷によるものと論ずる中で, 文化財に従来の歴史的, 芸術的, 学術的, 鑑賞的価値に加えて, 社会的価値と経済的価値が見出されていると述べる（松田 2018 pp. 25-46）. 横内は民間の視点から, 文化財を保有する個人や宗教法人にとっての文化財の「公共性」は, コストあるいは宗教概念との相違から負担が重すぎ, 「公共」であるならば国がそれを負担すべきと主張している（横内 2020 pp. 1-8）.

③ 博物館法による私立博物館への公共的役割の付与

社会教育施設の中でも博物館は伝統的に私立の割合が一定数あり，令和3年度の社会教育調査ではその割合は総数の約25%である[6]．館種・形態もさまざまであり，1917（大正6）年に開館した私立の美術館の第一号である大倉集古館など美術品・文化財の公開が目的の博物館・美術館，ベネッセ・アートミュージアムや森美術館などメセナ活動目的の美術館，観光地などに集客目的で建設される観光志向型博物館，博覧会や見世物小屋，デパートの催事場などから続く系譜である勧業系・娯楽系の博物館あるいは「ポピュラー文化ミュージアム」[7]，企業が自社や自社産業領域の歴史などを保存・展示・紹介する企業博物館などが含まれる．

1951年の博物館法の制定の緊要性について，当時の文部省の担当官であった川崎は次のように述べる．第一は文化財保護法，図書館法，社会教育法など文化立法が整備され，博物館についても地盤強化のための緊急性があったこと，第二は博物館の概念を包括的に広げ，博物館の概念を集約すること，第三は私立博物館の維持・保全である．1946，1947（昭和21，22）年頃に博物館と称していた約160館のうち，100館近くは私立博物館で，その資本であった株や公・社債が戦後無効になったこと，また固定資産税を払うことが困難となり，資料を処分する館もあり，この私立博物館の崩壊を食い止めるため，課税免除の措置などを講じる必要があったことである（川崎 2008 pp. 91-92）．

小林はこれを踏まえ，博物館法は博物館，とくに私立博物館に公共的役割を担わせ，登録博物館という制度をかぶせることにより，その運営上の窮状を財政的に救うことが重要な課題であったと指摘する．登録制度を設けて「公の支配」に属させることは，団体などの財政運営補助には不可欠で，対象としていたのはすでにある民間の博物館であった．また，博物館法設置後に設立される博物館も視野に入れ，設置する地方公共団体に対する補助金交付も計画された．このように博物館法は制定当初は，戦前から存在する私立博物館の財政状況を救い，地方自治体に設立される博物館への財政出動の根拠として整えられたのだが，その後の博物館政策は，その国の関与を縮小させていった[8]（小林 2020 pp. 26-29）．

④ 小括

公共文化施設の公共性に関する先行研究では，従来「公＝官」が担っていた公共サービスが「私＝民」へ移行することからの「公共性」概念の拡大，逆にそもそも市民社会全体に共通し開かれているということを意味すべき「公共性」が「公＝官」由来の議論になっているという問題意識，私的領域ともされる文化あるいは文化財そのものが持つ「公共性」，さらにその「公共性」を「私＝民」が担う責任，義務，権利などについての議論がなされている．また，制定時の経緯から博物館法には，私立博物館を含む博物館の概念を集約し，私立博物館の公共性を認めるという意図が汲み取れる．しかし，それを企業博物館に関連づけた論考は管見の限りない．そこで次項以降では，CSR や社会貢献活動の流れを俯瞰しながら，企業博物館における公共性の可能性を検討する．

（3）企業の CSR と公共性

① 企業と社会からの観点

ポストらは，欧米におけるコミュニティと企業のかかわりの中での「公益」をソーシャル・キャピタルと市民参加の視点から論じている．健全なコミュニティは協調や協働意欲，個人や組織のボランティア精神を必要とする．ソーシャル・キャピタルには私的な側面と公的な側面があるが，それはすなわち「私益」であると同時に「公益」でもある．個人であれ組織であれコミュニティのメンバーのネットワークが，コミュニティ全体をさらによくする総合的なかかわり合いを推進するというのが，市民参加の基礎的な考え方である（ポスト・ローレンス・ウェーバー 2002=2012 p.54）．つまり企業のコミュニティ活動への「市民参加」が，「私益」であると同時に「公益」としてソーシャル・キャピタルの発展に寄与するのである．

②「新しい公共」と企業

日本においては長らく「公共」は官が供給するととらえられてきたが，1990年頃から，「新しい公共」という考え方が普及してきた．国や地方自治体の財政状況が厳しくなった一方，経済・社会問題が多様化したため，民間でも供給可能な準公共財や価値財は，民間が担うという方向性である．欧米で普及し始

めた官民協働（PPP：Public Private Partnership）の概念であり，NPO，社会的企業，CSR に取り組む営利企業もこの供給主体とみなされ，新しい公共経営の担い手とされている（松本 2015 pp. 82-83）.

　1999 年に小渕首相に委嘱された「21 世紀日本の構想」報告書（2000 年）では，企業とその担い手との関係の再構築（コーポレート・ガバナンス・システムの再検討）と，企業と社会の相互関係の再構築（企業の社会的ミッションの再確認）が打ち出されている．企業の新しいミッションとして，第一に正しい企業活動による富の創出，革新的アイデアや発想が公益に直結するという認識を社会が認識し，企業は官の担うさまざまな事業を担う気概を持つべきこと，第二に創出された富を新たな分野への投資とともに，社会に直接還元すること，それは多様な社会的活動の分野においての社会的貢献であり，事例として全国各地でのNPO への活動支援や文化活動への貢献をあげている（「21 世紀日本の構想」懇談会 2000）. 櫻井はこれを「新しい公共」と関連づけ，政府・行政が公共から距離をおき，代わって自立した個人と企業，非営利組織などの関与がガバナンスというキーワードのもとで打ち出され，「新しい公共」とはいわゆる小さな政府論への伏線だと指摘する（櫻井 2006 pp. 109-110）.

　2010 年には，鳩山政権が「新しい公共」円卓会議を開催し，同年 10 月『「新しい公共」宣言』を発表した. そこでは「新しい公共」とは「支え合いと活気のある社会」を作るための当事者たちの「協働の場」であり「国民，市民団体や地域組織」，「企業やその他の事業体」「政府」などが，一定のルールとそれぞれの役割を持って当事者として参加し，協働する，とされている. 企業に対しては経済的評価だけでなく，本業の社会性や社会貢献活動などに対する多様な評価を積極的に受けることを推進し，社会貢献活動やメセナ活動を通じた社会との関係を重視し，社員がコミュニティの一員としての存在でもあることを企業が認識し，さらに直接的に社会に利潤を還元する寄付行為などを企業活動の一環として位置づけることへの期待が述べられている（「新しい公共」円卓会議 2010）. この円卓会議で委員の金田は，「新しい公共」と CSR の概念を，① 本業，② 社会貢献活動，③ 誠実な事業プロセス，④ 適切な影響力発揮として整理している. 社会貢献活動については，従来から企業が社会インフラの整備や人材育成に向けた公共財を社会に提供していることをあげながら，それら

が本業や操業地域に関連して限定的であったことを指摘し，寄付・寄贈・社員ボランティア支援・企業財団・施設開放などを通じ，他組織との協働によって，社会基盤の整備や人材育成などにかかわることが「新しい公共」でのあり方だと述べている（金田 2010）．

③ CSR（Corporate Social Responsibility：企業の社会的責任）

CSR（Corporate Social Responsibility：企業の社会的責任）の定義については，欧州委員会が 2001 年に「企業が社会および環境についての問題意識を自主的に自社の経営，およびステークホルダーとの関係構築の中に組み入れること」としたが，2011 年に「企業の社会への影響に対する責任」と改訂している[10]．日本では，経済産業省が「企業が社会や環境と共存し，持続可能な成長を図るため，その活動の影響について責任をとる企業行動であり，企業を取り巻くさまざまなステークホルダーからの信頼を得るための企業のあり方」と説明する（経済産業省 HPb）．国際機関のスタンダードとしては国際連合が 1999 年に初めて企業の行動原則を定めた UN Global Compact（人権，労働，環境，腐敗防止の 4 分野 10 原則），2010 年に定められた ISO26000（組織のガバナンス，人権，労働慣行，環境，公正な事業活動，消費者課題，コミュニティ参加と発展，の 7 主題と，説明責任，透明性，倫理的な行動，ステークホルダーの利害の尊重，法の支配の尊重，国際行動規範の尊重，人権の尊重，の 7 原則）などがある（谷本 2020 pp. 63-66）．日本では日本経済団体連合会（以下，経団連）が 2005 年に「CSR 推進ツール」（コンプライアンス・企業倫理，情報，安全と品質，人権・労働，環境，社会貢献の 6 主要項目と，消費者・顧客，取引先，株主，社員，政治・行政，コミュニティ，NPO/NGO，途上国の 8 ステークホルダー）を作成している（日本経済団体連合会 2005）．これらスタンダードの CSR の対象分野は，社会的責任投資での評価項目である，環境・社会・ガバナンスすなわち ESG（Environment, Social, Governance）の区分と概ね合致する．

世界で CSR 議論が始まったのは好調な経済が陰りを見せ始めた 1960 年代後半のアメリカで，70 年代に盛んになった（谷本 2020 pp. 70-71）．同時期，高度成長期の負の側面である公害問題，石油危機前後の企業不祥事などで企業への批判が高まっていた日本にもその議論が持ち込まれたが，1973 年の経済同友会提言などの理念のみにとどまっていた．1980 年代以降に日本企業がグ

ローバル展開を進めると，とくに欧米において CSR 経営が求められるように
なり，2001 年には欧州委員会が前述の CSR の定義を含むグリーンペーパーを
公表し，2003 年には経済同友会が企業白書『「市場の進化」と社会的責任経
営』を出して，「CSR 元年」と呼ばれた．日本の企業における CSR 専門部署
は 2005 年の 25.6%，2010 年の 64.5%，2015 年の 75.1%，CSR 担当役員は
2005 年の 35.2.%，2010 年の 58.1%，2015 年の 67.8%とそれぞれ急増した[11]
（同上 p.131）．また，企業市民協議会（CBCC）の調査によれば，CSR 情報につ
いて，72%が CSR 報告書で，89%が自社ウェブサイトで，44%が年次報告書
で開示している（企業市民協議会 2017 p.36）．一方，深化した CSR を積極的に
経営戦略や事業戦略に統合しようという動きや ESG 投資の拡大の中で，CSR
を通じた企業価値の向上や，CSV（Creating Shared Value）の実現をめざす動き
も活発化している（同上 p.2）．2015 年に国連で SDGs（持続可能な開発目標）が
採択されると，経団連は企業行動憲章（1991 年策定）を SDGs の達成を目標と
したものに改定し，2019 年には企業行動・CSR 委員会を企業行動・SDGs 委
員会に改編している（日本経済団体連合会 HP）．

④ 企業の社会貢献活動

経団連は 1980 年代後半から「企業と社会貢献」を推進し，1990 年には，個
人や企業が経常利益や可処分所得の 1％相当額以上を自主的に社会貢献活動に
支出しようとする，任意団体 1％クラブ[12]を設立した．社会貢献活動に関する諸
テーマについての議論や，企業と NPO などとの対話・連携の促進，企業によ
る社会貢献活動の動向把握と情報発信，企業・NPO など関係者への情報の提
供，災害被災地への支援などを行なっている．2000 年代に入り企業の CSR 取
り組みが推進されると，社会貢献活動は CSR の構成要素として整理されるよ
うになり，経団連作成の「CSR 推進ツール」（2005 年）の中での六つの主要項
目に含まれている．

2006 年の『CSR 時代の社会貢献活動』では，活動の形態として，大きく寄
付金と自主プログラムとしての社会貢献事業があげられ，そのいずれも NPO
との協働や，従業員参加が推奨される．活動領域としては 1）社会福祉　2）
健康・医学　3）スポーツ　4）学術・研究　5）教育・社会教育　6）文

化・芸術　7）環境　8）史跡・伝統文化保存　9）地域社会の活動　10）国際交流・協力　11）災害被災地支援　12）防災まちづくり支援　13）人権　14）NPO の基盤強化　があげられている（日本経団連社会貢献推進委員会 2008 pp. 44-59, pp. 85-147）．

　2017 年の企業市民協議会の CSR 実態調査の CSR 情報開示項目では，「環境への取り組み」（同 156 社）に次いで，「地域貢献を含む社会貢献」（回答数 164 社中 155 社）を開示している企業が多い（企業市民協議会 2017 p. 40）．2020 年の経団連の社会貢献活動に関する調査結果（回答数 178 社）では，社会貢献活動の役割や意義について，9 割以上が「企業の社会的責任の一環」，8 割以上が「経営理念やビジョンの実現の一環」と回答．活動内容については，回答企業の93％が「寄付等の資金的支援」のような従来から代表的とされる社会貢献活動を実施する一方，同 2017 年度調査にはなかった「技術協力，ノウハウ提供」，「事業化に向けた実証的なプログラムの実施」など，事業に関連する活動に取り組む企業が見受けられる．また経団連の企業行動憲章の改定以降，SDGs の浸透が図られ 58％が「既存の社会貢献活動プログラムの SDGs マッピング」を行なっている．社外組織と連携を行っている企業が 88％であり，その内の82％が「NPO/NGO」と連携している．（日本経済団体連合会 2020）．

　しばしば企業の社会貢献活動とともに語られる企業メセナ活動は，1990 年に企業メセナ協議会が設立されたことから認知度が高まった．1970 年代後半から 1980 年代のバブル期に広告・マーケティングの多様化のなかで，「文化で売る」手法として企業名を文化事業にかぶせて実施する「冠興行」が広がり，80 年代後半にマスコミから批判の的になっていた．ここから企業の文化支援の姿勢や意義を問う研究会が開かれ，フランスの類似組織を手本に日本にも同様の組織である企業メセナ協議会を発足させることになった．このような経緯から当初は「メセナの啓発と普及」を目的に「メセナとは見返りを求めない文化支援」という主張が繰り返された．しかし 1995 年の阪神・淡路大震災発災などにより，文化芸術と社会問題のかかわりが注目され，アート NPO やプロジェクトを企業がメセナ活動として支援するという動きが生まれた．また2001 年の文化芸術振興基本法制定に呼応し，同協議会は民間におけるパートナーとして文化政策にかかわる姿勢を打ち出し，2011 年の東日本大震災の際

は芸術・文化による復興ファンドを立ち上げた．つまり同協議会の活動は当初は「企業」が文化支援に取り組む基本的な考え方や社会との接点を探る努力をしていたが，21世紀に入ると単なる「文化支援」を超えて「文化政策」の担い手として，国や社会への提言活動や「文化による社会創造，地域再生」に向けた取り組みがポイントになってきている．企業も当初は芸術家や芸術団体，文化施設を支援していたが，享受者サイドをも重視するようになっている（伊藤 2018 pp. 149-163）．同協議会が毎年実施しているメセナ活動実態調査の2020年度版では，メセナ活動の目的（回答社数378社）は，第一位が「芸術文化支援のため」（303社），第二位が「社業との関連，企業価値創造のため」（283社），第三位が「芸術文化による社会課題解決のため」（170社）となっている（企業メセナ協議会 2020 p. 9）．

⑤ 小括

2000年前後から「新しい公共」論の中で，企業の「公共」への参加が促され，同時期には企業の社会的責任（CSR）取り組みが促進された．企業の社会的責任を「新しい公共」と関連づけた議論もなされている．また，2003年の「CSR元年」の頃から，従来の社会貢献活動，企業メセナ活動はCSRの流れの中で整理されていった．さらに2011年にポーターとクラマーが提唱したCSV（共通価値創造）の潮流からは，企業価値創造など本業とCSRを関連づけた活動が拡大している．

しかし，これら企業のCSR活動や社会貢献活動の流れの中には，企業博物館に関する言及はあまり見られない．次章以降では企業博物館の歴史や公共性に関する言説から，CSRや社会貢献との関連を検討する．

（4）企業博物館と公共性

① 企業博物館

河島は，企業メセナの観点からミュージアムがどのような存在なのかを考察する中で，企業もしくは企業財団が運営するミュージアムについて，本業と自社製品の変遷などを紹介する企業博物館（トヨタ博物館など），本業と直接関係なく創業者や会社が収集した作品を展示するミュージアム（サントリー美術館な

と）などをとりあげ，いずれも日本では企業が自ら企画・運営に携わっていることが特徴であると述べる．欧米では文化団体そのものの地位が公的機関やNPOとして確立しているが，日本やアジア諸国では政府による文化政策の発展が遅れ，民間部門が先行した．印刷博物館や竹中大工道具館などその分野の分析・提示をする文化価値の高い活動をする館や，アーティストやクリエイターの展示や新人発掘という文化的役割を果たすギャラリーとして，資生堂ギャラリー，銀座ニコンサロン，ギンザ・グラフィックギャラリーなどを事例としてあげている（河島 2020 pp. 167-168）．

　河島があげるように，本業と自社製品の変遷をとりあげているという点で特徴的なのが企業博物館である．その運営状況を公的に調査している機関はなく，社会教育調査の対象になってないものも相当数あると推測され，企業側ではPR施設や迎賓施設とみなしているものが含まれる場合がある．

②企業博物館論と公共性

　企業博物館については1980年代にその設立が増加し，この頃から企業博物館論が盛んになった．企業史料協議会は1987年と1995年に機関誌『企業と史料』で「企業博物館」を特集している．1987年の「産業遺産と企業博物館」で産業考古学会会長（当時）の内田は，企業博物館の増加は産業遺産の保存に寄与するものとして質の向上や研究面での期待を述べ（内田 1987 pp. 8-9），森は，企業博物館を図書館における専門図書館になぞらえ，総合博物館に対する専門博物館とみなして，博物館にふさわしいコレクションと研究体制が必要としている（森 1987 p. 24）．なお，産業における総合博物館に当たる館は日本には存在せず，1970年の大阪万博終了後，その跡地に国立産業技術史博物館を設置するという構想が大阪府から持ち上がったが，国の理解が得られず立ち消えとなっている[13]（中牧 2020 pp. 487-488）．

　梅棹は企業博物館の「公共性」について，私企業の立場を超えた普遍的視点が重要と説く．企業の内容そのものを博物館化する業種別企業博物館が増加すれば巨大な産業博物館の体系ができ，日本の博物館活動の一つの特徴となり得る．ゆえに企業博物館は社史資料室であってはならず，私企業の個別的立場を離れて業種一般の普遍的な立場に立つべきである．サントリーのウイスキー博

82　第Ⅰ部　観光資源・文化資源の拡張と産業

物館で社史資料の展示があっても，全体では「世界の蒸留酒文化」「日本の洋
酒史」としてウイスキーの文明史的位置付けが主題であり，ここまできて初め
て企業博物館の公共性が実現されるとしている．一方，博物館づくりはペイし
ない事業であるがゆえに，企業PRの手段であるとともに企業利益の社会への
還元であるとする．（梅棹 1987 pp. 86-91）

　UCCコーヒー博物館元館長の諸岡は企業博物館を公立博物館と比較して，
公立博物館が教育という行政目的を持つのに対し，企業博物館は企業の地域社
会への文化貢献，フィランソロピー活動の一つであり，最終的には企業が個々
に定める目的を達成するものであり，「公共の博物館」とはスタンスが異なる
としている．一方，企業の文化活動であり，情報発信基地であり，地域社会の
中で情報コミュニティを形成する活動を行い，人々の生活の豊かさに役立つ企
業博物館は「公共的財産」であるとも述べる．しかしそれが社会から認められ
ていないのは，博物館法で企業が登録博物館の設置者として認められていない
のが一因で，私立博物館として公立博物館より一段低くみなされ，文化のため
の公共施設として認識されていないと主張している（諸岡 1995 pp. 29-61）．

③ 企業博物館と社会貢献活動

　企業博物館の設立動機としては，1987年の丹青総合研究所調査や[14]，伊木が
関西の企業博物館についての論考で述べるように[15]，企業の創業・設立の記念事
業がまずあげられ，自社史料保存もその目的である．そして地域貢献・社会貢
献が語られることもあれば，既存の企業博物館が社会貢献活動として位置付け
し直されているケースもある[16]．

　星合は1995年『企業と史料』で，企業博物館を「自社の歴史とその背景に
関わる諸資料を保存・展示し，企業理念の理解を得るために企業が設立する施
設」と定義し，該当する約200館の企業博物館のアンケートと訪問面接による
調査結果を公表した（星合 1995 pp. 37-44）．同調査の「博物館創設の目的」「目
的に対する成果」「企業のイメージアップに成功したか」という設問の回答か
らそれぞれ上位を抜粋したものが表3-1〜3-3である．

　目的で3位の「地域対策」，4位の「観光客対策」，成果では2位の「学校生
徒の教育効果」，3位「観光客対策」が社会貢献関連といえるだろう．さらに

表 3-1　博物館創設の目的	
① 企業史料保存	64%
② 関連業界理解	47%
③ 地域対策	33%
④ 観光客対策	33%
⑤ 宣伝普及活動	30%

n＝203 複数回答可
出所）星合（1995）から
　　筆者作成.

表 3-2　目的に対する成果	
① 史料歴品の保存	51%
② 学童生徒の教育効果	51%
③ 観光客対策	49%
④ 企業内容理解	46%
⑤ 社員の教育	40%

n＝202 複数回答可
出所）星合（1995）から筆者作成.

表 3-3　上がったイメージ	
① 伝統ある企業	53%
② 文化的	43%
③ 社会貢献企業	42%
④ 親しさ	23%

n＝202 複数回答可
注)「イメージが上がった」
　　は 92%
出所）星合（1995）から
　　筆者作成.

イメージアップの点では３位に「社会貢献企業」が上がっている．創設目的には「企業史料保存」，「関連業界理解」，「宣伝普及活動」など企業活動由来部分が大きいが，成果や上がったイメージには教育や観光などの地域貢献，社会貢献の項目が上がってきており，館活動継続の中で博物館としての社会的役割が形成されてきた可能性がある．

④ 小括

博物館の設置者に企業や企業財団が多いのが日本の特徴である．その中で自社事業に関する展示を行う企業博物館は，社会教育調査に入らない商業的性格の施設も多い．しかし 1980 年代から企業史料協議会などが議論の場として機能し，日本に公的な産業博物館がないことから，それを補完する存在としてなどの公共的な役割への期待が形成された．梅棹という国立博物館館長経験者が企業博物館の公共性や意義を論ずる一方，諸岡は博物館法の設置者基準で登録博物館になり得ないことが，社会から見た企業博物館の公共性を阻害すると主張する．また企業博物館の設立動機は，周年や自社史料の保存と答える企業が多いが，博物館開館後の運営状況を踏まえると，地域対策や教育，観光などの地域貢献・社会貢献活動としての成果が得られていると認識しているといえる．

（5）企業博物館の公益性・公共性
──公立文化施設の公共性と「新しい公共」に注目して

公立文化施設の公共性議論からは，文化施設はまず単なる建物ではなくイン

スティテューション（制度）としての機能を持ち，市民や関係者との連携の中で公共的価値の最大化をめざすべきものである．その問題としては，文化は全ての人の権利ではあるが義務ではなく，平等性の担保が難しい準公共財であることである．日本においては文化に関する法成立以前に，自治体による文化行政の取り組みがあったことにより，文化そのものの価値や公共性より，地方自治の中での文化の意義が語られ，文化施設建設のピークがあったため施設ありきの公共性が取り沙汰された．文化は私的領域のものという社会的な認識が共有されながら，その公共性については公共施設を巡って検討されている．これはパブリックという概念が日本においては「公＝官」ととらえられていることにも由来している．

　その中で，博物館は1951年という比較的早い時期に個別法が成立したこと，それがはじめから一定数あった私立博物館救済のための法律だったこともあり，登録博物館には公共的な認定がなされた．文化財や資料の収集保存，調査研究，教育普及活動という博物館法に定められた博物館の機能そのものが公共性を持つともいえる．登録外の博物館類似施設の中でも，博物館法に準じて運営をしている施設は多く，博物館法自体は博物館の質や公益性を担保するスタンダードとして，登録外の博物館にも影響を及ぼしてきたといえる．一方，2003年の地方自治法改正以降，一定数の公立博物館に指定管理者制度が導入されているが，「新しい公共」という概念が成立する以前に定められた博物館法は，2023年4月の改正施行前には登録制度における設置者に営利組織を認めておらず，整合性に若干のずれがあった．

　企業に関しては，「新しい公共」への企業の参加が促される時期に，CSR活動の取り組みが進み，従来の社会貢献活動や企業メセナ活動がCSRの枠組みに取り入れられて「新しい公共」の企業側からのアプローチとなっている．企業博物館に関しては，産業遺産・産業文化の保存，展示内容の普遍性から公共性を持つとの論がある．自社ニーズ（周年，史料の保存，広報活動など）から設立されているが，設立後の評価は地域貢献，社会貢献となっているとの自己評価もある．個別の企業を見るとCSRや社会貢献との紐付けがなされている事例も見られる．ただし，CSR活動や社会貢献活動を巡る議論の中に企業博物館はほとんど登場しない．それぞれ経団連，1％クラブ，企業メセナ協議会，企

業史料協議会，と異なる推進団体で議論されてきたことも一因であろう．

これらを踏まえると，企業博物館が公共性を持ちうる条件は，単なる建物や展示ではなく，インスティテューション（制度）として，市民や関係者とのかかわりの中で公共的価値が見出されることであろう．それは企業が社会と協働し，ステークホルダーと対話しながら企業活動を進めるというCSR活動のあり方にも合致する．文化はもともと私的領域に属し，平等性の担保が難しい準公共財であり，民が主体的に提供することはむしろ問題がない．さらに，本業に関連する内容で広報や宣伝と従来みなされている活動でも，社会との共通価値創造の目的であればCSVの潮流に沿ったものとも解釈できる．企業博物館を「新しい公共」に資するCSR活動，社会貢献活動，さらにCSVの範疇に含むと企業側がとらえて，本来の意味でのパブリックな存在としての公共性を持つ可能性がある．

今回の博物館法改正の中で，従来非営利組織にしか認めなかった登録制度を営利組織にも認めるという方向性は，広い意味での「新しい公共」の流れであろう．ただし，新しい登録制度が現在登録外の博物館に受け入れられるかは，民間から見れば，税制面での優遇，補助金の対象となること，収蔵品取得や維持の優遇措置，ブランド価値向上が，コストや手続き業務，運営などの負担を考慮しても魅力的である場合，つまりメリットがデメリットを上回る場合である．2023年4月施行以降の動きを注視していく必要がある．

3　トヨタの展示施設の設立経緯と，各役割の変遷

（1）トヨタの企業博物館群

本節ではトヨタ（トヨタ自動車株式会社および一部トヨタグループ）を事例に，トヨタが設置した複数の企業博物館の設立経緯と，それらの役割の歴史的変遷を概観し，企業にとっての展示施設の役割と公共性意識について考察する[17]．

トヨタの展示施設は，本社敷地内にありコーポレート訴求を目的としたトヨタ会館，世界の自動車発達史を欧米日の約140台の車両で展観するトヨタ博物館，トヨタグループで運営し「研究と創造の精神」と「モノづくり」の大切さを伝えるトヨタ産業技術記念館の3館が，企業博物館として代表的にとりあげ

られることが多い．その他に迎賓館としての機能を持つトヨタ鞍ヶ池記念館，2021 年に閉館した MEGA WEB，2022 年 10 月に開館した富士モータースポーツミュージアムなどがあり，またトヨタの創業に縁のある建造物として保存・維持する豊田佐吉記念館，トヨタ創業期試作工場などがある．

　日本で企業博物館が急増したのは 1970 年代の後半から，すなわち 1973 年の石油危機以降の経済の低成長期に入ってからであり，企業の日本的経営について論じられるようになったのもこの頃である（森 1988 p. 45）．1980 年代には企業博物館を紹介する書籍が複数発刊され[18]，これらの中では，トヨタ鞍ヶ池記念館やトヨタ会館がトヨタの企業博物館として紹介されている．

　近年の企業博物館の研究や「おとなの社会科見学」ブームによる各種のガイドブックや書籍ではトヨタ産業技術記念館，トヨタ博物館，トヨタ会館に関する論や紹介は数多いが，トヨタの施設全体を包括的に俯瞰した歴史的な変遷についての記述はみられない．そこで本節では，トヨタホール，トヨタ会館，トヨタ鞍ヶ池記念館，トヨタ博物館，トヨタ産業技術記念館の 5 館について各施設の設立や運営の経緯を追い，また新たな施設の設立によって既存施設の役割がどのように変容したのかにも着目し，現在の役割分担や棲みわけがなされたプロセスを考察する．これら展示施設の機能は，企業活動の訴求，工場見学の拠点，来賓の接遇などのニーズから担っているものに加え，博物館的機能としての収集保存，調査研究，企画展示，教育普及，地域連携・貢献など多岐に渡るが，ここでは各施設の役割の変遷をたどるため，主目的と一般向けの主な常設展示内容に絞って記述した．

　なお，1982 年にトヨタ自動車工業株式会社とトヨタ自動車販売株式会社が合併して現在のトヨタ自動車株式会社となっており，本節で取り扱う施設は工販合併以前についてはトヨタ自動車工業の記述である．また各施設の概要はトヨタ自動車の企業関連資料および各種文献を参照，引用している．企業関連資料の区分については，以下の通りである（本節関係分）．

　① 社内報
　トヨタ新聞／トヨタグラフ
　（1982 年の工販合併まではトヨタ自動車工業，工販合併以降はトヨタ自動車）

Weekly TOYOTA（トヨタ自動車）

② 広報資料

トヨタニュース（トヨタ自動車販売）

ニュースリリース（トヨタ自動車）

③ 社史

20 年史：『トヨタ自動車 20 年史』（トヨタ自動車工業）

40 年史：『トヨタのあゆみ部門編・1968〜1977 40 周年記念』（トヨタ自動車工業）

75 年史：『トヨタ自動車 75 年史』（トヨタ自動車）

④ 社内資料

各施設の説明資料など

（2）トヨタホール（1938 年〜1977 年／旧・愛知県挙母町，現・豊田市）

① 設立経緯（旧トヨタホール）

　トヨタ自動車工業は 1937 年に創業し，1938 年の本社工場稼働とともに工場公開を開始した．当時から挙母工場には PR センターとして「トヨタホール」があり，来社する関係者，工場見学者などの接遇施設となっていた．1956 年には工場正門前に移転して乗用車や工場縮尺模型などを展示し，会社の歴史をスライドや映像で紹介していた．（トヨタ自動車工業編 1958 p.229，516-517）．

② 移転（新トヨタホール）

　1959 年に元町工場が完成し，本格的に工場公開に取り組むべく 1960 年に拠点として設立されたのが新しい「トヨタホール」である（トヨタ自動車工業編 1978 p.909）．同年完成した本館（現在の事務本館の北側）に隣接し，延床面積は地上二階，地下一階の 2500 m^2 であった．この頃，工場見学者は年間 10 万人を超えており，新トヨタホール設置の目的はこれら見学者への接遇の充実とともに，トヨタの企業活動の紹介であった（トヨタニュース 1960 年 10 月号）．1 階は約 600 m^2 の展示場で，トヨペット コロナ PT20 型の実車両とカットモデル，本社工場と元町工場の模型，トヨタグループ 9 社の紹介，さらに東海協豊会などの関係会社も加えた地図，全国の販売サービス網の所在地，トヨタ車の生

産・保有・輸出量の統計コーナー，トヨペット クラウン デラックス，トヨペット コロナ，トヨタ ランドクルーザーなど代表8車種の1/5模型，社史などが展示されており，実車両はターンテーブル，1/5模型はベルトコンベヤー上に配置するなど動きのあるディスプレイを取り入れていた．さらにテクニカルコーナーとして踏力計や，好みの色を投票できる30種類のボデーカラーサンプルパネルなどの参加型展示もあった．2階は500人を収容するホールとなっていた（トヨタ新聞 1960年8月27日号）．

当時の社内報ではトヨタホールの紹介として「企業PRの時代」と題し，次のような設立主旨が述べられている．現在は宣伝・広告の時代ではあるが美辞麗句を並べただけでは人々には信用されず，その会社，工場に信用がなければ製品は売れないため，どの会社も製品広告だけでなく企業広告に注力するようになっている．そしてラジオ，テレビ，新聞雑誌の広告よりも，会社のおいたちや工場を直接見てもらうことが一番よい方法であり，トヨタファンを増やすことにつながり，それがトヨタホール設立のねらいである，としている（トヨタグラフ 1960年9月号）．

トヨタホール開館以来，工場見学者数は1977年までの間，年間約20万人〜30万人の実績であった．半数ほどは修学旅行や社会科見学で訪れる小学校から大学生までの学生で，その他は国内外の賓客，取引先，一般客である．やがてトヨタのグローバル化にともない本社に海外からの来客が増加し，さらに1971年に総務部から広報部が独立して工場公開やVIP対応も広報部に一本化され，トヨタホールも交通安全，環境対策などもふくめた課題に対応する広報拠点としての役割が拡大していった．そこでトヨタホールでは手狭になってきたとして，1977年にトヨタ会館が建設されることになった（トヨタ自動車工業編 1978 pp. 909-917）．

（3）トヨタ会館（1977年〜2023年現在／愛知県豊田市）

① 設立経緯

1977年，トヨタ自動車工業創立40周年を記念して，本社敷地内にトヨタ会館がオープンした．設立主旨は，トヨタホールの機能を受け継いだ工場見学対応と来客受け入れ体制の強化，そして従業員厚生施設の充実であった．延床面

積が約 1 万 8500 m^2，1 階と 2 階をあわせた展示室面積は 5000 m^2，2 階には 1000 人を収容する大ホールが設置された．展示はより良い自動車づくりを通じて社会の発展に貢献する自社の姿勢を打ち出し，広い視野から自動車をとらえようとするものであった（社内資料）．

②設立当時の展示（1977 年〜1990 年）

会館全体としては社内外向けの新しいコミュニケーションセンターとしての役割を担い，トヨタホール展示室と比べて約 10 倍の広さをもつ展示ホールは「愛される車を世界に」をテーマに掲げ，子どもから大人まであらゆる層の見学者が楽しみながら理解できることをねらいとしていた．1 階フロアの展示内容は，世界のさまざまな乗りものを投影する「乗りものプラネタリウム」，トランスミッションやデファレンシャルの原理を楽しみながら学べる「くるまの技術コーナー」，自動車製造の全工程の説明パネルや VTR 紹介や，カリーナ一台分の部品展示がある「自動車をつくるコーナー」，君もドライバーと題した「ゲームコーナー」，「トヨタの歴史」の年表などによる紹介，「実車展示コーナー」ではニューセリカやカローラなどの市販車やトヨタ 2000GT ボンドカーやドリームカーなどで，車両展示は適宜入替が行われた（トヨタグラフ 1977）．

③改装（1991 年〜1997 年）

1980 年代後半以降，環境問題が地球規模の社会課題としてクローズアップされていくことをとらえ，1991 年に「人と地球にやさしい車づくり」をテーマとして第一回の改装が行われた．「くるまの技術コーナー」「自動車を作るコーナー」に替わり，低排出ガス，燃費向上などの最新技術の紹介のほか，1/1 のクレイモデルやモックアップを展示した「デザインコーナー」，エンジンやミッションのカットモデルやシャシーの実物や模型を展示する「技術開発コーナー」，マジックビジョンで各工程を紹介する「生産工程コーナー」，「ドライビングシミュレーション」や来館者がモニター上でデザインしたクルマを走らせる「サイクルビジョン」などの体験展示，トヨタホームの紹介などが新設された．「トヨタの歴史」や「実車展示コーナー」は継続された．また同年，

90　第Ⅰ部　観光資源・文化資源の拡張と産業

組織としても広報部から単独の「トヨタ会館」に移行している（社内資料）.

④ 改装（1998 年〜2004 年）

　会社創立 60 周年を機として全面改装を行った.「21 世紀に向けたクルマづくりをめざして」をテーマとし,「環境」「安全」「ITS」を展示の柱にしている. CO_2 削減への取り組みを実物と映像で紹介する「トヨタと環境」, パネルや映像, 体験コーナーから構成する「トヨタと安全」, クルマの基本メカニズムと電子技術を映像で見せる「テクノスコープ」, 工場での生産プロセスを迫力の映像で再現する「バーチャルファクトリー」,「ITS」コーナー, オリジナルカーをデザインできるシミュレーション「カーデザインスタジオ」に加え, 小学生向けの「社会科見学コーナー」も設けている. 車両展示コーナーは, モータースポーツと新車展示コーナーとなった. なお, 改装の 1998 年の同年, 運営部署が「トヨタ会館」から「企業 PR 部」に改称された（社内資料）.

⑤ 改装（2005 年〜2023 年現在）

　2005 年 3 月から開催された「愛知万博」で海外からを含む見学者が増加することを見込んで全面改装を行った. 正面玄関では「トヨタパートナーロボット（〜2017 年まで展示)」が見学者を出むかえるとともに「環境」「安全」などの社会課題に焦点を当て, トヨタの取り組みや最新の自動車関連技術をわかりやすく体感できる展示とした. 自然から学んだ知恵をテーマに, ハイブリッドカーや燃料電池車で環境にやさしく安全で豊かなモビリティ社会を紹介する「環境安全コーナー」, 生産ラインの模型でトヨタ生産方式を紹介する「生産コーナー」, 会社の歴史と社会貢献活動を紹介する「企業と社会コーナー」, 車両展示のショールームは同年から日本展開された「レクサスブランド」を新設し,「社会科見学コーナー」では自動車のエネルギーの変遷を小学生向けに紹介した. また説明パネルや映像は日・英のほか中国語も併記した. 現在の展示は大きくは 2016 年に「環境安全コーナー」をトヨタの技術の進歩にあわせて一新, 2017 年には生産コーナーを「生産と創造」として一新, 溶接で使われているアーム型の通称「エコロボット」を設置, 2018 年には企業姿勢に, より共感を促すため「企業と社会コーナー」を一新, あわせてモータースポーツ

コーナーのショールーム内への移設，レクサスコーナーの改修を実施したものである．なおこの間，2011年に企業PR部が社会貢献推進部に統合され，同部がトヨタ会館の運営を担当する（社内資料）．

（4）トヨタ鞍ヶ池記念館（1974年〜2023年現在／愛知県豊田市）

① 設立経緯

1972年にトヨタ自動車の生産累計1000万台を達成したことを記念し，国内外の来賓を接遇する迎賓館として，また，一般見学者向けにもトヨタの歴史と交通の移り変わりを訴求する施設として設置された．愛知高原国定公園の中にある鞍ヶ池公園に隣接し，設計者は名古屋大学の豊田講堂も手掛けた槇文彦，展示館のプロデューサーは泉真也で，建築設計と展示企画が同時に進められた．延床面積は4348 m^2，展示室面積は1855 m^{2}である（社内資料）．同館のパンフレットでは豊田英二社長（当時）が「永年にわたる当社の自動車づくりの足跡をご紹介する博物館的な施設として，また，地域の方々に少しでもお役にたつ文化的施設として建設したもの」「館内の展示におきましては，時を超え，処をかえ先人が追求してきた"人間と交通とのかかわりあい"を深く認識し，自動車づくりを志したトヨタの姿勢をご紹介いたしました．そのためトヨタの歴史はもとより，資料を広く海外にも求め，有志以来交通に結集された人類の英知の歴史を"THE LIVING ROAD"というテーマでまとめあげました」と述べている（トヨタ鞍ヶ池記念館パンフレット，1975年頃）．

② 設立当時の展示（1974年〜1990年）

展示は「THE LIVING ROAD」と「トヨタの歴史」があり，「THE LIVING ROAD」では5000年に渡る人間と交通の関係について，シュメール，ローマ，ルネッサンス，大航海時代，蒸気機関と産業革命，蒸気・電気・ガソリンエンジンによる自動車の誕生までをパネルと模型で壁面構成．「トヨタの歴史」では，豊田自動織機製作所内自動車部の時代に始まりトヨタ自動車工業設立から当時までのトヨタの自動車生産の歴史を年表で紹介し（同上），実車としてはトヨタAB型フェートン，トヨタAC型乗用車，トヨペットSA型乗用車，トヨペット クラウンRS型，パブリカUP型，トヨタ2000GT，トヨタ

7，トヨタ ESV，1000 万台達成車のトヨタ セリカなどのトヨタ車，その他
代表車両の模型が展示されていた（社内資料）．また，世界の名車 54 台を写真
によって構成した「世界の名車コーナー」が設置されていた（講談社編 1987 pp.
137）．

③ 改装（1991 年〜1998 年）

トヨタのルーツに焦点を当て，豊田佐吉が発明したわが国初の動力織機「豊
田式汽力織機」や，創業者の豊田喜一郎が初めて世に送り出した乗用車「トヨ
ダ AA 型乗用車」の復元車両などを展示したほか，各種の展示物も一新した
（Weekly TOYOTA 1991）．

④ 改装（1999 年〜2023 年現在）

トヨタ自動車は1997年に創業60周年をむかえたのを機に，「第二の創業期」
として 21 世紀に向けた企業としての構造改革に取組み，トヨタ鞍ヶ池記念館
も創業当時を物語る展示物を充実させるべく，1999 年に豊田喜一郎の邸宅を
同敷地内に移築修復し，あわせて「創業展示室」を設置した（トヨタ自動車
ニュースリリース 1999 年 6 月）．

「旧豊田喜一郎邸」は 1933（昭和 8）年，喜一郎が名古屋市郊外の八事・南山
の敷地内に建てた住居である．さらに 2013 年にはトヨタ自動車創立 75 周年を
記念してガレージを新設し，トヨタ自動車生産累計 1 億台達成の記念車として
初代トヨペット クラウンをモデルとしたオリジンが展示されている．「創業展
示室」では，佐吉と喜一郎のプロフィール，トヨペット クラウン，トヨダ
AA 型乗用車の「車両展示」，喜一郎とその仲間たちが困難を乗り越えていっ
た創業期のシーンをジオラマと音声によって再現する「ラジオラマ」や創業期
映像，戦前から終戦までにつくられたトヨタ車の 1/5 模型，挙母工場のジオラ
マ，年表，写真などで，創業期のチャレンジを紹介している．また，同記念館
内の「鞍ヶ池アートサロン」では，トヨタ自動車保有の国内外の絵画作品を一
般にも公開している（トヨタ鞍ヶ池記念館 HP）．

同館は設立以来総務部が管理し，展示内容の管理は設立当初は広報部，現在は
社会貢献推進部企業・車文化室アーカイブズグループが行っている（社内資料）．

（5）トヨタ博物館（1989 年〜2023 年現在／旧・愛知県長久手町，現・長久
　　手市）

① 設立経緯

　1987 年のトヨタ自動車株式会社創立 50 周年記念事業として計画されたのが，トヨタ記念病院とトヨタ博物館の建設，トヨダ AA 型乗用車の復元，トヨタ自動車 50 年史の編纂である（トヨタ自動車編 2012 pp. 350-351）.

　自動車博物館建設構想が社内で提案されたのは 1984 年である．日本の自動車生産台数は 1980 年に 1100 万台と，アメリカを抜いて世界一位となり，世界で有数の自動車大国になった．しかし公立・私立問わず多くの自動車博物館が存在し，自動車の歴史や文化が市民に根づいている欧米に比べ，国内には本格的な自動車博物館が存在せず，一部有識者の間でその必要性が唱えられていた．そこでトヨタ車に限定せず普遍的なガソリン自動車 100 年の歴史を紹介，人と車のかかわりや自動車文化に関する情報発信基地として設立にむけた準備がすすめられた．展示体系は自動車史研究家の五十嵐平達に監修を依頼し，展示車両の収集を行った．また，館の体制・運営方針については博物館法に準じ，学芸員や図書館司書を配置し[19]，調査・研究を行い特別展開催や情報発信をしていくことになった（トヨタ博物館 1995 p. 8）. 1988 年には当時の副社長を委員長とする「自動車博物館建設委員会」が発足し，建設地を来館者にとってアクセスが良く，近隣に大学・研究所が多い，名古屋市近郊の長久手町に決定した（社内資料）.

　1989 年の開館時に設置されたクルマ館エントランスの銘板には「皆さまとともに自動車の歴史を学び　人と車の豊かな未来のために博物館をつくりました」と刻まれており，社会に開かれた本格的な文化施設として開館した（トヨタ博物館 1995 p. 8）. 現在の建物の延床面積/展示面積は，クルマ館が 1 万 1000 m^2/6900 m^2，文化館が 8250 m^2/1400 m^2，合計 1 万 9250 m^2/8300 m^2 である．年間の入場者数はコロナ禍の影響がなかった 2018 年度以前は約 25 万人程度で推移していた.

　同館は，計画・準備段階は総務部管轄であり，開館直前の 1989 年 2 月に「トヨタ博物館」として単独部署となった．1999 年に歴史文化センター，2000 年に歴史文化部の所属となり，2006 年に社会貢献推進部の管轄となり，現在

94　第Ⅰ部　観光資源・文化資源の拡張と産業

に至る（社内資料）.

②本館展示（1989年～2016年）

　設立当時の1989年には，まず本館（現・クルマ館）が建設された．展示はガソリン自動車の誕生から約100年の自動車発達の歴史を体系的に紹介するという考えのもとに，100年の歴史の前半を欧米諸国での自動車文明の成熟期として，後半を日本の車社会の実現期として，二つの大きな視点でとらえた．具体的には2階は「欧米車展示ゾーン」として1800年末～1930年代の欧米車の歴史を，「パイオニアの時代」「量産・大衆化の実現からモータリゼーションの進展へ」「ファッション化から自動車技術完成へ」「速さと力にロマンを競った車」「ステイタスをのせた豪華な車」という5ゾーンで，3階は1930年代～1960年代の日本車の歴史を「日本人の手による自動車生産」「大衆化のための技術開発」「多様化するニーズへの対応」「高性能スポーツカーの開発」「未来へのステップ」という5ゾーンで構成されていた．そして1階はシンボルゾーンとして，「トヨダAA型乗用車」の復元車が展示されている．

　設立当初の展示車両は欧米車55台，国産車55台の110台で，その体系はトヨダAA型乗用車に代表される大衆のための実用車の歴史をたどっており，高級車とスポーツカーは，実用車から分化・開花したものとしている．自動車は19世紀末にヨーロッパでは上流階級のものとして，アメリカでは市民の足として誕生したものとして，高級車の源流となったロールス・ロイス40／50HPシルバーゴースト（1910・英）と，後の実用車の標準となったフォード・モデルT・ツーリング（1909・米）を対比させ，欧米車のシンボルとして展示．日本車はトヨダAA型乗用車を国産自動車の原点として位置付けていた（トヨタ新聞1989）.

　展示車両は走行できるコンディションで保存する「動態保存」をポリシーとして館内に整備室と整備員を配置．さらに調査研究の一環としてレストア，復元にも取り組み，筑波号（公開時期：1992年），木炭乗用車（公開時期1996年），薪ガストラック（公開時期1997年），ボンネットバス（公開時期1998年），オートモ号（公開時期1999年，国立科学博物館との共同プロジェクト）などを手掛けている（トヨタ博物館2000 pp.37-38).

③ 新館展示（1999 年〜2017 年）

1997 年の会社創立 60 周年を記念し，新館（現・文化館）が増設された．2 階の常設展示は日本のモータリゼーションの歴史を生活文化との関連でとらえ，乗用車や商用車，バイクなどの車両を各時代の特徴的な生活用品や資料とともに展示し，当時の生活・文化を紹介している（トヨタ自動車ニュースリリース 1999 年 3 月）．「生活と車，溶け合って進化する二つの文化」をテーマに，明治後期の自動車の移入から国産車の誕生，昭和初期につくられた自動車の歴史を紹介する「前史ゾーン（明治〜昭和初期）」，第二次世界大戦後の日本人の生活と豊かなアメリカ文化を対比させた「戦後ゾーン（1945〜1950 年）」，自動車といえばトラックやタクシーだった昭和 30 年頃の生活を紹介する「国産ゾーン（1950〜1960 年）」，高度経済成長期の「成長ゾーン（1960〜1965 年）」，大衆がクルマに手が届きはじめた「マイカーゾーン（1965〜1975 年）」，地球規模の環境問題が社会課題となっていく「多様化ゾーン（1970 年〜）」で構成されていた（トヨタ博物館編 1999）．

④ 本館（クルマ館）展示改修（2016 年〜2023 年現在）

開館以来，本館の車両展示の基本的な体系は維持し，部分的に車両の入替を行ってきたが，開館 25 周年をむかえた 2014 年頃から「モノ語る博物館」をスローガンに，開館 30 周年に向けて時代の変化にあわせた構成の見直しに着手した．設立時の「ガソリン自動車誕生以来の歴史を紹介する」という趣旨を現在の視点で再考し，時代の流れの中で世界と日本の自動車産業がどのように絡み合いながら進化してきたかを，分かりやすく伝えることを主眼とした．2016 年に 2 階，2017 年に 3 階を改装し，2 階は「自動車の黎明期から日本車の誕生」として 19 世紀末の自動車黎明期から 1950 年代に至る展示内容を集約し，八つのゾーンにて紹介．従来日本車のみであった 3 階は「モータリゼーションの進展と多様化」として，欧米車を含む常設展示初披露の 19 台も加え，戦後から現代に至るまで，日米欧の自動車が互いに影響を受け，成長し，試練を乗り越えて発展してきた歴史を当時の時代背景とともに五つのゾーンで紹介している．約 140 台の車両で再構成した体系により，本館常設展示は 19 世紀末の自動車誕生から現代までの発展を一望できることになった（トヨタ自動車ニュー

スリリース 2016). なお, 本館は 2019 年の開館 30 周年を機に「クルマ館」に, 新館は「文化館」に改称した.

⑤ 文化館「クルマ文化資料室」(2019 年〜2023 年現在)

開館 30 周年をむかえるにあたっては, 1999 年開館の新館の常設展示も課題となっていた. 展示の老朽化に対する更新を検討するなか, 1989 年 4 月の開館以来収集してきた国内外の自動車文化の関連資料が, 書籍, 雑誌, カタログが約 20 万点, その他の文化資料が約 1 万 5 千点にのぼるにもかかわらず展示活用できていないことに着目し, 温湿度管理ができるギャラリーを新設して約 4000 点を公開する方向性となった.

テーマは「移動は文化」とし, 約 800 台のミニチュアカーから構成されるタイムラインを軸として, 錦絵, 引札, うちわ絵, すごろくなどの「昔の出版物に見る乗り物文化」, 自動車雑誌・カタログなどの「自動車と出版物」, 19 世紀末の世界初のモーターショーを含む「自動車ポスター」, 世界各国の「カーバッジ」, ルネ・ラリックのガラス作品全 29 種をはじめとする「カーマスコット」, 1950 年代に欧米に輸出された日本製のブリキ製玩具, スロットカーなどの「自動車玩具」のほか「自動車切手」,「世界のライセンスプレート」「文学, マンガ, 映画, 音楽」の 9 ゾーンで構成されている (トヨタ自動車ニュースリリース 2019).

⑥ クルマ館「クルマづくり日本史」(2022 年〜2023 年現在)

2010 年代前半から, インバウンド客が増加し, 同館もコロナ禍になる 2019 年以前は来館者数の 10〜15% にのぼっていた. 海外からの来場者から, 日本の自動車産業史についてもっと知りたいという要望があり, 2019 年頃から「日本の自動車産業はいかに生まれたか」という問いに答える常設展示の計画に着手した. 20 世紀初頭の産業黎明期から 1970 年代の産業確立期まで約 70 年をとりあげ, 主要なトピックスが投影されるダイナミックな「動く年表」, 鮎川義介, 豊田喜一郎, 鈴木道雄, 松田恒次, 本田宗一郎など自動車産業創出・確立に寄与した創業者たちの紹介, 現存メーカー 12 社の系譜図, 生産台数推移の数的データなどを映像やインフォグラフィックスで表現し,「日本の

自動車産業の誕生から確立」が理解できる内容となっている．

あわせてクルマ館 2 階の Zone5 を「1920-1940s　日本における自動車量産の幕開け」に変更し，日本人が国産乗用車製造を試み始めた 1920 年代から 40 年代にかけての車両展示のゾーンとした（トヨタ博物館ニュースリリース 2022）．

⑦ 富士モータースポーツミュージアム（2022 年～2023 年現在）

2022 年 10 月，富士スピードウェイの敷地内の「富士スピードウェイホテル」と一体となった「富士モータースポーツミュージアム」が開館した（トヨタ博物館編 2022 pp.38-40）．同館は国内外の自動車メーカーから協力を得て，日本を中心としたモータースポーツの歩みと魅力を訴求するもので，トヨタ博物館スタッフが企画を行なった．トヨタ博物館自体は前述のように，大衆のための乗用車の潮流を俯瞰する展示となっているが，乗用車の発達とレースは密接な関係があるためヨーロッパの 20 世紀前半のレーシングカーを保有し，また，トヨタ自動車の製品保管部署として一部レーシングカーを管理していた．同ミュージアム開館に際しては，トヨタ博物館の常設展示の Zone5「1900-1930s　レーシングカー，スポーツカーの進化」を「1920-1940s　日本における自動車量産の幕開け」に変更し，同ゾーンに展示していた車両の一部などを同ミュージアムに移設している．

（6）トヨタ産業技術記念館（1994 年～2023 年現在／愛知県名古屋市）

① 設立経緯

トヨタ産業技術記念館は豊田喜一郎生誕百年となる 1994 年 6 月 11 日にオープンした．トヨタグループ 13 社（当時．現在は 17 社）による共同運営である．1980 年代後半のバブル経済の最中，製造業を「3K」と称して「モノづくり」を軽視する風潮が広がり，就職に際して製造業離れが憂慮されるようになってきた．トヨタグループでも若い世代に「モノづくり」の大切さを伝える場の必要性が訴えられ，トヨタグループ発祥の地である「豊田自動織機製作所栄生工場」（旧豊田紡織本社工場．豊田紡織より移譲）を産業遺産として保存しながら活用することになった．検討の結果，1991 年 5 月のトヨタグループ首脳会合で，正式にグループの共同事業として建設することが決まり，同時にグループの推

進組織として「TMP（トヨタメモリアルプラザ）建設委員会」と「TMP 建設事務局」が設置されて計画が進められた．また，1992 年 5 月に正式名称が「産業技術記念館」に決定し，10 月に工事に着手した．展示物については，1991 年から展示用の機械の収集・修復・復元が行われていった（社内資料）．博物館類似施設であるが，学芸員を配置し，基本的な博物館の機能を持って活動している．

　同館の基本理念は，豊田佐吉のめざした「研究と創造の精神」と，自動車の国産化に挑んだ喜一郎が情熱を注いだ「モノづくり」の大切さを，広く社会に伝えること，である（トヨタ産業技術記念館 2018）．なお，設立当時は産業技術の歴史を大きくとらえ，企業宣伝にならないように敢えて社名を想像させる「トヨタ」はつけなかったが，実際は「トヨタ産業技術記念館」と呼ばれることが多かったため 2014 年に「トヨタ産業技術記念館」に変更した（飯島 2014）．

②設立当時の展示構成（1994 年〜2004 年）
　常設展示は「研究と創造の精神」と「モノづくり」の大切さを伝える展示構成とし，繊維機械産業と自動車産業を中心にそれを支えてきた技術の変遷を紹介する．また，トヨタ G1 型トラックとトヨダ AA 型乗用車の展示，生産機械の現物を動かしながら解説するという動態展示や，鍛造，鋳造，機械加工などの金属加工の実演などを通じてモノづくりが体感できる内容となっている．

　「繊維機械館」では紡績機・織機の変遷を展示するとともに，佐吉の発明した織機や機構を詳しく解説．G 型自動織機の集団運転や当時の生産ラインを再現している．「自動車館」では「製品技術」で自動車を構成する各コンポーネントの変遷や，技術の変遷を紹介，「生産技術」でトヨダ AA 型乗用車の生産工程を再現，生産技術のその後の変遷を動態展示する．また，機械の原理・機構や機構を学ぶための体験型・参加型のテクノランドも設置した（社内資料）．

③開館 10 周年以降（2004 年〜2014 年）
　開館 10 周年にあたり，自動車創業期の「材料試験室」「試作工場」を愛知製鋼刈谷工場内から部分移設，当時の自動車研究の様子を再現した．また，G 型自動織機の本格生産のために建設された「第一鉄工場」の一部を豊田自動織機

刈谷工場内より移設し，「創造工房」として活用している．さらに「自動車館」には技術開発の取組みや工場生産の様子を映像で解説する二つのシアターなどを新設し，「繊維機械館」には，産業技術史を支えてきた動力の発展の展示を追加した．

2005年に愛知万博が終了してからはトヨタパートナーロボットの演奏実演を，2007年には蒸気機関の一般公開を開始した（社内資料）．2010年には開館後15年記念事業としテクノランドと創造工房のリニューアルを完了している．

④ 開館20周年以降（2014年〜2023年現在）

2014年，豊田喜一郎生誕120周年と開館20周年を記念して「自動車事業創業期ゾーン」を一新，喜一郎を中心に創業期のモノづくりの様子を伝えるため，象徴的なシーンの再現や喜一郎の言葉を引用して，メッセージを伝えている（赤れんが便り 2014 pp. 3-8）．「日本人の頭と腕による国産自動車事業の実現」をめざした喜一郎と仲間たちの創業期を「決意」「挑戦」「邁進」「再興」の四つのパートにわけて構成している（トヨタ産業技術記念館HP）．

⑤ 産業観光との関連と，入場者の急増

同館は1990年半ばから愛知県，名古屋市，名古屋商工会議所と愛知県内を中心とした公立・企業博物館などで構成する「産業観光推進懇談会」の中核メンバーとして活動しており，愛知の産業観光施設の代表的存在である．

また，同館の入場者数は2013年頃から急増し，コロナ禍の影響がなかった2019年は年間約46万人であった．急増の理由としては，2014年に館名を変更して「トヨタ」が冠され，素性がわかりより認知されるようになったこと，インバウンドブームやトリップアドバイザーの「工場見学＆社会科見学ランキング」で2015年から2018年まで4年連続で全国1位に選ばれたこと，トヨタの創業期が描かれ，同館がロケ地となったTBSのテレビドラマ『LEADERS』が2014年と2017年に放映されたこと，などが理由と考えられる．

（7）各施設の役割の変遷と公共性意識

以上，各施設の成立の経緯と展示の変遷を概観したうえで，その役割の変遷

についてみると，トヨタの展示施設はまず工場見学の拠点，来客接遇拠点としてのトヨタホールが端緒である．新トヨタホールは小規模なものであったが，数台の車両展示，事業や社史の紹介だけでなく，クルマづくりへの興味関心を引き出す参加型展示など，現在の企業博物館の原型といえる．

社内では創立30周年をむかえた1967年頃から博物館設立の構想があった（社内資料）．トヨタの事業規模が拡大するにつれ，本格的な迎賓館のニーズから建設されたのがトヨタ鞍ヶ池記念館であるが，まずここでトヨタの歴代車両の博物館的展示がはじまった．トヨタの歴史とともに「THE LIVING ROAD」といういわばモビリティ5000年の歴史の展示や世界の名車の写真展示もあり，このころから自動車産業およびトヨタ自動車を歴史や社会の大きな流れの中で普遍的にとらえ，社会に向けて発信しようとする姿勢をもっていたことがうかがえる．

この姿勢は会社創立40周年で1977年にトヨタホールに替わり本社敷地内で工場見学の拠点となったトヨタ会館の展示の中でも受け継がれ，設立当初の展示の前半では，乗り物への憧れをかきたて，科学的な原理を解きながら普遍的な自動車開発や生産技術の説明がなされている．

会社創立50周年を記念して1989年に開館したトヨタ博物館は，トヨタとして初めての本格的な博物館であった．日米欧の乗用車の発達史を体系的にたどる総合的な自動車博物館は，当時も今も日本で唯一である．

またトヨタ博物館開館によって，トヨタ社内に保存・展示されていた歴史的なトヨタ車は同館に集約され，トヨタ鞍ヶ池記念館やトヨタ会館の展示の変化をもたらした．トヨタ鞍ヶ池記念館はトヨタのルーツに重点を置く方向性にシフトし，1991年に「豊田式汽力織機」や「トヨダAA型乗用車」の復元車両などの展示，1999年には会社創立60周年で豊田喜一郎の邸宅を同敷地内に移築修復し，「創業展示室」を設置した．トヨタ会館は，工場見学の拠点と本社来客の接遇という性格から，トヨタ自動車の事業の現在を反映した展示を行っている．とくに1990年代以降は，トヨタの直面する社会課題に対する，企業から社会への回答を示すものとして，環境や安全などを大きくとりあげている．

トヨタ産業技術記念館の設立当初の役割は「若者の製造業離れ」という社会課題を解決するための「研究と創造の精神」と「モノづくり」の大切さの訴求

である．加えてトヨタグループや地元関係者にとっては，トヨタグループ発祥の地，豊田綱領制定・発表の地というグループの紐帯を示す場としての役割を持っている．産業観光に注力する愛知県において同館は象徴的な存在となり，観光資源としてクローズアップされ，とくに2013年に訪日外国人が1000万人を突破しそれ以降もコロナ禍まで続いたインバウンドブームの中で，来館者の急増という現象が起こった．2014年に館名に「トヨタ」と冠し，自動車事業創業期コーナーを強化したのは，すでにあった社会の期待に沿っていったともいえる．

　現在のコーポレート訴求を担うトヨタ会館，創業の精神の訴求を強化するトヨタ鞍ヶ池記念館，製造業のイメージアップとトヨタグループの紐帯を示すトヨタ産業技術記念館がある中，トヨタ博物館は当初の理念どおり，公共性を意識して客観的な視点に立った自動車博物館としての姿勢を保っている．時代にあわせて構成を変えながら大衆のための乗用車の歴史というメインの車両展示のポリシーを貫き，クルマと生活，クルマと文化，そして日本の自動車産業史と，さまざまな視角から自動車とモビリティの関係を扱う．また長年の博物館活動の蓄積から新たな「モータースポーツ」というテーマが生み出され，新ミュージアムが立ち上がる契機となっている．

　トヨタ自動車の社会貢献推進部長兼トヨタ博物館長（当時）の布垣は，2022年の産業文化コンソーシアムにおいて，トヨタの複数の展示施設は必ずしもはじめから役割分担を考えていたわけではなく，時代の要請に応えながら現在のような形に落ち着いてきた，と述べている[22]．トヨタ自動車がグローバル化をとげ企業として成熟する過渡期である1970年代半ば〜1990年代半ばに設立されたこれらの館は，設立時もその後もトヨタの事業方針や時代の変化に従って展示内容を変容させる一方，時代が変わっても守るべき館としてのアイデンティティをそれぞれ見出していったともいえる．各館・各施設は実務面では情報共有を定期的に行いながら，2005年の愛知万博に際してはシャトルバス共同運行を行い，2014年には豊田喜一郎生誕120年記念の共同企画を実施し，コロナ禍においては対策の共有を行うなどの連携を行っている．基本方針は各館独自ですすめているが，複数の館が存在することによるシナジーが存在することが見てとれる[23]．

102　第Ⅰ部　観光資源・文化資源の拡張と産業

　梅棹は，企業博物館は私企業の個別的立場を離れて業種一般の普遍的な立場に立つべきで，それにより公共性が実現されると述べている（本章第 2 節第 4 項）．トヨタの事例を見ると，1970 年代に設立のトヨタ会館やトヨタ鞍が池記念館は，工場見学や企業 PR 施設，迎賓施設という企業施設ではあるが，展示に普遍的な視点を織り込んでいた．次に設立されたトヨタ博物館，トヨタ産業技術記念館は，自動車発達史や生産技術史を扱い，学芸機能を持つ本格的な博物館であり，当初から社会貢献としての目的を持っていた．現在，トヨタ会館，トヨタ博物館，トヨタ産業技術記念館とも，社の CSR 活動を担う社会貢献推進部所属であり，観光施設として一定の集客もあり，地域の中での公共的価値を見出されているといえよう．

4　産業観光と企業

（1）産業観光の概要と日本での取り組み

　「産業観光（Technical Tourism）」の用語は，1950 年にフランスの経営者協会が輸出の振興を図るため，外国人の産業施設視察に便宜を与えるよう産業界に呼びかけたことに由来する（長谷編 1997）．日本では 2001 年の「産業観光サミット in 愛知・名古屋」において「産業観光」の定義が「産業観光とは歴史的・文化的価値のある産業文化財（古い機械器具，工場遺構などのいわゆる産業遺産），生産現場（工場，工具等）及び産業製品を観光資源とし，それらを通じてものづくりの心にふれるとともに，人的交流を促進する観光活動をいう」と定められた（全国産業観光推進協議会 2019a p. 3）．2008 年には国土交通省から「産業観光ガイドライン」が発行され，その中で産業観光の推進は，企業，地域・自治体，来訪者の三者にとってそれぞれ意義と魅力があると述べられている（国土交通省 2008 p. 1）．

　その地域固有の産業遺産や伝統産業を観光資源とする「産業観光」は，地域とのかかわりも深く，観光まちづくりや着地型観光に活用されている．産業観光推進会議は，産業観光とまちづくりの手法について，次の様に類型化している（産業観光推進会議 2014 pp. 137–181）．

Ⅰ 鉱山地域（夕張市，長崎市の軍艦島，福岡県大牟田市・熊本県荒尾市の三池炭鉱，福島県いわき市のスパリゾートハワイアン，新潟県の佐渡金山，島根県大田市の石見銀山など）

Ⅱ 内陸繊維地域（群馬県桐生市など）

Ⅲ 電源地域（京都市の琵琶湖疎水と蹴上発電所，鹿児島県伊佐市の旧曾木発電所，富山県入善町の下山芸術の森発電所美術館など）

Ⅳ 港湾地域（福岡県北九州市門司港レトロタウン，北海道小樽運河など）

Ⅴ 大消費都市（愛知県産業観光推進懇談会など）

Ⅵ 田園地域（愛媛県内子町の和蝋燭と蔵，島根県智頭町の人形浄瑠璃など）

　また，全国産業観光推進協議会は，産業観光の経済社会的効果の全体像として「産業観光が地域の未来を拓く」とし，「産業観光ガイドライン」（国土交通省 2008）に掲載されている地域・自治体への産業観光の意義・魅力である①地域再生の切り札となる②地域発の新たなツーリズム活性化の試金石となる③国際観光（ビジットジャパン）促進の大きなきっかけとなる MICE マーケット[24]の拡大に寄与する④新たな地域産業を創造する⑤次世代の人材を育成する⑥低環境負荷型社会創造のきっかけとなる　に加え，⑦見落とされていた近代の文化財の保全継承に寄与する　を追加している（全国産業観光推進協議会2019a）．同協議会と公益社団法人日本観光振興協会では 2007 年から毎年「産業観光まちづくり大賞」を主催している．産業遺産や現在稼働している産業施設などを活用した「産業観光」を通じた観光まちづくりを実践し，地域活性化に寄与した自治体や団体などを表彰するもので，2019 年度で 13 回目となり，全国の好事例の発掘，展開に活用されている（日本観光振興協会 HP）．

（2）産業観光と企業

　2010 年に経済産業省と全国産業観光推進協議会が全国約 6600 事業所に対して実施した調査（有効回答数 n＝1810）によれば，企業などが産業観光に取り組む動機・目的（複数回答可）は「地域住民への理解促進等，CSR の一環」が46.5％「一般顧客向け自社および自社製品の広報・PR」が 31.8％であり，「収益事業が見込める事業として」は 11.5％と，大半がコーポレートの CSR，

104　第Ⅰ部　観光資源・文化資源の拡張と産業

広報が主目的であった．これは収益に関して「施設公開に要する費用を回収する考えはない」企業が 46.6％であることと概ね合致する．一方，収益を得ている企業は 28％であるが，「施設公開に要する諸費等を上回る収益を得ている」(4.1％)「施設公開に要する諸費等を概ね回収できている」(7.5％)「施設公開に要する諸費等を概ね回収する計画であるが，実際にはまだ回収できていない」(14％)，と，収益事業として取り組む企業も約 25％は存在する．とくに食品・飲料や繊維産業は，工場見学からの製品販売の流れで，収益事業として定着している企業が多い．また，有効回答者があった 1194 社の年間参加者数の合計は約 7160 万人である．この頃の国内の観光客数は約 6 億人と言われており，産業観光は観光の 1 ジャンルとして定着していると考えられる（産業観光推進会議 2014 pp. 99-105)．

（3）産業観光の近年の政策・取り組み

　2018 年度からは観光庁による支援事業「テーマ別観光による地方誘客事業」に全国産業観光推進協議会の「産業訪問（Industrial Study Tourism）」が選定された．同事業は「国内外の観光客が全国各地を訪れる動機を与えるため，ある一つの観光資源に魅せられて 日本各地を訪れる『テーマ別観光』のモデルケースの形成を促進し，地方誘客を図る」ものである．2018 年度の取り組みは「海外からのビジネスに繋がる産業観光の視察旅行や MICE 誘致を促進するため，受入の実態調査を行い，産業観光のワンストップサービス化に向けてデータベースの構築に着手する．また，受入の体制整備や課題整理のためモニターツアーを実施する」となっている（観光庁 2018b)．また 2019 年度は「ビジネスインバウンドに向けた産業観光の促進を目的に，前年度に引き続き消費者向けの実態調査を行うほか，B to B 向けに整備した WEB サイトの機能拡充や英語翻訳，海外エージェントなどに向けたプロモーションを行うことで，サイトの一層の活用を促進する」となっている（観光庁 2019c)．

　つまり，2020 年に開催予定であった東京オリンピック・パラリンピックを見据えたインバウンド客対応，そして将来的な観光の柱となるビジネスインバウンド客，MICE 誘致の際の観光資源として「産業」をとらえ，専門 WEB サイトのリリース，モニターツアーの実施，外部要望に対し全国産業観光推進協

第 3 章　企業博物館と産業観光　　105

議会が窓口として，地域と連携してワンストップサービスを行うなどの施策を行うとともに，海外の産業観光推進組織とのネットワークの構築を行っていくものである．

5　自治体から企業への期待のギャップと「演出された真正性」の学習効果

（1）観光と教育

　2017 年に閣議決定された「観光立国推進基本計画」の「観光立国の実現に関する施策についての基本的な方針」の中では観光教育の意義が記述されている．「国民生活の安定向上——観光が，明日への活力を生む——」として「（前略）教育を通じて観光の価値を理解するとともに，観光により学習・社会貢献・地域交流の機会を得て家族の絆を育むことで，ワーク・ライフ・バランスを充実させ，現代人が心豊かに過ごすスパイスを与えていく．（中略）国民皆で観光を学び，観光に参加し，旅行者と心を通わせて観光の魅力を形づくり，観光とともに将来を歩む」（観光庁 2017 p. 4）．

　これに従い観光庁は小・中学生への観光教育の取り組みも進めている．「初等・中等教育段階の子どもたちに，日本各地の魅力的な観光資源や今後さらに増加する観光需要等について伝え，わが国の成長戦略の柱であり地方創生の切り札である観光分野の理解を促し，観光産業への興味関心を喚起する」（観光庁 2019b p. 1）ことを目的に 2018 年度には観光教育のモデル授業の検証・普及を行い，2019 年度には改訂学習指導要領と「観光教育の要素」を照らし合わせ，社会科の授業の充実を図るための具体的な学習指導案を，小学校 6 点，中学校 3 点の小単元で作成している（観光庁 2020a）．たとえば，小学校 3 年生の学習指導開発単元「地域に見られる生産や販売の仕事」では，「観光教育の要素」として「身近な地域の理解」「郷土愛」「地方創生」「行政」「観光産業」などを，小学校 4 年生の「県内の特色ある地域の様子」ではそれに加えて「観光資源の創出」「持続可能な観光」「情報発信」などを当てはめて，地域への理解に観光教育が貢献するという考え方を打ち出している（観光庁 2020b p. 27）．

　安村は，観光と教育の関係は古く深いつながりがあり「教育のための観光」

と「観光のための教育」という二つの関係が特徴づけられ,「観光のための教育」の含意をより明瞭にするためには「教育のための観光」についても把握する必要があると指摘する（安村 1999 p. 45）.

　一方,国をあげての観光政策推進においては,地方自治体は従来型ではないものも含めた観光資源の発掘・磨き上げを求められている.たとえば2015年を「あいち観光元年」とした愛知県は,「あいち観光戦略2016-2020」の中で同県に関して,県内外で「観光地として認知されている割合は低く,その潜在可能性を十分に活かしきれているとは言えない状況」とし,行政だけでなく個人,学校,企業,団体などさまざまな主体が観光にかかわることが必要としてめざす姿を「発見,感動,伝えたい観光県——あいち」と定め,同県らしい観光資源・テーマ観光として「武将観光・産業観光」の2点をあげている.とくに「産業」を観光資源とすることにおいては同県が製造業の盛んな地域という特色を理由としている（愛知県 2016）.

　そこで本節では,全国的に見て観光産業が比較的低調といわれる愛知県内の自治体の観光部局担当者にインタビュー調査を行い,各自治体がどのように観光政策をすすめ,とくに地域資源から何をどのように観光資源と定め,政策方針を決定し,その取り組みに対しどのような課題を認識しているのかについて考察する.その際,愛知県の特色である産業観光の視点から,マキァーネルの「演出された真正性」の理論を用いて,自治体から企業への期待と,それに対する企業の対応について分析し,企業が学校教育への貢献を重視していることから「教育のための観光」,教育観光との関連について検討する.

（2）産業観光と教育観光

　本書で,地方自治体の観光取り組みを調査するにあたっては愛知県の観光政策の特色である「産業観光」をどのようにとらえているかに着眼する.「産業」を観光資源とみなすことについては観光立国推進基本法が成立した翌年の2007年の「観光立国推進基本計画」で観光資源として「産業」が記述されている.2017年の「観光立国推進基本計画」においても,保護・育成・開発すべき観光資源として,「文化財」「歴史的風土」「優れた自然の風景地」「良好な景観」と並んで,「温泉その他文化,産業等」があげられ,「産業観光の推進」

が具体的施策として述べられている（観光庁 2017 pp. 26-27）.

　産業観光に関しては，須田が 1990 年代から「産業観光」の提唱と推進のために数々の著作を刊行している（須田 1999 ほか）のをはじめ，実践的な面からの論考は数多いが，学術的な論考は少ない．安村によれば，観光学自体が歴史の浅い研究領域であるためで，1960 年代から世界中でマスツーリズムが隆盛し，現代観光が重大な影響力を持つようになり 1980 年代半ばから観光学の学術的な構築が始まった（安村 2002 pp. 150-151）．そして 1980 年代末から，マスツーリズムの負の諸効果を改善し，「学習」と「交流」という特徴を持つ「新しい観光」が登場するが，その流れに「産業観光」がある（同上 p. 160）．また安村は観光研究の面から現代観光，とりわけマス・ツーリズムの成り立ちを考察しながら，技術や工場を対象とする産業観光に言及したのはマキァーネルだと指摘する（同上 pp. 169）.

　マキァーネルは，工場見学については第 1 章第 1 節で述べたように，ホストとゲストが出会う「表舞台」と内輪のメンバーの場所である「舞台裏」という用語を用いてその第五段階にあたる「観光客が時に覗いても良いように改良された舞台裏」という．産業観光においては，観光客は稼働している「真正な」工場や製造現場を見学することを求めるが，どこまで実際の現場を公開するかについては，企業方針に左右されることになる.

　一方，赤尾は観光学習を生涯学習の観点から論じている．すなわち，観光は生涯学習の一環で，観光学習は学校教育でのフォーマル学習，社会教育の講座などでのノンフォーマル学習，実際の観光場面でのインフォーマル学習の三層から構成されている．インフォーマル学習の量と質において「偶発的学習」の占める割合は圧倒的に高い．ここでの「学習」は価値自由的概念であり，「〜という内容でなければならない」という規範的な学びでなく，レジャー（楽しみ）の中から見出していく学びで，観光学習とは「レジャーのなかでの学び」であるという観点があると指摘している（赤尾 2017 p. 14）.

　また，安村は観光の教育的意味について狭義の「教育観光」は「スペシャル・インタレスト・ツーリズム」の一形態であり，教育観光は対象となる観光資源の特徴から二つのタイプに大別できるとしている．一つは，自然や歴史的遺跡など「自生の魅力を持つ観光資源」が対象となるタイプ，もう一つは「人

為的な魅力の観光資源」を対象とするタイプで，テーマパーク，博覧会などのほか，観光地や観光施設で実施される社会教育もこれに分類される．そして教育観光の通常の観光とは異なる特徴として①観光客が観光によって意識的，計画的，体系的に学習しようとする，②教育観光はその目的となる学習の「指導者」をともなって実施される，③教育観光の「提供者」は多くの場合，通常の観光のように旅行業者ではなく，大学，宗教団体，非営利企業，博物館，一般企業などであり，教育の目的やテーマを企画している，ことをあげている（安村 1999 pp. 47-49）．観光では，美しい風景を見て実存的に気持ちがいいと感じるような「感性」を伸ばす機能と，地域の歴史を理解し知識を深めるなどの「知性」を伸ばす機能がある．安村のいう「自生の魅力を持つ観光資源」が対象となる観光は前者，「人為的な魅力の観光資源」が対象となる観光は後者である．「産業観光」は人間が生きる営みを理解するというという学習という点で，後者にあたる．

　これを踏まえ，本節では愛知県の３自治体への調査結果について，マキァーネルの「演出された真正性」の理論を援用し，本物を見たいという観光客の代弁者としての自治体の期待と，観光資源となる活動を持つ企業の意識のギャップについて分析し，教育観光において「真正性」がどのような意味を持つのかについて考察する．

　対象は愛知県，半田市，常滑市で，各自治体観光担当部局にインタビュー調査を行った[25]．質問は　①該当自治体の観光についての現況，課題　②観光政策の中で産業観光および企業博物館の位置付け，傾向および課題　③産業構造の変化とそれに対応した産業観光のあり方である．この３自治体を対象とした理由は，愛知県は県として広域的に産業観光を政策として進めていること，半田市は醸造，常滑市は焼き物という伝統的な産業を中心とした産業観光を進め，それぞれ MIZKAN MUSEUM，INAX ライブミュージアムという象徴的な企業博物館が域内にあることである．

（３）産業観光と企業への期待に関する自治体調査
　インタビュー結果からは大きくわけて「各自治体の観光政策における現状」「産業観光と企業に対する課題」についての認識が導き出された．

① 各自治体の観光政策における現状

1）観光政策のステータス（出遅れ感）

三者とも自治体としての観光政策のステータスとしては出遅れ感を持っている．その理由は，観光産業の売上高，就労人口が大きい他県・自治体は国の政策に合わせて観光振興に早くから取り組んでいるが，愛知県内は製造業の売上高が圧倒的に大きく観光産業への依存度が低いため，取り組みも低調であったことである．ようやく数年前から予算，人員増あるいは民間組織を設立し取り組み始めている．

2）観光資源の明確化（「産業」をメインコンテンツに）

三者とも自治体内の観光資源を棚卸しし，ピックアップし，その中で地域特有の「売れる」コンテンツとして「産業をメインコンテンツ」と位置付けている．しかしその経緯はいくらか消去法的で，他地域で魅力的な観光資源である温泉，海，自然などに際立った特徴がなく，他地域からの誘致コンテンツになりにくいため，「産業」をテーマとして選びとって，観光の柱にしようとしている．産業観光に関しては産業観光推進懇談会（AMIC）[26]の活動があり，牽引役の東海旅客鉄道の元会長の須田寛の存在が大きく，全国的には地味な産業観光を有力者が訴求し続けることがそのプレゼンスに大きな影響があると考えている．

3）観光戦略（情報発信不足，セグメント化，ストーリー化）

愛知県と常滑市は，自治体内の観光の域内外への「情報発信不足」を認識し，さまざまな取り組みでそれを解消しようとしている．たとえばキャンペーンやツアー企画をトライアルで実施し，結果を旅行会社に提供するなど，情報提供の活発化を推進しようとしている．客層によって，打ち出し方を変える「売るためのセグメント化」を進めている．たとえば観光の柱として「産業」という言葉自体は地味でわかりにくいため，「のりもの」や「うまみ」など観光客を層別してそれぞれに行きたいと思わせるテーマを切り口とし，それに合わせた分野およびキーワードを設定してアピールする．またインバウンド客は国内客とは明らかに違う興味対象があると感じて，そこから自治体が打ち出したいものに誘導するために施策を打つ必要があると感じている．三者ともテーマで観光政策を打ち出すためには市町村を超えた「広域での連携」が必要で，一つの

110　第Ⅰ部　観光資源・文化資源の拡張と産業

地域，一つの観光資源で完結せず，いくつかの資源を繋げてストーリーを見せることが必要だと考えている．

②企業への期待と産業観光の課題

1）企業にとっての観光と本業の関係（本業への貢献の期待）

　愛知県・半田市は，企業にとって観光への取り組みがその企業の本業にも貢献することを期待している．企業が観光客の受け入れを積極的にビジネスチャンスと認識し，うまくマーケティングなどに結びつけて本業にフィードバックするようにしてもらえば，観光も本業も持続的に共存していけると考えているが，現状は企業がそこまで踏み込めていないと考えている．

2）観光産業と企業（取り組みスタンスのギャップ）

　愛知県は，産業の現場を観光地化することに対して，観光産業側の期待と企業取り組みスタンスのギャップが起こっていると指摘する．工場見学などを観光資源として売り出したい観光産業側のニーズと，地域貢献や教育目的などで，できる範囲で公開するという企業側の実態がうまく合致せず，そこを調整するのが自治体の役割としている．たとえば大きい企業ほど企業博物館設立の理念などが高く，社会貢献，地域貢献を目的としているが，観光客は企業の高邁な理念よりも，企業そのものの歴史や実態を見ることを期待しているので，むしろ企業の営業色を出した方が，観光客の，企業への好奇心に応えることができるだろうととらえている．

3）産業構造変化に伴う産業観光の観光資源の概念変化（実態とのギャップ）

　常滑市・半田市では従来の「産業観光」のカテゴリと実態にギャップがある，つまり「産業構造変化に伴う産業観光の観光資源の概念変化」が起こっているのではないかという認識がある．中部国際空港隣の大型展示場（スカイエキスポ），イオンモールやコストコなど大型商業施設の建設により，これら観光庁などの入れ込み客のKPIに入らない商業施設への市外からの客が大幅に増加しているため，従来観光資源とされていなかったものも観光資源化している可能性があるととらえている．

（4）「演出された真正性」からの考察

前章で調査した各自治体の観光政策への認識調査をもとに，本章では，第1章第1節で述べたマキァーネルの「演出された真正性」理論を援用し，教育目的で行われてきた工場見学の観光資源化や，ビジネスインバウンド客向けの「産業訪問」をめぐる課題について考察する．

日本での工場見学は，多くは企業側からは教育目的の「地域貢献」として取り組まれ，無償で実施されてきた．しかし現在，国や自治体は産業の現場視察を「観光資源」とみなそうとしている．企業側では「社会貢献」「広報」と考え，観光ツアーは受け入れないか受け入れても数に限りがあるため，需給のギャップが生じる．また，企業博物館や見学施設などでは，大きな企業ほど企業理念や公共性を重要視する立場，また広報的な観点から，評価の定まった製品や事業の展示となっているが，来場者としては，現在の最先端技術や製品が現物で見られることを期待している．観光客が求めているのはしばしば最先端の情報であり，それが「産業訪問」のニーズにつながっていく．

現在「産業観光の第二ステージ」として取り組まれているのが，企業博物館や工場見学から一歩進み，海外からのビジネスインバウンド客向け，MICE誘致のコンテンツとして産業観光の促進を図るための「産業訪問」である．2018年度からは観光庁による支援事業「テーマ別観光による地方誘客事業」に全国産業観光推進協議会の「産業訪問（Industrial Study Tourism）」が選定されている．「産業訪問」を有料化し，企業にも利益が上がるビジネスベースの仕組みを構築しようとしている（全国産業観光推進協議会 2019b p. 7-17）．しかし企業にとって現状視察受け入れは地域貢献，業界貢献であり，観光事業として打ち出し，有料化することなどへ抵抗感などがあることが課題である．

つまり，現在の最先端の産業の現場という「舞台裏」を「真正性」を持つ観光資源として求める観光客や自治体に対し，企業側が提供できるのは企業機密や安全性に問題がなく，本業に影響がない範囲で公開できる表舞台としての質が担保された「演出された真正性」を持つ工場見学である．観光状況設定としては，工場見学は，マキァーネルの言う観光客が時に覗いても良いように改良された舞台裏である第五段階である．さらに，企業博物館は舞台裏に見えるようにしつらえられた表舞台である第三段階といえるだろうが，ここでの展示に関

112　第Ⅰ部　観光資源・文化資源の拡張と産業

しても技術や生産の裏付けが確立されていない開発中の技術や製品を紹介するのは難しく，展示としての質が担保された製品や技術を中心とした展示となる．

　一方，多くの企業が教育目的とする工場見学も，脱工業化の進行から実施ができなくなるという状況がある．製造工場が役割を終え，工場として使われなくなった時当然，生産現場の見学というコンテンツは消滅する．たとえば半田市のかつてのミツカン半田本社工場は工場見学を受け入れていたが，2010年に半田工場は稼働を停止した（ミツカン 2009）．2015年に同工場跡地に設立された MIZKAN MUSUEM では，地域の教育資源でもあった生産現場見学機能を維持するため，見学用のための小規模の生産工程を作り，同館ガイドツアーのコースに組み込んでいる（MIZKAN MUSEUM HP）．また名古屋市のトヨタ産業技術記念館はすでに生産の役割を終えた工場建物に新たに展示用の生産機械を設置するという，大規模な動態展示を行なっている．同館はちょうど自動車の工場の遠隔地に位置するため，小学生向けには学習指導要領に沿った学校単位の「体験学習プログラム」を作成して，工場見学の代替となるよう工夫している（トヨタ産業技術記念館 HP）．

　このように，稼働していた工場が停止し，かつての稼動状態を企業博物館として工場見学の代替として機能させることに関しては，観光状況設定では前述のようにマキァーネルの言う第五段階から第三段階への移行であり，また，産業観光のカテゴリ（本節（1））としても，生産現場の見学・体験から，産業遺産へと移行となり，産業構造の変化による観光資源としての「真正性」が低くなると言う質変化が起こっているといえる．

　安村のいう「教育観光」は，特徴として①観光客が観光によって意識的，計画的，体系的に学習しようとする，②教育観光はその目的となる学習の「指導者」をともなって実施される，③教育観光の「提供者」は博物館などで，教育の目的やテーマを企画している，があげられる（本節（2））．したがって教育観光では「真正性」が低い表舞台でも，体系的であり，適切な指導（説明や展示）がされており，適切にテーマが設定されており，ゲストとホスト双方がそれを理解した上で見学が行われていれば，学習という点では充分に機能するといえる．つまり，舞台裏に見えるようにしつらえられた表舞台である第三段階の環境状況設定である企業博物館でも充分に工場見学の代替機能を持つと

いえよう．また，企業博物館は，博物館という面からは赤尾のいうノンフォーマル学習の場ともいえるが，観光学習でのインフォーマル学習で「レジャーのなかでの学び」（本節（2））が重要であるという視点から見れば，工場見学という決まったルートでの見学ではなく，現物展示からの自由な学習ができる機能がある企業博物館は，偶発的学習のできるインフォーマル学習の場としても成立している．

　辻は，「遅さとしての文化」を提唱し，ウェンデル・ペリーが「我々の知には『新しさ（イノヴェーション）』を追求するものと，『親しさ（ファミリアリティ）』を基礎とするものがあるものがある．前者が『今どこにいないか』に興味をもち，まだ見ぬ場所を発見（？）したいと望むのに対して，後者は『今どこにいるか』に興味を持ち，今いる場所を知ろうとする．このうちの第一のタイプの知のみを偏重してきたのが我々の科学技術文明の時代だった」と嘆き，我々は「革新性」に幻惑されて文化がかつて育んだ「留まるものの遅恵」を忘れていると述べている（辻 2004 p. 228）．学習においては，「親しさ（ファミリアリティ）」を基礎とし「今どこにいるか」を知ろうとする「知」が重要である．産業観光における企業博物館や産業遺産は，産業構造の変化による人間の営みの変容を示し，その産業が地域や人間とどのようにかかわり，地域文化が形成され，現在を生きる人々の愛着の対象となっているかという「親しさ（ファミリアリティ）」を体現する，「遅さとしての文化」として機能しているともいえる．

　自治体は産業観光の観光資源として，企業の事業活動を活用したいと望んでおり，ビジネス目的の産業訪問や工場見学など，より本物が見られるコンテンツを提供してほしいと期待している．しかし企業側では産業観光を社会貢献や学校教育への貢献ととらえている．マキァーネルの「演出された真正性」理論を援用すれば，観光資源としての「真正性」の高低はそのまま自治体と企業側のニーズ認識のギャップとしてとらえることができる．しかし，学習の面においては「真正性」が低くても，たとえば，前述のMIZKAN MUSEUMやトヨタ産業技術記念館のように，現場の工場見学が困難な場合に博物館的展示がなされる場合，展示物が現在ではなく過去使用されていた技術や資料であり評価が定まっていること，あるいは基礎的な知識を紹介するためにストーリー化や単純化，小型化されて理解促進することは学習のためには有効であり，教育観

光としては十分成立し，学校教育への貢献をしたいという企業側のニーズを満たしていることになるのである．

注
1）現・川島織物文化館．株式会社川島織物セルコン所有で，織物参考館は2代目川島甚兵衞が設立．
2）筆者による公益財団法人日本博物館協会担当者インタビュー（2019年7月27日実施）．
3）2017年7月の提言は，（1）登録博物館と，国立館や首長部局館などの博物館相当施設を，博物館法の改正による新たな登録制度へと一本化すること，（2）博物館の水準を向上させる新登録制度設計と研究機能の充実，そのための学芸員の科研費申請資格の付与，の2点であった（日本学術会議史学委員会博物館・美術館等の組織運営に関する分科会 2017）．また，2020年8月の提言は，（1）登録博物館制度から認証博物館制度への転換，（2）認証博物館制度の認証基準策定，検証，評価等を担う第三者機関の設置，（3）学芸員制度の改正による学芸員の区分の設定，（4）学芸員による独創的な研究をも可能とする新制度設計，（5）文化省（仮称）の創設による博物館の運営改善と機能強化の実現，の5点であった（日本学術会議史学委員会博物館・美術館等の組織運営に関する分科会 2020）．しかし，2022年改正博物館法においては，設置者主体の多様化などの一部見直しはあったものの登録博物館制度の構造的不備や，学芸員規定の課題について抜本的な是正はされず，改正後の2023年9月，同分科会はこれをさらなる課題として見解を出している．博物館法が1951年に制定されて以来，国立館が登録博物館の対象とならず，博物館相当施設として指定されていることは大きな課題であるが，今回の改正でもそれは解消されていない（日本学術会議史学委員会博物館・美術館等の組織運営に関する分科会 2023 pp. 3-9）．一方今回の改正では，博物館法の目的に社会教育法に加え文化芸術基本法の精神に基づくことが追加されたことが大きな変更点であるとともに，第三条第三項で文化観光推進の努力義務が盛り込まれたことが議論を呼んだ．栗田は，登録制度や学芸員制度に関する日本学術会議や日本博物館協会の提言が不十分な形で一部のみしか反映されなかったこととあわせ「理念上は社会教育施設だった博物館が名実ともに文化観光施設となることは博物館法にとって革命的な変更（立場によっては破壊的な改悪）であることに留意が必要である」と述べ（栗田 2022），長澤は博物館法改正に対する文化観光推進法の影響を指摘しながら，観光が目的とされて文化が手段化され社会教育施設としての博物館の機能や自立的な学芸活動が阻害される可能性を危惧する（長澤 2022）．渡部は第三条第三項に関し，努力義務は法学の講学上「ソフトロー」と呼ばれ当事者の任意的・自発的履行を期待した義務にとどまるが，ソフトローが一定期間後に法的義務を持つハードロー化する事例は多くあり，文化観光推進努力義務が強行的規定に強化される可能性を内在していることを指摘する（渡部 2022）．

4）「文化芸術振興基本法」は 2001 年に，「劇場，音楽堂等の活性化に関する法律」（劇場法）は 2012 年に成立．

5）「美術史学会東支部大会シンポジウム」の一環として 2005 年 4 月 16 日に東京都美術館で開催．

6）令和 3 年度「社会教育統計」では，公民館総数 1 万 3798 館のうち公立は 1 万 3798 館（100％），図書館総数 3394 館のうち公立は 3372 館（99％），博物館は登録，相当施設，類似施設合わせて総数 5771 館のうち公立 4380 館（75％）．

7）村田は「ポピュラー文化ミュージアム」を「西洋近代型のミュージアムモデルや，教育機関としての博物館の枠組みからはみ出た，娯楽的でポピュラー文化的な博物館のようなものが，実は日本の現在の博物館文化を支えているもうひとつの大きな柱である」と述べている（村田 2014 pp. 163-168）．

8）同法は 2017 年までに 22 回小規模な改正が行われ，補助金制度が打ち切られるなど当初の仕組みは骨抜きにされていった（小林 2020 pp. 26-29）．

9）「21 世紀日本の構想」懇談会（座長・河合隼雄・国際日本文化研究センター所長　当時）1999 年 3 月，小渕恵三内閣総理大臣のもとに民間人 16 名をもって発足，5 月には民間人 33 名を加えて「世界に生きる日本」「豊かさと活力」「安心とうるおいの生活」「美しい国土と安全な社会」「日本人の未来」の 5 分科会が設けられ，44 回にわたる会合，総理も参加しての合宿，海外での意見交換，国民からの提言の公募などが行われた．2000 年 1 月に最終報告書が小渕総理大臣に提出された．

10）European Union, COMMUNICATION FROM THE COMMISSION TO THE EUROPEAN PARLIAMENT, THE COUNCIL, THE EUROPEAN ECONOMIC AND SOCIAL COMMITTEE AND THE COMMITTEE OF THE REGIONS A renewed EU strategy 2011-14 for Corporate Social Responsibility. http://eur-lex.europa.eu/ の仮訳（サステナビジョン　下田屋ほか訳 2013）．

11）東洋経済新報社『CSR 企業総覧』2006, 2011, 2016 から引用（谷本 2020 p. 131）．

12）2014 年からは「経団連 1 ％クラブ」として経団連企業行動・CSR 委員会，2019 年からは経団連企業行動・SDGs 委員会の下部組織となっている．

13）本書第 2 章第 2 節（1）参照．

14）36 館が企業の創業・設立の記念事業としてリストアップされている（丹青総合研究所 1987 pp. 41-42）．

15）周年記念事業として社史編纂とともに，企業博物館設立がポピュラーであると述べ，リストアップされた関西の主な企業博物館 73 館のうち 33 館が周年事業に該当している．（伊木 2016 pp. 174-184）．

16）たとえば，1989 年設立のトヨタ博物館はトヨタ自動車の歴史文化部，1977 年設立のトヨタ会館は同広報部の所属であったが，現在は社会貢献推進部所属である．本章第 3 節参照．

17）本節は，佐藤友美 2022「トヨタの展示施設の設立経緯と，各役割の変遷」『トヨタ博

物館 2021 年度年報』pp. 56-65 を加筆修正したものである.

18）吉田編 1981，電通出版事業部編 1984，講談社編 1987，企業史料協議会編 1987，毎日グラフ別冊 1988 など.

19）ただしトヨタ自動車直営としたことから，当時の登録博物館の設置者基準からはずれるため，現在にいたるまで博物館類似施設である．また，学芸員や司書に関しても，同館に配属になったトヨタ自動車従業員が各資格を取得して（すでに学生時代に取得していた者も含む）従事し，専門職としての採用は行っていない.

20）当時の 13 社は次の通り．株式会社豊田自動織機製作所（現・株式会社豊田自動織機），トヨタ自動車株式会社，愛知製鋼株式会社，豊田工機株式会社（現・株式会社ジェイテクト），トヨタ車体株式会社，豊田通商株式会社，アイシン精機株式会社（現・株式会社アイシン），日本電装株式会社（現・株式会社デンソー），豊田紡織株式会社（現・トヨタ紡織株式会社），東和不動産株式会社（現・トヨタ不動産株式会社），株式会社豊田中央研究所，関東自動車株式会社（現・トヨタ自動車東日本株式会社），豊田合成株式会社

21）現在の 17 社は次の通り．株式会社豊田自動織機，トヨタ自動車株式会社，愛知製鋼株式会社，株式会社ジェイテクト，トヨタ車体株式会社，豊田通商株式会社，株式会社アイシン，株式会社デンソー，トヨタ紡織株式会社，トヨタ不動産株式会社，株式会社豊田中央研究所，トヨタ自動車東日本株式会社，豊田合成株式会社，日野自動車株式会社，ダイハツ工業株式会社，トヨタホーム株式会社，トヨタ自動車九州株式会社

22）2022 年 1 月 25 日，産業文化コンソーシアム「歴史関連施設を通じたトヨタの社会貢献活動」での，布垣直昭社会貢献推進部長兼トヨタ博物館長の発言より.

23）本稿作成にあたっては各館およびトヨタ自動車株式会社，その他関係者に資料提供，原稿確認などで多大なる協力を仰いだ.

24）Meeting（会議・研修・セミナー），Incentive tour（報奨・招待旅行），Convention または Conference（大会・学会・国際会議），Exhibition（展示会）の頭文字をとった造語で，ビジネストラベルの一つの形態．参加者が多いだけでなく，一般の観光旅行に比べ消費額が大きいことなどから，MICE の誘致に力を入れる国や地域が多い．日本でも，インバウンド振興策の一環として，国や自治体により誘致活動が盛んに行なわれている（JTB 総合研究所 https://www.tourism.jp/tourism-database/glossary/mice/（2023 年 1 月検索）).

25）インタビューは 2019 年 6 月から 7 月にかけ，愛知県，半田市，常滑市で実施．各組織に本研究の趣旨を説明した上で対応者を選定，各 1 人に 30 分〜1 時間程度，筆者による半構造化インタビューを行った．記録は IC レコーダーでの録音とメモである（一部メモのみ).

26）1990 年代半ばに，愛知万博の誘致決定を契機に地元愛知の観光資源として「ものづくり」「産業」を活用し，観光振興を行うことを目的に発足．本書第 4 章第 1 節（2）参照.

第 II 部

企業博物館の観光資源化プロセス

第 4 章

愛知県における産業観光ネットワークと
企業博物館の観光資源化プロセス

1 愛知県の産業観光政策の浸透プロセスの検討

（1）本章の目的

　本章では，自治体の産業観光政策の企業博物館への浸透過程，相互の認識，現場実践取り組みについて，事例研究を行う．具体的には，企業博物館を主要なアクターとして産業観光の取り組みを進める愛知県の事例に注目し，第1章第1節でとりあげた観光社会学の理論であるアーリとラースンの「観光のまなざし」と「観光の場」の発現の観点から分析する．博物館の観光資源化における政策の浸透とそのプロセスについて，観光プロデューサーの存在，自治体と博物館の相互認識といった観点から考察する．愛知県の産業観光をとりあげた理由は，国・自治体・商工会議所・企業・博物館など多様なアクターが戦略的に進めた取り組みであること，1990年代から継続して一定の成果をあげていること，資料が豊富で経緯が時系列で追えること，現在でも活動が継続し関係者への聞き取り調査が可能だったこと，などである．

　自治体，博物館双方の相互認識調査に主眼を置く愛知県の産業観光と企業博物館の事例に基づく本章の事例研究からは，地域の中で博物館がもたらす貢献，地域アイデンティティの創出，また社会構造変化とともに変容する企業博物館の存在意義など，博物館学の発展や博物館活動の実践において有効な知見が期待できる．

　本章の構成は次の通りである．第2節では愛知県全体の産業観光推進の経緯について概観し，第3節では産業観光を主眼に置いた自治体と企業博物館の事例調査を記述する．第4節では産業観光政策の自治体と企業博物館への浸透の流れを分析し，「観光の場」の発現の視点からの観光資源化プロセスを考察する．

120 第Ⅱ部 企業博物館の観光資源化プロセス

（2）研究方法と事例選定理由

　本章の調査対象として「愛知県とトヨタ産業技術記念館」「半田市と
MIZKAN MUSEUM」「常滑市と INAX ライブミュージアム」の３例をとり
あげた．自治体と企業博物館の組み合わせでこの３例を選んだステップは以下
の通りである．

> ① 愛知県において産業観光を推進する産業観光推進懇談会（AMIC）加盟
> 　館（表4-1）のうち，星合の分類による「企業博物館」は 16 館である[2]
> ② 16 館のうち，産業分野として愛知県の歴史や現在の産業構造において
> 　特色のある醸造業，窯業，自動車産業を選択
> ③ 企業博物館と自治体との組み合わせを考えるにあたり，醸造業，窯業
> 　は地場産業として根付く企業が運営し，その影響力が大きい事例とし
> 　て「半田市と MIZKAN MUSEUM」「常滑市と INAX ライブミュージ
> 　アム」を選択
> ④ 自動車産業はトヨタ関連の３館のうち，AMIC 発足当時から産業観光
> 　施設側としての牽引的な役割を果たしており年間動員数も３館の中で
> 　は一番多い（2018 年は約 43 万人）こと，トヨタグループ 17 社で運営して
> 　いること，自動車だけでなく繊維機械も含めたモノづくりを紹介する
> 　独自性が高い内容の館として，トヨタ産業技術記念館を選択
> 　自治体としてはトヨタ産業技術記念館の所在地は名古屋市であるが，
> 　トヨタグループ 17 社のうち 13 社の本社は愛知県各地域に分散し，各
> 　企業の従業員も愛知県広域に在住することから，愛知県を選択

この組み合わせによる，愛知県内の自治体観光担当部局とその域内にある企業
博物館，さらに愛知県にある産業観光推進懇談会事務局（名古屋商工会議所内）
に対して，資料調査と聞き取り調査を行った[3]．

2　愛知県における産業観光の推進と博物館

　愛知県は「産業観光」[4]に全国に先んじて取り組んでおり，国土交通省を中心
とする 2006 年の産業観光推進懇談会，2008 年の「産業観光ガイドライン」の

第 4 章　愛知県における産業観光ネットワークと企業博物館の観光資源化プロセス　　121

表 4-1　産業観光推進懇談会（AMIC）加盟館（2020 年 7 月現在）

	施設名称	産業分野	所在地		種別	設立母体
1	愛知県陶磁資料館	窯業	愛知県	瀬戸市	公立	愛知県
2	あいち航空ミュージアム	航空機	愛知県	西春日井郡	公立	愛知県
3	あま市七宝焼アートヴィレッジ	窯業（七宝）	愛知県	あま市	公立	あま市
5	有松・鳴海絞会館	繊維	愛知県	名古屋市	組合	有松絞商工協同組合
5	INAX ライブミュージアム	窯業	愛知県	常滑市	企業立	（株）リクシル
6	カクキュー八丁味噌の郷	味噌	愛知県	岡崎市	企業立	合資会社　八丁味噌
7	岐阜かがみがはら航空宇宙科学博物館	航空機	岐阜県	各務原市	公立	各務原市
8	国際デザインセンター	デザイン全般	愛知県	名古屋市	三セク	愛知県　名古屋市　ほか
9	瀬戸蔵ミュージアム	窯業	愛知県	瀬戸市	公立	瀬戸市
10	高浜市やきものの里かわら美術館	窯業（かわら）	愛知県	高浜市	公立	高浜市
11	でんきの科学館	電気	愛知県	名古屋市	企業立	（株）中部電力
12	東邦ガス　ガスエネルギー館	ガス	愛知県	東海市	企業立	東邦ガス（株）
13	徳川美術館	伝統産業全般	愛知県	名古屋市	財団	公益財団法人徳川黎明会
14	トヨタ会館	自動車	愛知県	豊田市	企業立	トヨタ自動車（株）
15	トヨタ産業技術記念館	工作機械　織機　自動車	愛知県	名古屋市	企業立	トヨタグループ
16	豊田市和紙のふるさと	製紙	愛知県	豊田市	公立	豊田市
17	トヨタ博物館	自動車	愛知県	長久手市	企業立	トヨタ自動車（株）
18	内藤記念くすり博物館	製薬	岐阜県	各務原市	企業立	エーザイ（株）
19	名古屋市科学館	科学技術全般	愛知県	名古屋市	公立	名古屋市
20	名古屋市博物館	地域産業全般	愛知県	名古屋市	公立	名古屋市
21	ネックス・プラザ	高速道路	愛知県	名古屋市	公社	名古屋高速道路公社
22	ノリタケの森	窯業	愛知県	名古屋市	企業立	（株）ノリタケカンパニーリミテド
23	博物館明治村	建築	愛知県	犬山市	財団	名古屋鉄道（株）
24	ブラザーミュージアム	ミシン，OA 機器	愛知県	名古屋市	企業立	ブラザー工業（株）
25	MIZKAN MUSEUM	醸造	愛知県	半田市	企業立	ミツカングループ
26	三菱 UFJ 銀行貨幣資料館	金融	愛知県	名古屋市	企業立	三菱 UFJ 銀行
27	名鉄資料館	鉄道	岐阜県	可児市	企業立	名古屋鉄道（株）
28	盛田味の館	醸造	愛知県	常滑市	企業立	盛田（株）
29	ヤマザキマザック工作機械博物館	工作機械	岐阜県	美濃加茂市	企業立	ヤマザキマザック株式会社
30	リニア・鉄道館	鉄道	愛知県	名古屋市	企業立	東海旅客鉄道（株）

注）館名 50 音順．
出所）「第 89 回産業観光推進懇談会次第（2020）」と各館ホームページを参考に筆者作成．

中でも日本の先駆的事例としてとりあげられている（国土交通省 2008）．

　この取り組みを提唱したのは東海旅客鉄道の元社長・元会長の須田寛である．須田によれば，2005 年の愛知万博開催に向けて，1990 年代半ばに名古屋商工会議所文化委員会として「産業」を観光資源として着目したのが契機であった．

122　第Ⅱ部　企業博物館の観光資源化プロセス

1995 年 12 月に「愛知県における国際博覧会の開催申請」が閣議了解されて愛知万博の誘致活動が国としてスタートし，愛知県で万博会場以外での愛知の魅力発信，観光アピールをする際のコンテンツが必要であった．そこで，古くから「モノづくり」の集積地であること，愛知万博のテーマは「自然の叡智」で環境万博をめざすが，万国博覧会として産業博覧会を期待する客層に，会場の外での企業博物館などの産業見学施設によりそれを補完するという考え方で，地域の特色を活かした「産業」が観光資源として注目されたのである（須田 2002a pp. 24-28）．

　この産業観光の展開は，① 観光資源の選定，② 観光資源の意味づけ位置付け，③ 受け入れ体制の整備，④ 情報発信，の順に推進された．まず①については，観光資源としての産業が愛知県に集中している理由として，第一に当地が日本の産業振興の中心的役割を果たしたこと，第二に城下町名古屋で独自の庶民文化の中で発展してきた陶磁器・織物・醸造などの伝統産業も急速に近代化を果たしたこと，第三にそれを支えるエネルギー，交通などのインフラ産業も勃興したが，この三つが全て明治から数十年で達成されたためその過程を物語る産業遺産が数多く残り，保存されていること，が示された．そして全国規模企業の工場が各地に立地し，生産現場が数多く存在しているのも当地の大きな特色である．それを踏まえ，この取り組みの観光資源として，まず博物館・資料館と，その他の観光資源をわけた．博物館・資料館に関しては，産業間のバランス，多数の観光客の受け入れが可能なもの，案内・誘導など受け入れ体制が十分なもの，アクセスが容易なもの，という観点に立ち，24 施設・8 工場を選定した．その他の観光資源はジャンル別リストを公開し，博物館などとその他資源を含むネットワークを構成，モデルコースの提案が構想された．

　次に②の意味づけ，位置付けについては，既存の博物館，工場見学などはすでに一定の意味づけ・存在価値の確認がされているとした（須田 2002b pp. 34-40）．

　そして③④については，現在も続く「産業観光推進懇談会」（AMIC：Aichi Museum and Industrial Sightseeing Conference）を中心に進められた．第一期（1996〜2001 年）では，1996 年に名古屋商工会議所で「産業観光」キャンペーンの展開が決定され，国の地方部局，愛知県，名古屋市などの協力を得て関係博

物館・資料館などへの呼びかけから活動が始められた．この後推進体制として1997 年に名古屋商工会議所文化委員会正副委員長と博物館など 24 施設の館長，自治体の関係幹部などによる連絡会議，懇談会を始め，1999 年には「産業観光推進懇談会」と改称，年 4 回開催となった．情報発信活動としては「産業文化圏あいち（日英）」発行（1998 年），「産業観光のしおり」発刊（1998 年），ホームページ開設（1998 年〜）を行った．教育機関や旅行会社へは修学旅行や学校行事への組み込みを働きかけ，運輸機関などへはダイヤ編成，バス路線設置，セット乗車券の発行などを働きかけた．さらに各種観光イベント・産業遺産イベントへの参加によるプロモーションを行なった（須田 2002b pp. 42-50）．

　2001 年 10 月には名古屋市の産業技術記念館（現・トヨタ産業技術記念館）で「産業観光サミット in 愛知・名古屋」が実施され「産業観光」の全国展開の第一歩となっている．この頃には全国各地で産業遺産の保存の活動が盛んとなり，前年に愛媛県新居浜市で開催された「近代化産業遺産保存活用全国フォーラム」では，その産業観光への志向が確認された．それをとらえて開催された同サミットでは全国 70 市町村（32 都道府県）から約 500 名が参加した．基調講演，パネルディスカッション，専門部会として産業観光による地域活性化部会，産業文化財の保存継承活用部会などが開催された．また以下の「産業観光推進宣言」が出されている．

　　産業観光とは，歴史的・文化的価値の高い産業文化財を観光資源として位置づけ，これを観光客誘致に向けた諸事業を展開することである．

　　今世紀における観光は，経済成長優先から生活の豊かさへと，国民の関心が移行している現状をふまえ観光振興は今後ますますその重要性が高まるものと考えられる．このような変化に即応した新しい観光の振興を図るため，産業観光を推進することとする．

　　わが国には全国的に歴史的・文化的価値の高い産業文化財が多く存在していることから，各地域がそれぞれ個性を活かしながら，産業観光への取り組みと相互の情報交換を通し，文化交流を図ることとする．

　　本日の産業観光サミットでは，この意思を相互に確認し，今後さらに連携を深めながら，産業観光の推進に積極的に取り組むことをここに宣言する．

このサミットは翌年より「全国産業観光フォーラム[5)]」と改称し，国内の産業観光推進地域で開催されている．これにより「産業観光」は全国的な連携がなされた．また愛知県や名古屋市などの自治体の観光長期計画の中で「産業観光」が重点施策として自治体の施策に取り入れられた（須田 2002b pp. 62-69）．

　また本サミットで産業観光は以下のように定義された．

　　産業観光とは歴史的・文化的価値のある産業文化財（古い機械器具，工場遺構などのいわゆる産業遺産），生産現場（工場，工具等）及び産業製品を観光資源とし，それらを通じてものづくりの心にふれるとともに，人的交流を促進する観光活動をいう（国土交通省 2008 p. 1）

　その後，愛知万博会期中の 2005 年 7 月に「産業観光国際フォーラム」を名古屋国際会議場で開催，海外 15 カ国，国内 29 都道府県 62 市町から延べ 1000 人が参加している（産業観光推進懇談会 2013 p. 3）．

　産業観光推進懇談会（AMIC）の構成メンバーは，2020 年時点で名古屋商工会議所文化・観光委員会，産業観光施設 30 館，中部運輸局，愛知県，名古屋市，観光団体（日本観光振興協会中部支部，愛知観光協会，名古屋観光コンベンションビューロー）である．加盟館 30 館（愛知県 26 館，岐阜県 4 館）のうち企業立館は 17 館（財団含む），公立館は 10 館（第三セクター含む），地方道路公社が 1 館，民間の公益財団法人が 1 館，組合が 1 館である．活動としては，年 2 回の定例会，視察，各館年度予定集計，各館年度集計，旅フェア出店，産業観光 NAVI 運営などを行なっている（産業観光推進懇談会 2020）．

3　各自治体と企業博物館の取り組みと相互認識

（1）愛知県とトヨタ産業技術記念館

　愛知県は 2008 年に愛知県観光振興基本条例を定め，これに基づき 2010 年度から 2015 年度は「愛知観光振興基本計画」，2016 年度から 2020 年度は「あいち観光戦略 2016-2020」を策定した．同県は 2014 年に 2015 年を「あいち観光

元年」とすると発表し，愛知の主産業である製造業に加え「観光集客」を新たな戦略産業として位置付けている．「あいち観光戦略 2016-2020」は具体的なプロジェクトを盛り込んだアクションプログラムとなっており，その戦略Ⅱで「産業観光」を重点プロジェクトとしている（愛知県 2016）．

愛知県は 2020 年の製造品出荷額などが 47 兆 9244 億円（従業者 4 人以上の事業所）と 1977 年以来 43 年連続全国 1 位で（愛知県 HP），県の特色として日本の製造業，モノづくりの拠点として認知されており，各社の企業博物館・資料館も多く存在する．産業観光推進懇談会担当者は「企業博物館は，当地域のモノづくり文化の紹介に非常に良いコンテンツである．日本のモノづくりのレベル，その歴史と現状，日本人の勤勉さとモノづくりへのこだわり，そのような日本のモノづくり文化をきちんと伝えることが企業博物館の果たしている役割であり意義である」とし，トヨタ産業技術記念館に関しては「トヨタの創業の地であり，ここに行けば繊維機械や自動車づくりなど『愛知のモノづくり』の理解ができる」と述べている．

これら企業博物館や公立の産業関連博物館が 1990 年代半ばに愛知万博の誘致を契機に名古屋商工会議所を中心にして実施された産業観光キャンペーンにより注目され，国の関係部局，愛知県，名古屋市とともにネットワーク化され，産業観光推進懇談会の設立に繋がった（本章第 2 節）．この中でトヨタ産業技術記念館は当初から文化施設側の代表的立場である中核館として参加，2001 年の「産業観光サミット in 愛知・名古屋」の開催会場提供や（須田 2002b p.63），2002 年から設置された AMIC の指導・調整・助言組織である産業観光推進委員会にメンバーに同館館長が参加するなど，愛知の産業観光施設の代表的存在として活動している．

トヨタ産業技術記念館は，トヨタ自動車の設立者である豊田喜一郎生誕百周年の 1994 年 6 月 11 日にトヨタグループ 13 社（現在は 17 社）の共同事業として愛知県名古屋市西区に開館した．初代理事長はトヨタ自動車の元社長・元会長の豊田英二である．近代日本の発展を支えた基幹産業の一つである繊維機械（織機）と，現代日本の主幹産業である自動車の技術の変遷を通じ，日本の産業技術の発展史を系統的に紹介する博物館類似施設である．

同館の設立のきっかけは，1980 年代にトヨタグループ発祥の地である旧豊

126 第Ⅱ部 企業博物館の観光資源化プロセス

田紡織本社工場が日本近代建築として評価されたことと，当時学生の就職の「製造業離れ」が憂慮されていたことから，製造業のイメージアップを行うべくこれを活用することであった（齋藤 1998 p.8）．豊田英二が1994年に開館した際に述べた館の設立目的は「豊かな社会づくりを目指すトヨタグループが，『研究と創造の精神』と『モノづくり』の大切さを，次の世代を担う若い人々をはじめ，広く社会にお伝えし，内外の経済，社会の健全な発展に役立てていただくこと」である．トヨタグループの歴史的資料・遺産を保存，調査研究，公開するトヨタグループのアーカイブ機能であるとともに，そのミッションは創業の精神の伝承によるトヨタグループのイメージアップ，ひいては応援団づくりである．そのため豊田佐吉，豊田喜一郎という織機事業，自動車事業それぞれの創業者の創業時のエピソードや，トヨタグループの歴史も重点的に紹介している（トヨタ産業技術記念館 HP）．

　旧豊田紡織本社工場である同館の所在地は，トヨタグループの始祖，豊田佐吉が1911年に試験工場「豊田自動織布工場」を建設するため取得した約3000坪の用地で，ここで1926年には豊田自動織機製作所，1937年にはトヨタ自動車の創立総会も行われた．しかし，実際に生産拠点や研究拠点として稼働していたのは1980年代初頭までであった（齋藤 1998 p.9）．つまり1980年代にすでに当地は脱工業化により製造拠点としての役割を終えていた．現在，トヨタグループ17社のうち名古屋市内に生産拠点を置く企業はないが，同館の設立によりこの地が「トヨタグループ発祥の地」として保存され，場の遺産化が行われている．

　愛知県では，この地域の産業の礎を築いた豊田佐吉が1898年に日本最初の動力織機の特許を取得した8月1日を「愛知の発明の日」と定めるなど，愛知にとってのトヨタグループは「モノづくり」の代名詞でもある（愛知県 2019）．グループ17社のうち13社は愛知県内に本社を置くが，所在地は分散しているため，創業の地である同館が「トヨタグループのモノづくり」を象徴する施設となり，ひいては「愛知のモノづくり」を象徴する施設にもなっている．

　同館の館名は，1994年の開館当時は「産業技術記念館」であったが2014年に「トヨタ産業技術記念館」に変更された（飯島 2014）．同館によれば，開館当時は産業技術の歴史を大きくとらえ，企業宣伝にならないようにあえて社名

を想像させる「トヨタ」はつけなかったが，実際は「トヨタ産業技術記念館」と呼ばれることが多かったため変更したとのことである．

経済産業省「近代化産業遺産群33」（2007年度）の「21. 我が国モノづくりの中核を担い続ける中部地域の繊維工業・機械工業の歩みを物語る近代化産業遺産群」では，豊田自動織布工場，豊田紡織（株）本社事務所などの建物，無停止杼換式豊田自動織機（G型）などが認定され，翌年同「近代化産業遺産群続33」（2008年度）「3トラックにはじまり大衆車量産の基礎を築くに至った自動車産業の歩みを物語る近代化産業遺産群」でトヨダG1トラックなどが認定されている．各コーナーではオペレーターによる実演と説明，金属加工コーナーの鍛造実演，パートナーロボットの楽器の実演など「動態展示」を常時実施し，子ども向けには技術をわかりやすく体感する「テクノランド」もある（トヨタ産業技術記念館HP）．

調査研究は学芸員が担当し，刈谷市歴史博物館への企画協力[10]など地域の他館への協力も行う．教育普及ではワークシートや体験学習プログラムなどを用意し，企業の新人社員研修受け入れも行なっている．子ども向けの「週末ワークショップ」はグループ各社の技術会や，大学や専門学校，市民団体などに協力を仰ぐ地域連携の取り組みともなっている．

その他の地域連携としては，地元である栄生地区近辺での小学校見学や小学校との交流，地元商店街へのお祭りの協賛，近隣の「ノリタケの森」との共通券発行，防災連携，名古屋市内の観光拠点を巡る「メーグル」バス停の設置，さまざまな団体への会場提供などを行なっている．

同館の入場者数は2013年頃から急増し（飯島2017 p.10）2018年度は年間43万人弱（産業観光推進懇談会2020）である．これは館名変更し「トヨタ」とつけたこと，『LEADERS』[11]放映，インバウンドブーム，トリップアドバイザーの「工場見学＆社会科見学ランキング」で2015年から2018年まで4年連続で全国1位に選ばれたことなどが理由と考えられ，トヨタグループの応援団づくり，イメージアップに貢献している．

観光への貢献については，同館館長は「（前略）『これらを通じてモノづくりの心に触れていただき，人的交流を促進していく活動』が『産業観光』ということですから，当館の活動そのものが『産業観光』となっている」と述べ，急

増するインバウンド客対策でも，案内やパネルの多言語化，ムスリム対応など
を行っている．（飯島 2017）．

（2）半田市と MIZKAN MUSEUM

　半田市は 2006 年の国の観光立国推進基本法，2008 年の愛知県観光振興基本
条例などと同調し，2011 年度に 10 年計画である「半田市産業・観光振興計
画」（半田市 2012）を策定している．半田赤レンガ建物のリニューアルオープン，
MIZKAN MUSEUM のオープンが重なった 2015 年を半田の「観光元年」と
して定め，同年観光課を設置した．この年の同市の観光入れ込み数は目標値の
108 万人を大きく超える 132 万人であった．（半田市 2016 pp. 9-10）．

　同市観光部局担当者によれば，とくに MIZKAN MUSEUM がオープンした
後，半田運河周辺は観光スポットとしてハード面・ソフト面を充実する方針と
なった．同地区にある国盛酒の文化館も産業観光施設として注目度が上がって
いる．観光が地場産業と密接に結びつき，商業も観光と明確にわけられないこ
とから，同市の産業・観光振興計画の中で「産業観光の促進」と「観光と農商
工が連携した取り組みの促進」を施策として織り込んでいる．醸造業は半田の
歴史，地場産業であり歴史やストーリーが描きやすい．中でもミツカンは半田
市を代表する大企業であり，MIZKAN MUSEUM は半田の観光の柱「山車」
「蔵」「南吉」「赤レンガ」のうち「蔵」の主要コンテンツとしてみなされてい
る[12]．

　観光関連業に専従している市民は少数で，本業がある企業が観光に貢献でき
る分野を担うという傾向である．半田観光協会が事務局をつとめる「半田蔵の
まちネットワーク」という観光に特化した月例の緩やかな会議体があり，そこ
で半田市，商工会議所，各施設が情報共有や活動協力を行う．

　MIZKAN MUSEUM はミツカンの創業の地，半田においてミツカングルー
プの歩んできた歴史に触れ，今を感じ，未来につなげる施設として 2015 年に
開館した．古くから続く運河沿いの黒塀の景観とともに，ミツカンの酢づくり
の歴史や，醸造の技術，ものづくりへのこだわり，食文化の魅力などを，伝
統・革新・環境を大切に考え，次世代へ伝える体験型博物館である．ミッショ
ンは，①ミツカンファンを育成する，②知多半島の観光施設として機能する，

③子どもたちの学習機会の提供に貢献する，である．また長時間，能動的にミツカンと触れ合えるコンタクトポイントであるという特性を生かし，知多半島の観光資源としての役割を維持しながら子育て夫婦世帯をターゲットにミツカンファンの育成をめざすとしている（MIZKAN MUSEUM 2019）．

　ミツカンは，食酢・調味酢，納豆などを主力商品とする食品メーカーで愛知県半田市に本社を置く，江戸時代から200年以上続く地場企業である．国内の酢のシェアは7割を占める．1924年に株式会社中埜酢店が設立され，1998年には「株式会社ミツカングループ本社」と事業カンパニー，機能別カンパニーに再編．2014年にはさらに商号が英語名に合わせ「株式会社Mizkan Holdings」となった．

　同館の所在地はミツカンの江戸時代の創業の地で，2010年までは本社工場が稼働していた地であった（ミツカン 2009）．工場移転，再開発に合わせ新ミュージアムが工場見学の拠点であった博物館「酢の里」[13]の跡地に建設された．現在も本社に隣接し，半田運河に面している（ミツカン 2015）．創業以来の醸造業生産拠点としての役割は終わり，半田のミツカン本社は脱工業化の局面をむかえた．MIZKAN MUSEUM を含む本社地区の再整備に当たってはニュースリリースで「ミツカンは創業の地である半田で事業を継続し，これからも地域社会との共生を図りながら企業活動を推進します」（ミツカン 2012）と述べている．250年続く創業の地の記憶をつなぐ景観を保全・更新し，官民一体による新たな賑わいを創出する取り組みにより，この地に新たな付加価値が与えられ，醸造業生産地としての場の遺産化がなされている．この半田運河周辺地区は2017年，国土交通省の「都市景観大賞」の大賞を受賞している（国土交通省 2017）．

　半田市では小学校3年生の「地域の産業」で教科書に「ミツカン」が記載されており，市内の小学校の大半が同館で社会科見学を行なうほか，総合学習の受け入れも実施している（MIZKAN MUSEUM 2019）．見学した中学生の「ミツカンが，ミツカンミュージアムが半田にあることを僕は誇りに思うよ！」というコメント（MIZKAN MUSEUM 2019）からは，ミツカンが半田市の地域アイデンティティを示す存在であることがうかがえる．

　また，ミツカン以外の関係者が市外からの来客を同館に案内することも多く，

同館は半田市のアピールポイントとなっている.

　館名については，博物館「酢の里」時代には企業名をつけていなかったが，同館設立の際に社内で公募を行い，シンプルでミツカンの博物館であることを，誰もがすぐに認知できる名称として「MIZKAN MUSEUM」が選ばれた（ミツカン 2014）.

　展示は，ガイドの誘導による場面転換型展示や参加型展示，ハンズオン展示がふんだんに盛り込まれている．工場移転に伴ってできなくなった工場見学の代わりに見学者用の小規模な生産工程を公開し，展示の目玉となる「弁才船」の復元に当たっては船の一部にかつての半田工場の古材を使用し，大規模なプロジェクションマッピングや映像を駆使している．実物の産業遺産や資料展示はほとんどないが，洗練されたデザインと観客の理解を促進する構成で，ミツカンの創業の歴史，地元半田への思い，酢造りの工程などがよくわかる展示となっている．建物の外観も創業当時の中埜商店の面影を残しながら，半田運河地区の景観も合わせて現代的に再解釈したアピール力のあるデザインである（MIZKAN MUSEUM HP）.

　MIZKAN MUSUEM の三つのミッションのうち一つは「知多半島の観光施設として機能する」であり，自治体との連携のほか，「はんだ蔵のまちネットワーク」の活動参加，夏の「半田運河キャナルナイト」参加，5年に一度行われる半田山車祭りや毎年春の山車祭りの際の中庭での下半田地区の山車4台展示に協力する．広域では知多半島と近郊の産業博物館・美術館7館をめぐるスタンプラリー[14]を行なっている．地域貢献としては市民や学校の作品展へのMIM ホールの貸し出しなど行い，教育普及としては学校受け入れ年間約50校のほか，夏休みの自由研究のワークショップなどを実施している（MIZKAN MUSEUM 2019）.

　入場者数は 2019 年度が 13 万人（産業観光推進懇談会 2020）で「酢の里」時代の 8 万人から大幅に増加している[15]．前述の「都市景観大賞」大賞の他にも，2016 年に「日本サインデザイン大賞」経済産業大臣賞，2017 年に「愛知まちなみ建築賞」大賞などを受賞している（MIZKAN MUSEUM 2019）.

　工場がなくなり半田市出身の社員が少なくなった今，同館が観光施設，あるいはまちづくりネットワークの一員として取り組みをして半田市のアピールを

することで，地域とミツカンをつなぐコンタクトポイントとして機能を担っている．2018 年の「愛知デスティネーションキャンペーン」では，動画やポスターに同館がとりあげられ，ホームページで館長インタビューが掲載されるなど，愛知県内でも注目の施設となり，ミツカンのイメージアップに貢献しているといえる．

（3）常滑市と INAX ライブミュージアム

2006 年の国の観光立国推進基本法，2008 年の愛知県観光振興基本条例などと同調し，常滑市も「常滑市観光振興計画」を 2009 年と 2016 年度に策定している．

同市は平安時代末期頃からの「古常滑」と呼ばれる焼き物の産地として知られ，2017 年に文化庁の日本遺産に認定された日本六古窯の一つであることから，観光資源を「常滑焼を中心とした文化」としている．しかし，現在の常滑市の特徴は 2005 年に開港した中部国際空港を中心とするエアフロント地区の発展である．急増するエアフロント地区への市外からの流入客やインバウンド客を常滑市街地に呼び込むために，「モノ」「コト」「ヒト」など集客できる全てのものを「トコナメモノ」とみなし，市民が常滑の文化を再確認し，市民生活そのものが本市観光の魅力とするような仕組みづくりを行うとしている．同市は INAX ライブミュージアムを，この「モノ」の代表的施設と位置づけている（常滑市 2017）．

INAX ライブミュージアムは，現在は株式会社 LIXIL が運営する企業博物館である．株式会社 LIXIL は，2011 年に国内の主要な建材・設備機器メーカーである INAX ほかトステム，新日軽，サンウエーブ工業，東洋エクステリアの 5 社が統合して設立された．INAX の起源は 1921 年常滑の陶工で陶管を製造していた伊奈初之丞が創業した匿名組合伊奈製陶所で，初之丞の長男，伊奈長三郎が 1924 年に伊奈製陶株式会社を設立，タイル，陶管，テラコッタの製造を開始した．伊奈長三郎は 1951 年から常滑町長，1954 年に市制移行に伴い常滑市が成立すると初代市長もつとめている．同社は 1945 年に衛生陶器の製造を開始し，1985 年に商号を株式会社イナックスに，2002 年には株式会社 INAX に変更した．2011 年まで株式会社 INAX 本社は常滑市にあり，2011

132　第Ⅱ部　企業博物館の観光資源化プロセス

年の LIXIL 設立に伴い社名はなくなったが，現在も衛生陶器などのブランド
名として「INAX」は使用されている（LIXIL HPa）.

　INAX ライブミュージアムは，1986 年に伊奈製陶からイナックスへの社名
変更を記念して開設された「窯のある広場・資料館」をはじめとする 6 館から
なる施設で，2006 年に全体を「INAX ライブミュージアム」と命名してグラ
ンドオープンした．LIXIL に統合後もブランド名として残る「INAX」をつけ
た「INAX ライブミュージアム」として継続している.

　キャッチフレーズは「やきものの街『常滑』に，ものづくりの心を伝える
ミュージアムがあります.」「土は水を得て形となり，火を通してやきものにな
ります．土とやきものが織りなす多様な世界を，観て，触れて，感じて，学び，
創りだす，体験・体感型ミュージアムです.」である（INAX ライブミュージアム
HP）．ミッションは① 世界の装飾タイル，テラコッタ，古便器など，やきもの
製品を中心とする資・史料の収集，収蔵品の管理・研究・成果の発表，②
「土」と「やきもの」の魅力や，ものづくりの楽しさを伝える，③ LIXIL のや
きものづくりの歴史・背景を伝える，④ 教育支援，⑤ 活動を通じて地域に貢
献する．そしてミッションに基づく活動を通じて，企業価値，ブランド価値の
向上に貢献する，である．キャッチフレーズに「やきものの街『常滑』に」と
あるように，INAX の創業の地，常滑にある博物館という意義を全面に出して
いる．前述のように創業者の伊奈長三郎は常滑市の初代市長でもあることから
常滑市にとって INAX はルーツが一緒で，自治体・企業を超えた一体的な存
在と考えられている．INAX にとっても常滑市は創業の地，会社として育って
きた街としての意識がある.

　同ミュージアムで最初に開館した「窯のある広場・資料館」の所在地はもと
もと INAX 常滑東工場（現・LIXIL 常滑東工場）の隣にあった片岡勝製陶所の工
場で，1921 年から 1971 年まで土管や焼酎瓶，タイルなどのやきもの製品を製
造していた．当時の INAX がこれを購入して整備，1986 年「窯のある広場・
資料館」として開館した．同社の窯でなくとも同社の技術の礎はここにあると
いう象徴であり，場の遺産化がこの時点で行われていた．1997 年には国の登
録有形文化財（建造物）に登録，経済産業省「近代化産業遺産群 33」（2007 年度）
で「23．輸出製品開発や国内需要拡大による中部，近畿，山陰の窯業近代化の

歩みを物語る近代化産業遺産群」に認定されている．2019 年には修復を経て，リニューアルオープンしたが内部では釜炊きの工程を表すプロジェクションや映像，昭和 30 年代の土管製造最盛期の常滑の活気が伝わる写真の常設展示や，常滑の土管づくりの歴史がわかる書籍や資料を展示している（LIXIL 2019）．

　「世界のタイル資料館」ではタイル研究家である故山本正之氏が常滑市に寄贈したコレクション約 6000 点の保存・管理・研究を行い，「建築陶器のはじまり館/テラコッタパーク」では，全国の建造物の装飾に使用されていたテラコッタを収集展示，他にも古便器の収集・保存など建築関連の焼き物資料の収集保存を実施している．「土・どろんこ館」のどろだんごづくり「陶楽工房」モザイクアート，タイル絵付けなどの常設の体験型プログラムのほか，年間の活動としては，企画展を年に 2 本開催，光る泥だんご大会，ゴールデンウィークや夏休みには泥遊びをするワークショップを開催している（INAX ライブミュージアム HP）．

　地域との連携事業としては，常滑の山車 6 台が集まる常滑の春祭りへの会場提供や，伊奈長三郎の命日 10 月 10 日に常滑市と常滑商工会議所が主催する「陶と灯の日」への参加などがある（佐竹 2017 p. 102）．全国からさまざまな分野の専門家を招いたレクチャーで生涯学習の機会提供も行なっている．6 館が建つ敷地内は広場として整備され，敷地内は無料で出入りできるため地域の人が集う憩いの場としての役割も果たしている（同上 p. 99）．2006 年の INAX ライブミュージアムの竣工式の際，当時の常滑市長である石橋誠晃は，来賓として「竣工式ではおめでとうの言葉が普通だが，この建物にはありがとうと言いたい」と語ったという（同上 p. 102）．

　2019 年に NHK 名古屋放送局制作の愛知発地域ドラマとして常滑市の煉瓦職人を主人公とした『黄色い煉瓦〜フランク・ロイド・ライトを騙した男』が放映された際は，資料提供やロケ地使用などで協力した．[20]

4　分析・考察

（1）産業観光政策の下での自治体と企業博物館

　日本における本格的な「産業観光」概念の定着と実践取り組みは，1990年代半ばに，愛知県を中心に始まった．1995年に閣議了承された愛知万博（2005年）誘致を発端に，名古屋商工会議所文化委員会を基盤にした産業観光推進懇談会（AMIC）が発足し，当時の万国博覧会実行委員会事務局をはじめ，国，県・市などの自治体，企業および企業博物館，公立の産業博物館，交通産業や旅行産業が共同して「産業」「モノづくり」を観光資源とするキャンペーンを行なった．全国的には1990年から始まった文化庁による近代化遺産総合調査や，1996年に創設した登録文化財制度で近代化産業遺産が主要対象になり，全国都道府県で近代産業化遺産保存活動や評価が進んだ．この二つの流れを受けて2001年には「産業観光サミット in 愛知・名古屋」が開催され「産業観光」が定義された（本章第2節）.

　国としては2006年に観光立国推進基本法が制定され，観光施策が本格化するなか，2007年の観光立国推進基本計画で観光資源として「産業」が記述され，全国の自治体での観光資源の発見・磨き上げの中で各地の産業がとりあげられていった．2004年には公益社団法人日本観光振興協会に事務局を置く全国産業観光推進協議会が発足し，のちに観光庁の委託事業を実施するなどして全国規模での産業観光の推進を行っている．また経済産業省は2007年度に「近代化産業遺産群33」，2008年度に「近代化産業遺産群続33」を全国の産業遺産に対して認定している．

　愛知県は2008年に愛知県観光振興基本条例を定め，2015年をあいち観光元年として観光局（現・観光コンベンション局）を設置し，本格的な観光施策に取り組んでいる．その中で愛知県は観光資源の二大メインコンテンツを「産業」と「武将」とし，「産業」をとりあげる理由としては基本的には AMIC の考え方を踏襲し，AMIC 加盟の企業博物館をすでに観光資源として所与のものとみなしている．

　半田市は観光資源は「山車」「蔵」「南吉」「赤レンガ」と定めており，「蔵」

「赤レンガ」が産業観光に絡む位置付けである．2011年度に策定した「半田市産業・観光振興計画」のなかで「産業観光の促進」「観光と農商工が連携した取り組みの推進」があげられているように，半田の観光は地場産業，商業と密接に結びついており，代表的企業であるミツカンや国盛などの見学施設が必然的に重要な観光資源として見出された．とくに2010年のミツカンの半田工場閉鎖に伴うミツカン本社地区再整備のなかで半田運河近辺の景観保全がなされ，2015年は象徴的施設としてMIZKAN MUSEUMがオープン，また赤レンガ建物のリニューアルオープン，市役所に観光課も設置されて同市はこの年を「半田市観光元年」としている．

　常滑市は，2005年の中部国際空港開港を機にエアフロント地域の開発が進み，大規模商業施設の相次ぐ開業，中部国際空港の新施設開業などにより，市外からの流入客は急増しているが，それが旧来の市街地の集客に循環しないのが課題である．そこで同市は千年続く伝統産業であり文化庁の日本遺産にも認定されている「常滑焼」を中心とした文化を観光資源の中心に据えている．2016年に策定された常滑市観光振興計画では「モノ」「コト」「ヒト」など集客できる全てのものを指す「トコナメモノ」を中心に据えた観光施策で，市民が常滑の文化を再確認し，市民生活そのものが本市観光の魅力とするような仕組みづくりを行うとしている．この「モノ」の部分でINAXライブミュージアムを常滑を代表する施設として位置付けている．

　企業博物館側からみると，産業観光取り組みはまずAMICの活動が大きな契機であった．トヨタ産業技術記念館，MIZKAN MUSUEM，INAXライブミュージアムとも，AMIC発足以来のメンバー館である[21]．とくにトヨタ産業技術記念館はAMICの理事会的組織である産業観光推進委員会にも参加している．MIZKAN MUSUEMとINAXライブミュージアムはその前身施設時代から，知多半島地域のAMIC加盟館による共同スタンプラリーを実施している．

　加えて，2006年の観光立国推進基本法成立後，愛知県，半田市，常滑市が観光施策を強化する中で，AMIC取り組みですでに注目されていた「産業」が重要な観光資源として明記され，各館が地域の代表的な観光施設として行政の中でも位置付けられている．

　MIZKAN MUSUEMの三つのミッションのうち一つは「知多半島の観光施

136 第Ⅱ部 企業博物館の観光資源化プロセス

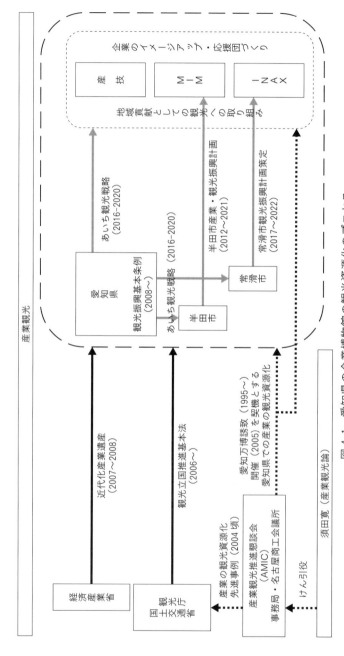

図4-1 愛知県の企業博物館の観光資源化のプロセス

注）産技：トヨタ産業技術記念館　MIM：MIZKAN MUSEUM　INAX：INAX ライブミュージアム
出所）筆者作成。

設として機能する」であり，本社地区再整備と MIZKAN MUSEUM 建設の際，半田運河周辺の「景観」は，市の観光資源の一翼を担うものとして保全をしていくと発信している．トヨタ産業技術記念館は同館の活動そのものが産業観光であるとし，インバウンド客増につれて，同館来館者数も急増している．

　以上をまとめたものが図 4-1 である．

　ただし，3 館とも博物館設置の本来の目的は，企業理念や歴史の紹介，産業の紹介や資料の保存，地域貢献，それに伴う企業イメージの向上であるため，観光は主目的ではなく地域連携や地域貢献の範囲内で自治体や外部団体からの要望に応えていくというスタンスにとどまっている．これは第 3 章第 5 節で示した，自治体と企業の産業観光への姿勢のギャップであり，国や自治体は産業を「観光資源」とみなそうとしているが，企業側は教育目的の「地域貢献」「社会貢献」「広報」と考えているという結果と同様である．

（2）「観光のまなざし」からの「観光の場」の発現

　ここでは，第 1 章第 1 節でとりあげた「観光のまなざし」からの「観光の場」の発現理論を踏まえて，愛知県で成立した，企業博物館の観光資源化プロセスについて考察する．

　企業博物館を設立・運営する企業側ニーズはまず，設置企業のイメージアップや応援団づくり，そのための企業理念や歴史の紹介であり，さらに業界としての人材確保・育成のためのモノづくりの重要性の訴求などである．さらに企業がその地域の代表的な地場産業として位置づけされていることにより，観光，教育普及などでの地域貢献の場としての機能も担っている．トヨタ産業技術記念館や INAX ライブミュージアムは歴史的資料・遺産・建物の保存・公開が開館の契機となっている一方，MIZKAN MUSUEM は本社工場移転に伴う創業の地の景観保全が設立の契機となっている．

　愛知県の「産業観光」の観光プロデューサーは当初は AMIC であり，愛知万博（2005）誘致をきっかけとして「愛知のモノづくり」文化に「観光のまなざし」が向けられた．国の関係部局，愛知県，名古屋市と関係博物館・資料館などがネットワーク化され，企業博物館を含む「産業博物館」が「観光の場」として修正された．のちに 2006 年の観光立国推進法成立により自治体の観光

政策が推進されたとき，愛知県，半田市，常滑市においても「産業」が所与の定着した観光資源として織り込まれており，その主要なコンテンツとして各施設が位置付けられている．

これらの3館では，創業の地や生産拠点の脱工業化や企業体の変化などによる喪失感をノスタルジアに転換する場の遺産化が企業博物館の設立・存続により行われている．文化庁や経済産業省の認定制度もこれを補完している．企業そのものが各地域を代表するブランドとして「地域アイデンティティ」とみなされ，これは開館時や前身施設の館名にはつけられていなかった「社名」がこの3館では途中でつけられたことから読み取れる．

トヨタ産業技術記念館やINAXライブミュージアムでは歴史的資料・遺産が歴史の現代化の中で保存・蓄積されているが，MIZKAN MUSEUMでは，周辺の景観保全とともに観客のまなざしを意識した本物らしく見える復元展示が再構築されていている．

各館とも一定の来場者やメディア露出などのアウトプットがされている．「まなざし」を受けながら「地域へのまなざし」で見返した結果，地域アイデンティティを体現する施設として認知され，観光資源，文化資源，教育資源とみなされ，地域連携や教育普及の取り組みを実施できていることが各館の社会に対するアウトカムであり，それがすなわち，各館のミッションの達成，すなわち企業ニーズの達成に寄与しているといえるだろう．

注
1）本書第3章第1節（1）参照．
2）ただし2019年の調査時点では，2020年に新規加入のヤマザキマザック工作機械博物館を除く15館であった．
3）インタビュー対象・場所・実施日は次の通り．産業観光推進懇談会事務局（名古屋商工会議所内）・名古屋市・2019年8月27日，愛知県観光コンベンション局・名古屋市・2019年6月28日，トヨタ産業技術記念館・名古屋市・2019年7月5日，半田市観光課・半田市・2019年7月23日，MIZKAN MUSEUM・半田市・2019年8月2日，常滑市商業観光課・常滑市・2019年7月5日，INAXライブミュージアム・常滑市・2019年8月2日．ヒアリング対象者は，各組織に本研究の趣旨を説明した上で対応者を選定，1人ないしは複数人に対し各1時間程度，筆者による半構造化インタビューを

第 4 章　愛知県における産業観光ネットワークと企業博物館の観光資源化プロセス　　139

行った．記録は IC レコーダーでの録音とメモである（一部メモのみ）自治体に対する
質問は　① 該当自治体の観光についての現況，課題，② 観光政策の中で産業観光およ
び企業博物館の位置付け，傾向および課題，③ 産業構造の変化とそれに対応した産業
観光のあり方．企業博物館に対する質問は，① 自館にとっての「地域」と「ステーク
ホルダー」の認識，②「観光」「産業観光」視点での取り組み　③ 企業の事業活動の変
化とそれに対応した企業博物館のあり方．

4 ）愛知県の産業観光推進の重要なアクターである産業観光推進懇談会の加盟館は一部岐
阜県も含み，同懇談会および須田は著書（須田・徳田・安村 2002）などの中で対象地
域を「中京圏」と表現している．本書では，調査の対象地域が愛知県であること，また
同懇談会の活動も一部の加盟館以外は愛知県関連の自治体・企業・組織が中心であるこ
とから，対象地域を「愛知県」と表現する．

5 ）その後毎年開催され，2019 年 10 月に第 19 回を大阪で開催．過去の開催地は浜松，鹿
児島，札幌，八戸，北九州，会津若松，富山，富岡，姫路，函館，岡谷，小松，小坂，燕
三条，日田，半田，東京，大阪（東京，大阪は，ツーリズム EXPO ジャパン内で実施）．
現在の主催は全国産業観光推進協議会および公益社団法人日本観光振興協会である．

6 ）1894 年 6 月 11 日生まれ，1952 年 3 月 27 日没．トヨタグループの始祖，豊田佐吉の
長男で，1937 年にトヨタ自動車を創業した．トヨタ自動車の名誉会長豊田章一郎の父
であり現会長豊田章男の祖父である．

7 ）当時の 13 社は次の通り．株式会社豊田自動織機製作所（現・株式会社豊田自動織機），
愛知製鋼株式会社，豊田工機株式会社（現・株式会社ジェイテクト），トヨタ車体株式
会社，豊田通商株式会社，アイシン精機株式会社，日本電装株式会社（現・株式会社デ
ンソー），豊田紡織株式会社（現・トヨタ紡織株式会社），東和不動産株式会社，株式会
社豊田中央研究所，関東自動車株式会社，豊田合成株式会社，トヨタ自動車株式会社

8 ）現在の 17 社は次の通り．株式会社豊田自動織機，トヨタ自動車株式会社，愛知製鋼
株式会社，株式会社ジェイテクト，トヨタ車体株式会社，豊田通商株式会社，株式会社
アイシン，株式会社デンソー，トヨタ紡織株式会社，トヨタ不動産株式会社，株式会社
豊田中央研究所，トヨタ自動車東日本株式会社，豊田合成株式会社，日野自動車株式会
社，ダイハツ工業株式会社，トヨタホーム株式会社，トヨタ自動車九州株式会社

9 ）1913 年 9 月 12 日生まれ，2013 年 9 月 17 日没．豊田佐吉の甥であり，豊田喜一郎の
従弟である．1967 年から 14 年間トヨタ自動車工業の社長をつとめ，工販合併した 1982
年から 1992 年までトヨタ自動車の会長をつとめた．

10）刈谷市歴史博物館企画展「刈谷の近代化と豊田佐吉・喜一郎──準備は出来たカリヤ
は邁進します──」（2019 年 12 月 14 日〜2020 年 2 月 9 日）

11）豊田喜一郎をモデルに TBS 系で放映されたスペシャルドラマ．国産自動車開発に人
生をかけた人々を描き，喜一郎を佐藤浩市が演じた．第一弾が 2014 年 3 月 22 日，23
日，第二弾が『LEADERS II』として 2017 年 3 月 26 日に放映された．

12）新美南吉．半田市生まれの童話作家．代表作に『ごんぎつね』，『手ぶくろを買いに』．

140　第II部　企業博物館の観光資源化プロセス

13) MIZKAN MUSEUM の前身で，日本唯一の酢の総合博物館として，半田運河沿いに1986 年から 2013 年までミツカンが運営していた．工場見学の拠点であった．

14)「五感を刺激するミュージアムスタンプラリー」知多半島およびその近郊の産業博物館・美術館（「INAX ライブミュージアム」，「盛田味の館」，「有松・鳴海絞会館」，「東邦ガス ガスエネルギー館」，「高浜市やきものの里 かわら美術館」，「MIZKAN MUSEUM」，「杉本美術館」：計 7 館）で実施．2019 年は 7 月 13 日から 10 月 31 日まで開催で，INAX ライブミュージアムのワークショップを MIZKAN MUSEUM で実施するなどのコラボレーションも行っている．

15) インタビュー時点では 16 万人を見込んでいたが，新型コロナウイルス感染防止対策で 2020 年 3 月に 1 ヶ月間休館したため 13 万人にとどまった．

16) デスティネーションキャンペーンとは JR グループ旅客 6 社（JR 北海道・JR 東日本・JR 東海・JR 西日本・JR 四国・JR 九州）が指定された自治体や観光事業者と実施する大型キャンペーン．四半期ごとにわけて 4 自治体と実施，愛知県は 2018 年 10 月～12 月に「未来クリエイター愛知～想像を超える旅へ．」をテーマに実施，2017 年にはプレキャンペーン，2019 年にはアフターキャンペーンが行われた．

17) 6 館の名称と開設年は次の通り．「世界のタイル博物館」（1997 年）「窯のある広場・資料館」（1986 年）「建築陶器のはじまり館／テラコッタパーク」（2012 年）「土・どろんこ館」（2006 年）「陶楽工房」（1999 年）「ものづくり工房」（1989 年）

18) 2011 年の統合後，同じく INAX が東京・名古屋・大阪で運営していた文化施設「INAX ギャラリー」は，東京・大阪は「LIXIL ギャラリー」に名称変更し，名古屋は閉廊，文化事業「INAX 出版」は「LIXIL 出版」に名称変更した．その後，LIXIL ギャラリーは閉廊，LIXIL 出版は終了することが 2020 年 5 月に発表された（LIXIL HPb）．

19) 2019 年 11 月 21 日同館にて開催された，産業観光推進懇談会研修会の同館プレゼンスライドで発表．

20) NHK 名古屋放送局の愛知発地域ドラマとして，2019 年 11 月 27 日に NHK BS プレミアムで，2020 年 3 月 13 日には NHK 総合テレビで放映．フランク・ロイド・ライト設計による旧帝国ホテルの外壁を飾った「黄色い煉瓦」の製造に携わった常滑の煉瓦職人たちの実話をドラマ化．主演は安田顕．なお 1923 年に竣工した帝国ホテル旧本館の壁に用いた当時としては珍しい黄色いスダレ煉瓦は，常滑市に設立された専用工場「帝国ホテル煉瓦製作所」で初之丞と長三郎の技術指導のもとで製作され，その後同製作所の設備と従業員は伊奈製陶に引き継がれた．

21) AMIC 発足当時は，MIZKAN MUSEUM はその前身施設「博物館『酢の里』」，INAX ライブミュージアムは当時開業していた「窯のある広場・資料館」として参加．

第 5 章

北九州市における産業の文化資源化と
企業博物館の観光資源化プロセス

1　北九州市の産業の文化資源化と観光資源化プロセスの検討

（1）本章の目的

　本章では，福岡県北九州市における博物館政策，産業観光政策の企業博物館への浸透過程，自治体と企業博物館の相互認識，現場実践取り組みについて，事例研究を行う．北九州市を事例として選択した理由は，2020年に施行された文化観光推進法に基づく拠点計画および地域計画44件の中で「北九州ミュージアムパーク創造事業地域計画」は産業や企業博物館を文化資源としてとらえている点で特徴的であることである（文化庁HPc）．また，2007年に創設された産業観光まちづくり大賞（主催：日本観光振興協会・全国産業観光推進協議会）の過去受賞の地域で，企業博物館や工場見学が重要な観光資源となり，産業観光を契機として自治体や観光団体，企業博物館，公立博物館も含めたネットワークが成立する地域が見られる．名古屋市，浜松市，川崎市，半田市，墨田区などで，この中で北九州市は唯一2回受賞している（日本観光振興協会HP）．

　北九州市は「北九州」というその名自体が，市発足以前から旧五市にまたがる工業地帯を指し，1901年に創業した官営八幡製鐵所を中心として都市圏が形成され，1963年の五市合併につながっている．「産業」が地域アイデンティティとして認知され，1980年代から市で産業に関する博物館設立の動きがあり，企業博物館のあり方にも影響を与えている．このことから本章では，歴史的背景を踏まえて二つのプロセスにわけて検討する必要がある．すなわち，一つは産業が文化資源としてみなされるプロセス，もう一つは観光資源としてみなされるプロセスである．

　そこで文化資源としての産業に関しては，公立の産業博物館あるいは企業博

物館の成立を見るにあたり，第1章第2節でとりあげた文化遺産の社会学の理論である「博物館学的欲望」の援用が，また公立博物館や企業博物館が観光資源とみなされることについては，第4章の愛知事例と同様，第1章第1節でとりあげた観光社会学の理論である「観光のまなざし」「『観光の場』の発現」の援用が適当と考える．

　「産業」を文化資源とみなすまなざしと，観光資源とみなすまなざしの交錯する北九州の事例では，これら「博物館学的欲望」「『観光の場』の発現」を援用し，それぞれのアクターと対象の重なりあいや差異を視角に入れながら考察・分析する．

（2）研究方法と事例選定理由

　調査対象の企業博物館，わかちく史料館，ニッスイパイオニア館，安川電機みらい館，TOTO ミュージアム，ゼンリンミュージアムの5館は，「北九州ミュージアムパーク創造事業地域計画」の中で文化資源として記述されており，設置企業は北九州市が本社，あるいはゆかりの地である地場産業である．また，自治体側として「北九州ミュージアムパーク創造事業地域計画」の中核施設で当市の担当窓口である北九州市立自然史・歴史博物館，北九州市科学館，また，産業観光推進組織である北九州産業観光センター（北九州市，北九州商工会議所，北九州観光コンベンション協会の共同運営）を選択した．調査については公表資料，報道資料，内部資料などの参照に加え，各組織の担当者にインタビューを実施した[1]．

2　北九州市の概況

（1）鉄都から SDGs 先進都市へ

　北九州市は福岡県では福岡市に次ぐ人口第二位[2]の都市であり，明治時代から重工業が盛んで国際貿易の拠点でもあった．とくに 1901 年に設立された官営八幡製鐵所（現・日本製鉄）の存在は大きく，産業集積の中核であった（古賀 2017a p. 197）．最盛期には東田に6基，洞岡に6基あった高炉は 1978 年には停止し，現在，東田第一高炉のみが北九州市指定史跡として保存されている．ま

た，2015 年には同製鐵所旧本事務所などの関連施設を含む「明治日本の産業革命遺産」がユネスコの世界遺産に登録された（日比野 2018 pp. 326-329）．

一方，古くからの工業都市であるがゆえに大気汚染や水質汚濁など深刻な公害が発生していたが，1950 年頃から企業・市民・行政が連携して，これらを克服した．1990 年に UNEP（国連環境計画）から「グローバル 500 賞」を受賞し，1992 年のリオ・サミットでは「国連地方自治体表彰」を受け，環境国際協力にも取り組んでいる．1997 年から「循環型社会づくり」をめざして「北九州エコタウン」事業を推進，2008 年には「低炭素社会づくり」をめざす「環境モデル都市」，2011 年には「環境未来都市」に選定された．2018 年には国から「SDGs 未来都市」に選定され，同年「北九州市 SDGs 未来都市計画」を策定し，都市ブランドの向上，「北九州モデル」の世界発信に取り組んでいる（北九州市企画調整局政策調整課 2018 p. 4）．

鉄都から始まった「ものづくり」の街，そこから引き起こされた公害を克服したという「環境」に取り組む街としてのあり方が，経済活動のみならず，ブランド力向上や地域アイデンティティにも色濃く影響しているのが北九州の特徴である．

（2）北九州市発足と主な政策

① 五市合併以前

江戸時代以前は，旧城下町である小倉を除くとほとんど寒村漁港であった北九州地域は，日清戦争から第二次世界大戦に至るまでの日本の軍事国化，軍需産業の必要性から，政府による近代化，重工業化政策が進められた．若松は筑豊地域からの石炭積み出し港として栄え，小倉は軍都として港湾などの社会基盤整備が行われ，日本最大の陸軍兵器工場も作られた．門司は 1889 年に石炭などの特別輸出港に指定されて外国貿易の輸出港として港湾整備され，1891 年には門司を起点として九州鉄道が熊本まで開通し，1898 年には日本銀行西部支店が開業し，各銀行支店が集結して九州の金融中心地となる．八幡には 1901 年に官営八幡製鐵所が開業し，八幡，戸畑などの周辺に多くの関連企業が進出した．このように，当地域は明治から昭和初期にかけて近代産業都市として地位を確立し，昭和初期には「北九州工業地帯」として日本の四大工業地

域の一つと呼ばれるようになった.

　第二次世界大戦中の空襲で甚大な被害を受けたが，戦後は政府による鉄と石炭の生産強化政策に従い，戦後に民間企業となった八幡製鉄所と筑豊炭田の増産が進められ，1950年の朝鮮動乱の米軍特需により景気は回復した.

　しかしその後，石炭から重油にエネルギー転換が進み，筑豊炭田地帯は一気に衰退した．日本の産業自体も基礎素材産業から石油化学工業や機械加工工業にシフトする．高度経済成長期，全国的には三大都市圏を中心とする太平洋ベルト地帯が形成される中で，「鉄」「石炭」を産業の基軸とする当地域は地位低下が起こり，産業政策は大きく転換を迫られることになった（副島 2001 pp. 1-3）.

②北九州市発足

　北九州市は，門司市・小倉市・若松市・八幡市・戸畑市の五市が合併して1963年2月に発足し，同年4月に全国で6番目の政令指定都市に移行した. 1961年，合併に向けて五市は各市議会で「北九州五市合併促進決議」を行い，次の文案が決議されている.

　　門司，小倉，若松，八幡，戸畑の北九州五市は，人口100万人をようし相互に生産都市としての共通性と都市機能の相似性を有し，地理的，社会的，文化的，経済的にも密接な関係を保っているのみならず，関門海底トンネルの開通，国鉄の電化，高速道路および若戸大橋の建設，さらに五市間の電話の自動即時通話など市民生活圏の拡大にともない，五市住民の生活はすでに一つの都市としての性格をもつに至っており，五市の合併は歴史的必然性を有しているものと考えられる.

　　一方，鉄工業を中心として発達した北九州五市の現況は，近年エネルギー資源の革命，生産様式の変化，大陸貿易の途絶及び技術革新などによってその最盛期をすぎ，停滞のきざしさえみえている状況である．今後これら産業の体質改善と伸長のためには，住宅及び工業用地，用水，港湾，道路，輸送など大規模かつ抜本的な対策を講じ諸産業の発展と住民の福利増進を図る必要がある.

　　このためにも五市が一体となり，行財政能力を結集し，西日本の中心都

市としてふさわしい大都市の実現を念願とするものである（以下略）.

(南 2017 p. 29-30)

この時期に五市合併が実現した理由としては，前述の産業構造変化という課題に各市単独での対応が困難であったこと，またすでに交通・通信施設の充実で五市が生活圏内となっており北九州地域としての一体感が醸成されていたことなどがあげられる.

合併がそもそも産業構造の是正目的であったため，新都市の目的は「産業基盤の整備と生活環境の改善」が二大柱とされた. また五市の対等合併であるということで，めざす都市構造，まちづくりの手法は「多核都市構想」[3]に基づいて進められた.「北九州市建設計画書」[4]でも「北九州市建設の基本として，それぞれの都市形成の歴史を尊重し，特性を活かした多核都市構想に基づいて，都市機能を分化し，個性ある地域開発を進めるものとする」となっており，公共投資は旧市単位で均等に図られた（出口 2017 pp. 3-7）.

③ 北九州市ルネッサンス構想

1987 年に末吉興一が第三代市長に就任し，翌 1988 年に基本構想である「北九州市ルネッサンス構想」を制定した. 21 世紀に向けてめざす都市の方向とそれを実現するための主要政策を定めたもので「水辺と緑とふれあいの"国際テクノロジー都市へ"」を基調テーマとした.「国際化」と「テクノロジー＝高度な（ものづくり）技術」はその後の各種計画においても主要な柱となる. 産業構造の転換を図るために「北九州学術研究都市」の整備などを進め，都市基盤の整備にあたっては「都心（小倉北区小倉駅周辺地区）」「副都心（八幡西区黒崎駅周辺地区）」「地域中心核（市内交通結節機能地区）」に区分して優先順位をつけ，「多核都市」の都市構造からの転換を図ることを明らかにした. 観光政策としては，門司港レトロ地区，小倉城周辺地区，平尾台地区の整備を進めるとともに，特有の観光資源として「産業観光」を推進. また，公害克服の実績や技術を持つ都市として環境配慮型の都市づくりを進めるべく，響灘地区に「北九州エコタウン事業」を展開していた（古賀 2017b pp. 54-59）.

146 第Ⅱ部 企業博物館の観光資源化プロセス

④「元気発進！北九州」プラン

第四代市長（2007年～2023年）の北橋健治は「元気発進！北九州」プランを2008年に策定した．まちづくりの目標「人と文化を育み，世界につながる，環境と技術のまち」を実現するために「まちづくりの4つの基本方針（人づくり，暮らしづくり，産業づくり，都市づくり）」と「北九州ブランドの創造（世界の環境首都，アジアの技術首都）」を掲げていた（同上 pp. 59-68）．

3　北九州市の博物館・文化政策
——「SHINE博物館構想」と近代化遺産——

（1）文化支援主体の変遷

当地域は合併以前から，国内有数の工業地域として銀行や商社，新聞社などが支社や支局を置き，中央や大陸から直接最先端の文化や情報が運ばれる「文化先進地」であった．さらに企業が福利厚生の一環で，社員の文化芸術活動を奨励し，音楽や演劇の演奏会や鑑賞会を招聘するなどの，文化活動の支援が盛んに行なわれていた．合併後は企業活動の停滞と，政令指定都市にふさわしい文化施設の不足を補うためのハード整備の必要性から，文化芸術活動の支援者・先導者としての役割が企業から自治体へ移行していった．この頃には「北九州市は文化の砂漠」と喧伝され，100万都市にふさわしい「文化面での社会資本」の充実が主張され，美術館（1974年），歴史博物館（1980年），自然史博物館（1981年），児童文化科学館（1982年）考古博物館（1983年）などの施設が計画・整備されていった（今川 2018 pp. 4-19）．

（2）SHINE博物館構想

1996年10月，有馬朗人東大元総長を委員長とする東田地区文化施設整備構想検討委員会が「SHINE博物館構想」を提言した．東田地区は八幡製鉄所の工場移転による広大な遊休地に，1990年にテーマパークであるスペースワールドが開園していた．1996年には東田第一高炉が市の史跡に認定されている．（伊藤 2017 p. 516）．

前述のように各博物館は整備されていったものの，多核都市の方針として各

施設が分散し，規模も小さいものも多かったため，学校教育や生涯学習の拠点として博物館群の複合的整備が望まれた．東田地区は近隣にスペースワールドがあり，交通の便もよく，文化観光拠点としての利点があった．また東田第一高炉は北九州の産業発展のシンボルであり，その実地見学と博物館展示の相乗効果も期待された．これらのことから東田での博物館群整備は，「文化都市北九州市」をアピールし，市民の誇りとなり得る文化施設であると提言されている．同構想では，「21 世紀の人と地球環境の調和を考えること」として，環境を共通テーマに，自然史，産業科学，歴史，環境の四つの博物館群を段階的に整備するという計画が提案された（東田地区文化施設整備構想検討委員会 1996 pp. 1-10）．これに従い，東田地区はミューズパークとして整備され，2002 年に従来あった自然史，歴史，考古の博物館を統合した自然史・歴史博物館と環境ミュージアムが開館した．この 2 館は官営八幡製鐵所創立 100 周年で開催された 2001 年の北九州博覧祭ではパビリオンとして使用された後，博物館としてオープンした．また，2007 年には北九州産業保存継承センター（北九州イノベーション・ギャラリー）が開館した．

（3）北九州イノベーションギャラリーの設立

市では 1987 年頃から，地域に残る鉄鋼関係の産業遺産をベースにした鉄鋼文明史館構想があり，1993 年ごろには，官営八幡製鐵所の旧本事務所に新日本製鐵（当時）の遺産をまとめた博物館的なものを作る動きが企業側でもあったが，それらは 1996 年の SHINE 博物館構想中での産業科学博物館の提案にまとめられた（吉森 2007 p. 20）．

SHINE 博物館構想の中では，産業科学博物館のあり方について次のように述べられている．

　　日本の近代化を支えた北九州の産業・技術の歴史的な遺産を次世代に継承するとともに，企業等の研究開発の歴史や最新の動向を紹介し，産業や科学技術の将来を考える全国的な情報センターをめざすことを目的とする．
　　産業の歴史を紹介する「産業史博物館」的要素と将来の産業を考える「未来産業博物館」的要素，その基盤となる科学技術を学習する「科学技

148 第Ⅱ部 企業博物館の観光資源化プロセス

術館」的要素を一体とするとともに，子供から大人まで科学に親しみ，遊ぶことなどを通じて，「科学する心」を育む博物館をめざす．

そのほか「モノの展示のみを視野に入れた資料収集ではなく，文献，映像，証言等の資料の収集，保存・展示を充実させることが重要となる」とあるように，産業科学の実物展示の常設展示と収集を行う「産業史博物館」的要素が前提とされていた（東田地区文化施設整備構想検討委員会 1996 pp. 11-14）．

1999 年から始まった産業科学博物館の検討では日本の文化や北九州という地域性が出せる技術，技術革新をテーマとした研究施設として整備すべきとの結論となっている（吉森 2007 p. 20）．末吉市長はこれを「北九州産業技術博物館」として国立産業技術史ナショナルセンターのサテライトにしたいと述べている（末吉 2001 pp. 31-40）．この準備のため市内の主に企業所有の産業遺産を対象にした市独自の調査が行われ，2 冊の報告書にまとめられている（市原 2016 p. 2）．市は国からの支援を期待したが，文部科学省および経済産業省から補助はできないとの回答を受けて，市単独での設立とすべく，計画の方向転換がなされた．この時点で，産業遺産の収集保存・展示は，研究者や収集保存にかかわる専門家の確保や人件費，収集保存・維持にかかる費用など，事業費と維持管理・運営コストの点から難しく，収蔵品を持たない館とするとの方向性となった．産業遺産については，従来通り企業に保管，可能ならば空きスペースに展示するよう依頼したという（吉森 2012 pp. 30-31）．

このような経緯で，SHINE 博物館構想の「産業科学」に当たる館として2007 年に開館したのが，北九州産業技術保存継承センター（通称：北九州イノベーションギャラリー）である．同ギャラリーは活動目的として① 人材活用・育成，② 産業技術の保存継承，③ 技術革新（イノベーション）の機会創出を図ることとし，活動内容は① 教育普及，② 調査研究，③ 展示，資料収集公開，④ 情報サービス，である．展示は常設の年表ギャラリーと企画展で，産業科学の実物の常設展示や収集はされていない．活動方針としては最初に「地域において培われた産業技術とその心を継承する」とあり，北九州の産業技術の保存・継承と，世界遺産の展示などを通して「北九州」への誇りとものづくりへの興味につなげるとしている，また「イノベーター育成」のため産官学の技術交流

の場を提供するとしている（北九州イノベーションギャラリー 2019 pp. 1-2）.

その後同ギャラリーは，2022 年 4 月開館の新科学館に統合されることになり，2021 年 3 月に閉館し，新科学館の分館「スペース LABO ANNEX」としてリニューアルされた（北九州市子ども家庭局 2022a）.

（4）近代化遺産と世界遺産

産業遺産・近代化遺産については，1990 年の文化庁「近代化遺産総合調査」や，1993 年に重要文化財に近代化遺産が加えられたこと，さらに経済産業省が 2007 年と 2008 年に「近代化産業遺産群 33」「近代化産業遺産群続 33」を定めて，全国で保存活用の制度が整備されてきた. 北九州市内でも門司港駅，旧門司三井倶楽部などが国の重要文化財に指定されている.「近代化産業遺産」には，「鉄鋼の国産化に向けた近代製鉄業発展の歩みを物語る近代化遺産産業遺産群」など，9 件の遺産群に八幡製鉄所をはじめとする市内の多くの産業遺産が登録されている. さらにユネスコの世界遺産に，2014 年の「富岡製糸場と絹産業遺産群」に引き続き，2015 年「明治日本の産業革命遺産」が登録されると近代化遺産への注目と関心が一層高まった（日比野 2018 pp. 323-328）.

「明治日本の産業革命遺産　製鉄・製鋼，造船，石炭産業」は，日本が西洋技術の積極的な導入をもとに日本の伝統技術と融合しながら「製鉄・製鋼」「造船」「石炭」産業を基盤にした急速な産業化を成し遂げた歴史関連の産業遺産群で，8 県 11 市の 23 資産から構成される. 官営八幡製鐵所関連では北九州市八幡東田地区の旧本事務所（1899 年），修繕工場（1900 年），旧鍛冶工場（1900年），中間市の遠賀川水源地ポンプ室（1910 年），が含まれている. 八幡製鉄所内にある 3 資産は現在も操業中の製鉄所構内にあるため一般には公開されておらず，2014 年に北九州市が設置した旧本事務所眺望スペースからの見学のみが可能である（北九州市世界遺産課）.

一方，「1901」と官営八幡製鐵所創業年を掲げる「東田第一高炉跡」は北九州市指定文化財（史跡）である. 八幡東田地区では 1972 年高炉の火が消えた後，高炉群があった一帯が「東田高炉記念広場」として整備された. 最盛期には東田に 6 基あった高炉は 1962 年から 1972 年まで操業していた東田第一高炉のみが残された. その後，新日本製鐵（当時）が高炉を取り壊す方針があることが

明らかになり，地元住民や建築・土木学会中心に反対運動が起こった．1993年の「八幡東田地区周辺開発計画策定委員会」の基本計画で「産業都市北九州発祥の地としての歴史性」が浮上して，1994年に市に移管，1996年に市の史跡に指定された．2000年の北九州博覧祭の象徴的存在として歴史的価値が見直されたのである．しかし建造物としてではなく，官営八幡製鐵所の1901年の創業の地であるという「史跡」としての価値が指定の対象であったため，給水塔などの産業技術を伝える施設は撤去され，モニュメントとしての保存となっている（日比野 2018 pp.326-328）．

4　北九州市の産業観光と博物館

（1）北九州市の産業観光

　2014年に策定された「北九州市観光振興プラン」では，観光振興に取り組む根本的な考え方として「歴史と文化のある五つの伝統を活かした観光テーマづくり」としてキーワードに産業観光，近代化産業遺産，環境観光，サブカルチャーをあげている．六つの戦略としては①北九州市＝観光都市としてのブランディング，②北九州市ならではの地域資源の観光資源化，③セールスプロモーション戦略，④おもてなしの充実，⑤MICE戦略，⑥インバウンド戦略，とある．

　「②北九州市ならではの地域資源の観光資源化」のアクションプランは，「近代化産業遺産やサブカルチャー観光など新規観光テーマの育成」として2014年の世界遺産登録を念頭においた近代化遺産群の観光資源化，「産業観光・環境観光など本市ならではの特徴的な観光テーマの磨き上げ」として産業観光を身近に体験できる環境を整備し，「今後建設される安川電機の『ロボット村』や歴史資料館やショールーム等を集約したTOTOの『新複合施設（仮称）』との連携についても検討」とあり，その他工場見学，環境観光についても言及されている（北九州市産業経済局 2014）．

　北九州市が「産業観光」に本格的に取り組み始めたのは1988年の「北九州市ルネッサンス構想」の中に産業観光の振興が盛り込まれてからであり（須藤 2017 p.446-447），産業観光に関する集計を始めた1989年度の協力事業所数は

21 事業所で，見学者数は約 12 万人であった（北九州市経済文化局 2007 pp. 60-61）．
2021 年 2 月時点の協力事業者数は 59 事業所，2018 年の見学者数は約 57 万人[6]
である．現在，市は産業観光の 4 本の柱と特徴を，「工場見学・企業博物館：[7]
50ヶ所以上の協力事業所で工場や企業博物館を見学できる」「産業遺産（世界遺産）：世界遺産をはじめ歴史的価値の高い産業遺産が点在している」「工場夜[8]
景：多様で迫力ある工場夜景をクルーズなどで気軽に鑑賞できる」「環境観[9]
光：公害克服の歴史から，最先端の環境関連産業まで見て学べる」としている
（北九州産業観光センター 2021）．

　工場見学は北九州地域での歴史は古く，1901 年の官営八幡製鐵所の創業以来毎年続いている「起業祭」で工場の一般公開を実施していた．地元住民だけでなく西日本一帯から参加者がいたという（須藤 2017 p. 475）．第二次世界大戦後の復興期には修学旅行などに工場見学がとり入れられるようになり 1958 年には修学旅行が国の学習指導要領に入れられたことから，北九州地域はさらに多くの工場見学の受け入れを行った（伊藤 2014 p. 3）．1956 年に文部省が発行した『修学旅行の手引き』では，小倉市・戸畑市・八幡市・若松市の観光地として「北九州工業地帯」があげられている．観光地としては自然や温泉や国立公園，寺社仏閣などが大半を占める中，「工業地帯」があげられているのは，この 4 市と，福岡県大牟田市の三池炭鉱工業地帯だけである（文部省 1956 p. 131）．

　しかし 1970 年代には，とくに本社を首都圏におく大企業の生産工場の相次ぐ撤退により，協力企業も減少し工場見学も低調となっていた．重工業からサービス産業へと産業構造変化を図るべく，市は「ルネッサンス構想」の一環で 1990 年に観光拠点として門司港レトロ地区を整備した．また同年には八幡東田地区に八幡製鉄所遊休地を活用した，新日本製鐵（当時），北九州市などの第三セクターによるテーマパーク「スペースワールド」が開園している（伊藤 2014 pp. 5）．

　スペースワールドの開園は市の産業観光発展にも寄与した．スペースワールドと産業観光協力事務所を組み合わせた「体験・学習型」のコースを設定し，学校や旅行代理店への誘致活動を行い，小・中学生を中心とした修学旅行生が増加した（北九州市経済文化局 2007 p. 61）．しかし，2018 年 1 月にスペースワー

ルドが閉園したことから，修学旅行生は激減（2017 年 14.9 万人／2018 年 5.7 万人），八幡東田地区（同 252 万人／72 万人　＊延べ人数）のみならず市全体の観光客数（同 2532 万人／2319 万人　＊延べ人数）にも影響している．一方，産業観光の集客数（同 57.8 万人／57.4 万人）への影響は数字上はさほど大きくはない（北九州市産業経済局 2021）．

（2）北九州産業観光センターの取り組み

　全国的には 2004 年に全国産業観光推進協議会が発足し，観光庁の委託事業を実施するなどして産業観光の推進を行っている．2007 年の「観光立国推進基本計画」では観光資源として「産業」が記述された．それに先立つ 2001 年に名古屋市の産業技術記念館で「産業観光サミット in 愛知・名古屋」が実施された．このサミットは翌年より「全国産業観光フォーラム」と改称し，国内の産業観光推進地域で開催されている（須田 2002 pp. 62-69）．このフォーラムで毎年表彰される産業観光まちづくり大賞（主催：日本観光振興協会）で 2009 年に北九州市は第三回金賞に選ばれた．工場見学を中心とした産業観光の取り組みが評価されたものである（日本観光振興協会 HP）．

　2014 年には北九州市，北九州商工会議所，北九州観光コンベンション協会の産業観光に関する部署が参加した「北九州産業観光センター」が設立された．産業観光客の誘致促進をめざし，窓口業務や観光素材の提供などを行っている．2010 年，北九州商工会議所の第八代会頭に安川電機の利島康司会長が就任し，「産業観光」を推進することを提案した（岡田 2017 p. 559）ことから同年，同会議所を中心に「産業観光推進委員会」が発足，2011 年に同会議所に「産業観光推進室」を設置，2014 年に同センターがスタートした．取り組みとしては産業観光ホームページでの情報発信，産業観光ガイドなどの要請・活用，工場夜景の磨き上げ，PR，産業観光ツアーの実施，その他 PR や視察などの受け入れ，協力事務所の意見交換会開催や新規開拓，統計取りまとめやセールスツールの制作を行っている．

　これらの取り組みに対し，2014 年には全国商工会議所から「きらり輝き観光振興大賞」を，同年日本観光振興協会から北九州市としては 2 回目の「産業観光まちづくり大賞金賞」を，2018 年には「第 10 回官公庁長官表彰」を受賞

している（北九州産業観光センター 2021）．「産業観光まちづくり大賞」では，行政・商工会議所・観光協会が連携して発足させたワンストップ型のセンターを設立したこと，工場を観光資源として，工場夜景ツアーを始め「着地型」の産業観光ツアーとして成立させていること，官民一体で公害を克服した環境未来都市として，環境関連産業をコアとした環境教育への取り組みなどが評価されている（日本観光振興協会 HP）．

　同センターによれば，従来，商工会議所には他地域の商工会議所やその会員企業から，観光協会には一般客から，北九州市の観光部署には修学旅行で，北九州市内の企業への視察問い合わせが入っていた．これらを取りまとめてワンストップ窓口を作る必要性からセンターが設立され，発信・受入を行っているのが最大の特徴だという．また企業に近い商工会議所が入っていることにより，見学の協力事業所開拓にも強みが発揮できている．近年充実してきた企業博物館に関しては，工場見学と比べて対象者や人数，時間などの条件が幅広いこと，2020 年来のコロナ禍で工場見学停止の企業が多い中，博物館系は比較的オープンしているという点で，産業観光に寄与しているという[10]．

（3）博物館を中核拠点とした文化観光計画
①「文化観光推進法」と「北九州ミュージアムパーク創造事業地域計画」

　2020 年に認定された「北九州ミュージアムパーク創造事業地域計画——東田エリアを中核とする『文化×産業×観光』——」は，「東田ミュージアムパーク実行委員会」（北九州市，一般社団法人日本旅行業協会九州支部，公益財団法人北九州観光コンベンション協会他で構成し，事務局は北九州市）が協議会として全体の調整，進捗を行う．計画期間は 2020 年度から 24 年度までの 5 年間である．計画区域は北九州市全体で，東田地区をコアエリアとし，中核文化観光拠点施設は，北九州市立自然史・歴史博物館（愛称：いのちのたび博物館）と，2022 年 4 月開館の北九州市科学館（愛称：スペース LABO）である．中核館以外の文化資源としては，環境ミュージアムなどの市立博物館・美術館，東田第一高炉跡や官営八幡製鐵所旧本事務所などの産業遺産のほか市内にある五つの企業博物館など，13 件が含まれている．地域文化観光推進事業としては① 文化資源の魅力の増進，② 文化観光に関する利便の増進，③ 飲食，販売，宿泊などとの連携の促

進，④ 国内外への宣伝，⑤ 施設又は設備の整備，となっている（文化庁 2020）.

　八幡東田地区では 1990 年に開園したスペースワールドが，新日本製鐵（当時）が中心となり北九州市も参加した第三セクター株式会社スペースワールドにより運営されていたが 2005 年に経営破綻し，加森観光に営業譲渡され，2018 年 1 月に閉園となった．同年 2 月，すでに隣接するイオンモールが拡張し，アウトレットとエンターテイメントエリアとなる計画が発表され（朝日新聞 2018 年 2 月 19 日），市の新科学館が併設される（朝日新聞 2019 年 2 月 7 日）「ジアウトレット北九州」として 2022 年 4 月にオープンすることになった（イオンモール 2022）.

　2018 年の文化庁「地域の美術館・歴史博物館クラスター形成支援事業」では，東田地区の文化施設を中核施設群とした「東田地区（八幡東区）ミュージアムパーク創造事業」が採択され，地域一体となって来場者を増加させる取り組みが始まっていた（文化庁 2018）.「北九州ミュージアムパーク創造事業地域計画」はこの時組織された「東田ミュージアムパーク実行委員会」が引き続き計画の主体となっている.

　当計画の担当者で，中核館の自然史・歴史博物館の歴史課長である日比野は，あくまでも私見ではあるが，当計画には SHINE 博物館構想との関連性が見出されると述べている．自然史，産業科学，歴史，環境の四つの博物館を東田地区に整備するという構想から，自然史と歴史は一つの博物館となったが，学芸員数，動員数，調査研究も含めて，他施設に比べ規模が大きい．他方，環境ミュージアムは学芸員が配置されておらず，産業科学の館にあたる北九州イノベーションギャラリーは収蔵品・学芸機能がない．産業科学博物館が存在すれば，世界遺産認定の動きの中で官営八幡製鐵所史料の取り扱い，情報発信，観光などの拠点として機能していた可能性はある．また，北九州の企業博物館はそれぞれ近年に開館しているが，それは産業科学博物館が成立しなかったがゆえに開館が促された可能性もある．「北九州ミュージアムパーク創造事業地域計画」の地域計画は当初，東田ミュージアムパークをもとに考えていたが，東田地区をコアエリアとして市全体で策定することになった．その際，産業都市としての歴史・蓄積に着目し，「文化，産業，観光」が相乗りしてミュージアムパークを構築することになった．SHINE 博物館構想の 4 館で実現しようと

していたことを追求していこうとしているのがこのミュージアムパークであり，企業博物館群は産業科学博物館の要素として機能しているともいえるのではないか，と日比野は指摘する.[11]

②北九州市科学館「スペース LABO」

「北九州ミュージアムパーク創造事業地域計画」の中核文化観光拠点施設の一つである北九州市科学館は 2022 年 4 月に開館した．1960 年に現・八幡東区の桃園公園内に開設された八幡市立児童文化センターを引き継いだ北九州市立児童文化科学館は近年，建物の老朽化と展示の更新が課題となっていた．建替・移転が検討される中，公共交通の利便性が高く，自然史・歴史博物館や北九州イノベーションギャラリー，スペースワールド跡のイオンモール新施設などとの相乗効果も期待されるとして東田地区が選ばれ，来客の相乗効果や民活の導入が有利であるとのことでイオンモール新施設の中に設置されることになった．イオンモールが躯体を建築して市が有償で賃借し，内装，電気・機械設備，展示などは市が整備する事業スキームとなっている.

事業概要は「教育・人材育成の側面」と「地域活性化・集客の側面」から描かれている．「教育・人材育成の側面」からは，「来館者が科学に興味を持つ」ことにより「科学への理解促進」「技術系の人材育成」がなされ「理系高度人材の育成・地元企業への定着」がなされるというものである．「地域活性化・集客の側面」からは「地元企業や大学等の認知度がアップ」「国内外の旅行客が増加」し，「持続的な賑わい創出」「市民と産学官の交流による活発な活動」が拡がり「国内有数の産業都市であることへのシビックプライドの醸成」「海外からも観光客が訪れるグローバル都市への発展」がなされるというものである（北九州市子ども家庭局 2019）.

新科学館のテーマは「科学や技術への興味・関心を高め，北九州市の未来を担う人材を育む，賑わいを創出する科学館」である．子どもを中心とする全世代をターゲットとしながら国内外からの観光客や修学旅行生を呼び込むことをねらいとし，地元企業や大学との連携，自然史・歴史博物館とも連携する．北九州イノベーションギャラリーは新科学館に統合し，展示機能は新科学館に集約し，教育普及活動に特化する．施設内容としては，国内最大級の最先端のプ

ラネタリウム，天体観測ドーム・大型天体望遠鏡，大型竜巻発生装置などの訴求力のある施設，また地元の企業や大学の技術・研究内容やスペースワールドから継承した「月の石」などの資料も展示する.

新科学館の愛称は「スペースLABO」で，約1500件の公募により選定した三つの候補から市内の小・中・特別支援学校の児童生徒約6万人による投票で決定され，「スペースLABO」は約半数の得票であった. 宇宙や，スペースワールドの跡地であることを意味する「スペース」と，実験室を意味する「LABO」を組み合わせている. なお，新科学館が建設されるのは，スペースワールドの中でもそのシンボルであった，スペースシャトルの実物大模型があったエリアとなる（遠藤 2021）.

常設展示は「北九州市ポータル」「くらしの科学と科学の基礎」「宇宙の科学」から構成される.「北九州市ポータル」は，壁面映像でインタラクティブな体験をしながら，北九州の科学技術やものづくりの歴史，ゼロカーボンなどの先進的な取り組みなどの情報を提供する「北九州ウォール」，SDGs の取り組み紹介，北九州市に関連が深い自然災害発生のメカニズムの解説などから，北九州市の産業，まちと科学をつなぐフロアとなっている（北九州市子ども家庭局 2021）. また，市内の企業15社が協力社として展示品の監修や制作，施設装飾や素材の提供を行っている（北九州市子ども家庭局 2022b）.

同館担当者によると，新科学館の構想は市が抱える課題がベースにある. 北九州市のものづくりが素材型の産業，B to B の商材が多く，会社の知名度に比べ製品の使われ方が一般に知られていないこと，市外での就職を選ぶ学生が多くその年齢層で人口が減少する傾向があること，さらに産業構造の転換などによる事業所移転などにより流出・減少が続いて少子高齢化が進んでいること，スペースワールドの撤退により市外からの修学旅行の動員数を始め交流人口が減少していること，都市イメージや賑わい，観光という面では九州では突出している福岡市が近距離にあることで北九州市の強みをより打ち出していく必要があることなどである. 新科学館では地元企業や大学に展示協力をしながらそれらの活動を紹介し，地元の産業や技術に関する興味関心を高めるポータルとして機能することで，市内の各施設への誘導を図る. また，体感・体験型の展示や最先端プラネタリウムの導入で幅広い層への訴求力を高め，アウトレット

との相乗効果と合わせて，街の賑わいや交流人口の増加を見込んでいる．前身の児童文化科学館が果たしていた社会教育施設としての機能に加え，北九州イノベーションギャラリーが担っていた地元の産業技術の伝承・情報発信と，スペースワールドが担っていた集客力のある観光資源としての役割も担っていくというものである．[13]

5　企業博物館の設立経緯・取り組みと観光へのスタンス

（1）概要

　本章では「北九州ミュージアムパーク創造事業地域計画」に文化資源として掲載されている五つの企業博物館，わかちく史料館，ニッスイパイオニア館，安川電機みらい館，TOTO ミュージアム，ゼンリンミュージアムの 5 館について，各企業の概要，博物館設立経緯や活動，観光へのスタンスなどを記述する．なおニッスイパイオニア館は 2023 年 3 月に閉館となったが，調査時には稼働していたため，そのまま事例として掲載する．

　日本での企業博物館の設立は 1980 年代から 90 年代にピークをむかえているが，北九州市のこれら企業博物館は大半が 2000 年代以降の開館で，比較的歴史が新しい．2013 年に自然史・歴史博物館で開催された北九州市市制 50 周年記念特別展「北九州市の宝もの」の 4 章「ものつくりの技と心」では，市内で歴史資料や資料館を持つ企業として，若築建設，新日鐵住金（当時），出光興産，TOTO，安川電機，日本水産，ゼンリンをとりあげている（北九州市立自然史・歴史博物館 2013 pp. 55-62）．2015 年に安川電機みらい館が開館，TOTO が 2015 年，ゼンリンは 2020 年に前身の資料館からミュージアムにリニューアルしたことなどから現在，同市の企業博物館に注目が集まった．2012 年に発足した「北九州地区企業博物館ネットワーク」[14] はわかちく資料館，ゼンリン地図の資料館（ゼンリンミュージアムの前身），ニッスイパイオニア館，TOTO ミュージアム，安川電機みらい館の 5 館と北九州イノベーションギャラリーが加盟している．北九州市で発祥，発展を遂げてきた企業直営の博物館が連携し，企業固有の歴史や文化，技術や成果などについて情報発信することが目的で，リーフレットやポスターを共同制作し配布するなどの広報や集客，普及事業の実施，

158 第Ⅱ部　企業博物館の観光資源化プロセス

情報交換・研鑽などを実施している（北九州地区企業博物館ネットワーク）．「北九州ミュージアムパーク創造事業地域計画」にはこれら5館が参加している．以下，現在の館の設立年順に記述する．

（2）わかちく史料館──北九州の産業揺籃の地，若松の歴史を後世に伝える

開館：1997年　所在地：若松区

　若築建設は筑豊炭田で採掘される石炭などを輸送するため，洞海湾・若松港を改良し，石炭の積出港としてとして開発・運営することを目的に1890年「若松築港会社」として現在の若松区に創立された（若築建設 2021 p.3）．福岡県の許可を受けて民間主導の築港工事を手がけ，安川財閥の創始者安川敬一郎をはじめとする地元や東京・大阪の著名な資本家の支援，資金援助や国の補助金を受けて港は整備されていった．渋沢栄一も相談役に就任している．のちに若松築港の会長となった安川は，官営八幡製鐵所の誘致にも大きな役割を果たした．洞海湾の整備が北九州工業地帯の形成に大きく貢献したのである．しかし昭和30年代に石炭から石油に産業エネルギーが変換していくと，若松港は積出港としての役割を終えていった（北九州市若松区役所 2016 pp.6-8）．

　一方，若松築港は1938年に洞海湾開発事業が福岡県に移管されたのを機に，他地域の官庁や民間企業の港湾工事請負業を始めた．第二次世界大戦後には，東京湾周辺の大型工事に参画するなど全国展開し，1965年に「若築建設」と商号を変更した．現在の本社は東京で，事業内容は海洋土木，陸上土木，建築などで海外にも展開し，2020年5月には創業130周年をむかえている（若築建設 2021 p.3-5）．なお2019年に同社と北九州市が協同申請し，日本の経済発展を支えた洞海湾・若松港の築港にかかわる6施設「若松港築港関連施設群」が選奨土木遺産[15]（土木学会）に認定されている（若築建設 2021 p.34）．

　「わかちく史料館」は，1997年3月に同社若松本店が建て替えられた際に同ビル内に開館した（若築建設 2021 p.4）．開館の趣旨は，明治23年に若松で生まれた若築建設株式会社が明治から長きにわたり地域の皆様にお世話になったことの感謝と洞海湾のなりたち，若松の歴史を後世に伝えたい，というものである（わかちく史料館）．展示内容は「洞海湾の歴史」「若築の歴史」「若松の歴史」で構成され，「若松と共に歩んできた若築建設の軌跡をたどりながら，洞

海湾の開発事業を中心とした，若松の歴史や石炭の集散に携わった人々の暮らしに触れる」もので，資料や写真，映像，模型などが紹介されている．地元若松の市民から寄せられた写真などの資料の展示も行なっている（若築建設 HP）．また，「若松築港」時代の 1051 点の文書記録や，1741 枚の建築図面などの貴重な資料が所蔵されている（北九州市立自然史・歴史博物館 2013 p. 56）．現在も明治・大正・昭和の洞海湾に関する資料，写真，図書を収集しており，一般にも寄贈協力を呼びかけている．入館料は無料である（わかちく史料館）．

　同館によれば，同館設立の経緯は社名の浸透とイメージ向上のための情報発信強化である．1990 年にむかえた創立 100 周年事業の一環として，準備期間を経て若松本店に開館した．

　主な活動目的は教育普及であり，地元の小中学校や高校，大学の学習利用，地域住民や高齢者施設への地域貢献，地元企業新入社員研修，ガイドボランティア研修を行なっている．

　また，開館当初は地域住民に，若松や洞海湾の歴史に触れ，かつての若松の様子や賑わいを懐かしんでいただくことが目的だったが，2015 年に官営八幡製鐵所が「明治日本の産業革命遺産」の構成資産になったことから，展示に反映するとともに，福岡県や北九州市の世界遺産課と連携を始めた．選奨土木遺産「若松港築港関連施設群」も展示に反映し，北九州市との連携ツアーなどの取り組みも行なっている．

　館としての「地域」ととらえているのは北九州市，とくに地元若松地区である．郷土の歴史・成り立ちを学ぶことで，生まれた土地に誇りを持ってもらうことが狙いである．

　産業観光に関しては，北九州産業観光センターや旅行会社からの受け入れを行なっている．観光向けに特化したプログラムはないが希望者や団体向けにはスタッフによる展示説明を行なっている．スペースワールドが閉園してからは，他の地域からの修学旅行が激減している．修学旅行はじめ観光は，時間調整的な使われ方をされている面はあるが，それも社会貢献の一つととらえている．「北九州ミュージアムパーク創造計画」については地域活性化に繋がるととらえている[16]．

160 第Ⅱ部 企業博物館の観光資源化プロセス

（3）ニッスイパイオニア館──戸畑を拠点とする遠洋漁業や水産事業の伝承

開館：2011 年（閉館：2023 年） 所在地：戸畑区

日本水産（以下，ニッスイ）の歴史は，1911 年，下関で創業された「田村汽船漁業部」がトロール漁業を開始したことに始まる．「田村汽船漁業部」は 1917年に「共同漁業株式会社」に合併された（日本水産 2022）．1926 年に戸畑町（当時）は洞海湾一文字海岸に産業育成誘致のため埋立地を完成させ，戸畑鋳物の関係で縁のあった，後の日産コンツェルン創始者で日本産業社長となる鮎川義介にその活用法を相談し，近代的漁港を整備することになった．そして鮎川の親戚で共同漁業の国司浩助が戸畑への移転を実行した（橋本 2020 p. 91）．

1929 年に戸畑に戸畑冷蔵ができ，1930 年に漁業の根拠地が下関から戸畑に完全移転された．当時の同社の本店は神戸にあったが，戸畑は 1990 年代前半まで長らく遠洋漁業の拠点であり，その後も戸畑工場が加工食品の生産拠点として稼働している．同工場では 1957 年にフィッシュソーセージの本格的生産を開始した（日本水産 2022）．

1936 年には共同ビルディング（共同漁業戸畑営業所新館）が完成，1933 年に同社が開設した戸畑無線局もここに移転し，1996 年まで使われていた（加島 2014 p. 23）．1937 年には社名を日本水産株式会社と改称した．1977 年にアメリカや旧ソ連が 200 海里水域を設定したことなどにより日本全体で遠洋漁業が縮小し，同社も 1990 年代に遠洋漁業から撤退，現在の事業内容は水産事業，食品事業のほか，ファインケミカル事業，物流事業などとなっている（日本水産 2021 p. 1）．

共同ビルディングは日本水産に改称してからは「日本水産ビル」，現在は「ニッスイ戸畑ビル」と呼ばれている．2009 年には「日本水産ビルとその周辺」が第五回北九州市都市景観賞受賞のまちなみ部門を受賞している．受賞理由は「戸畑渡場のすぐ側に位置する日本水産（株）戸畑支社は，洞海湾に面して建っており，屋上の社名とマークも建物と一体化して周辺の景観に溶け込んでいる．前面の船だまりの小型漁船，洞海湾にそびえる真紅の若戸大橋の勇姿は，レトロな建築と対比して圧巻である．」というものである（北九州市建築都市局 2019）．

「ニッスイパイオニア館」は，2011 年に会社創立 100 周年事業として，このニッスイ戸畑ビル内に開館した．「水産資源から多様な価値を創造してきた，

ニッスイの過去・現在・未来がここにある.」をキャッチコピーとし,世界の人々と手を携え水産資源から多様な価値を創造することで社会に貢献してきた,その企業姿勢とその基盤となる創業の理念を未来に伝えていくために,同館を開設した(ニッスイパイオニア館HP).

展示は,日本の水産業を支えてきたニッスイの100年をひもとく「歴史展示室」,現在のニッスイの事業を紹介する「事業展示室」,ニッスイの事業を支えた船舶・漁具の模型を展示する「船の展示室」から構成され,その他ニッスイが収集してきた資料を公開する「ライブラリー」,映像資料が視聴できる「視聴覚室」がある.入館料は無料である(ニッスイパイオニア館　リーフレット).

同館によれば,同館設立のきっかけは創立100周年に向けて社史を編纂する際に収集した資料を保存・継承するということがあった.また,ニッスイ戸畑ビルは,地域にとってのシンボル的な存在であり,以前はここで,廃船になった船から無線装置やレーザーの器具などを取り出して,模型や写真などと一緒に,社員の手作りの子ども向け展示を行なっていたこともあった.その一部の展示品は現在の船の展示室にも残されている.屋上にあった戸畑無線局のアンテナ鉄塔は一時撤去されたが,地域の住民からの問い合わせが相次ぎ,復元された経緯がある.同館の所属はコーポレートコミュニケーション部コーポレートコミュニケーション課である.

主な来館者は地元の小中学校や,水産関係の高校・大学や研究者,あるいは業界関係者である.戸畑区の小学校は3年生「地域の産業」での見学が多く,同館では近隣の戸畑工場と連携して対応している.

80年間にわたり遠洋漁業の基地だったという戸畑地区の歴史とニッスイの歴史は重なる.遠洋トロールの漁船は30隻ほどあり,1隻50人から100人乗船し,その船が入れ代わり立ち代わり入港していた.冷凍水産物などの製品を冷凍工場に陸揚げするなど,短くても一ヶ月ほど滞在する船員たちが,戸畑の町を潤すという光景は,地域の人たちの記憶にもあるという.現在は大きな漁港があったというイメージはないが,かつて日本にあった遠洋漁業,トロール漁業を伝えるという役割も「ニッスイパイオニア館」は担う.地域の小・中学生たちの理解は難しい部分もあり課題である.

産業観光施設としては,館内がせまく,大型バスの停車スペースもないが,

162 第Ⅱ部 企業博物館の観光資源化プロセス

北九州市の観光施策にはできる範囲での協力していくというスタンスである[17].

（4）安川電機みらい館——「ものづくり」による次世代教育と，黒崎の「まちづくり」への貢献

開館：2015 年 所在地：八幡西区

北九州市においては基礎素材産業の存在が大きく，加工組立型産業の割合は小さかったが，その中で安川電機は機械産業を担ってきた貴重な企業である．1915 年の創業以来，産業用モータを主製品として，同市を代表する地場企業である（城戸 2017 p. 306）.

1915 年，安川第五郎が代表社員となって合資会社安川電機製作所を福岡県遠賀郡黒崎（現在の八幡西区）で創立した．第五郎の父は，安川財閥の創始者安川敬一郎で，筑豊炭田の炭鉱事業から紡績・製鉄・鉄道・窯業・建築など多岐にわたる近代産業を北九州地域で興し，官営八幡製鐵所の誘致にも尽力した．また，蓄積した財を投じ「明治専門学校」（現在の九州工業大学）を設立している（安川電機百周年事業室 2015 p. 4）．第五郎は九州・山口経済連合会の初代会長をはじめ中央の経済界でも主要な役割を果たし，1964 年の東京オリンピックでは開催委員長をつとめた（城戸 2017 p. 306）．同社の地元経済界での存在は大きく，北九州商工会議所では第三代会頭を安川寛会長（当時），第八代会頭を利島康司会長（同），現在の第九代会頭を津田純嗣会長がつとめている．（岡田 2017 p. 550）．利島は会頭当時，同市での「産業観光」を推進し，北九州産業観光センター設立に尽力した（同上 p. 559）.

同社の現在のコア技術は「モーション制御」「ロボット技術」「パワー変換」で，これらコア技術から生まれた「ＡＣサーボ」「インバータ」「産業用ロボット」の三つの世界レベルの性能・シェアを持つ製品でグローバル展開している（安川電機 HPa）．産業用ロボットに関しては 1977 年に初の産業用ロボット MOTOMAN を初出荷して以来，2004 年には世界シェア第一位となり，2014 年 9 月には累積出荷台数 30 万台に達している（岸本 2017 p. 602）.

北九州市は安川電機などのロボットメーカーがあり，2014 年の出荷額が全国で 12.3% と高いことから，新産業振興として 2013 年に「北九州市ロボット産業振興プラン」を策定した（清水 2017 p. 565）．同プランには安川電機の「ロ

第5章　北九州市における産業の文化資源化と企業博物館の観光資源化プロセス　　163

ボット村構想」が取り組みの一つに含まれる（岸本 2017 p.599）.

　同社は2015年に会社創立100周年をむかえるにあたり，本社・八幡西事業所の整備を進め，「安川電機ロボット村」としてオープンした.「ものづくりの楽しさ・すごさを発信し，より地域に根ざした 皆様に親しまれる企業となること」をめざし，「YASKAWA の森」「安川電機みらい館」「ロボット工場」などから構成される.「YASKAWA の森」は100種類以上の植物・樹木が植樹され，一般開放されている.「安川電機みらい館」はものづくりの魅力やロボットの最新技術などを発信する展示・体感・学習施設として開館した.「ロボット工場」は3棟あり工場見学を受け入れている（安川電機 2015）. 翌2016年には，アントニン・レーモンドが設計した旧本社事務所講堂を改修し，同社のモータの受注第一号機（1917年），安川創業家の功績などを展示する「安川電機歴史館」を開館した. 同社の「ものづくりへの志」を社内外に伝えることを目的としている（安川電機 2016）.

　「安川電機ロボット村」は黒崎地区の再整備事業の一環でもあり，2012年にJR九州と北九州市と三者で，黒崎地区の活性化に共同で取り組む連携協定を締結. 2013年に発表された三者の事業概要では，同社の「安川電機ロボット村」構想とともに黒崎地区の再整備が公表された（毎日新聞 2013年4月19日）.[18]末吉市長時代の「ルネッサンス構想」で副都心に定められた黒崎は，商業施設の撤退や駅前開発の停滞があり，1992年に地域住民，企業，各種団体で「副都心黒崎開発推進会議」が設立された. 2015年には黒崎のまちづくり計画資料を市長へ提出し「北九州市とJR九州，安川電機が一緒になって，従来の商業一辺倒のまちづくりではなく，新しいまちづくりをする」という趣旨の内容となっている（岡林 2019 p.33）.

　2015年6月の安川電機ロボット村オープンの際，津田純嗣会長兼社長（当時）は「この100年，安川は黒崎のコミュニティーの中で育った. 地元に根ざし，発展する」と地域貢献への意欲を語った（朝日新聞 2015年6月3日）. 宇佐見昇副社長（当時）は，黒崎に本社を残したことについて，東京への本社移転の議論は何度もあったが，九州大学や九州工業大学の優秀な学生が採用できることや，現在の同社の最大の顧客は中国企業であるので黒崎に本社があることに優位性があると語っている（朝日新聞 2015年11月8日）.

164 第Ⅱ部 企業博物館の観光資源化プロセス

「ロボット村」は現在「地域イベントへの積極的な参画や国内外のお客さまのご視察，産学官のコミュニケーションの場の提供など，会社と地域社会をつなぐ窓口」と位置付けられ，その中核施設である「安川電機みらい館」の来館者数は 2019 年 10 月に累計 15 万人を超えた．コロナ禍前の年間最大来館者数は約 3 万人であった（安川電機 HPc）．津田社長は同館について「失われた 20 年間のなかで，日本の製造業から表面的には失われてしまった勢いや強さ，モノづくりの楽しさも含めて，特に製造業とともに歩んできた北九州の人たちには見てもらいたいと思いますし，あわせて子どもたちの興味を引き出し，製造業の将来を担ってもらいたいとの願いを込めています，また，現在，北九州で取り組んでいる産業観光の新たなスポットの一つとして，工場見学を含めた情報発信機能を果たしながら，地元・黒崎地区の活性化と周辺施設との連携による市全体のにぎわい創出をけん引していきたい考えです」と述べている（津田ほか 2015 p. 14）．

「安川電機みらい館」は事前予約制で，工場見学とのセット見学を基本とし，同館が工場見学の運営も担う．所属は総務部となる．入場は無料である．

展示は 1F が「FUTURE LOUNGE」として，先端技術と未来展望を語るラウンジ空間で，日本初の電気式産業用ロボットの 1 号機「MOTOMAN-L10 (1977 年)」から最先端の「バイオメディカル双腕ロボット」「7 軸垂直多関節ロボット」などを展示している．2F「FUTURE EXPERIENCE」では，安川のものづくりのすごさを体感し，人とロボットの共存を考える参加型のテーマ空間で，ロボットと競争するアトラクションや，ロボットによるミニカーの組み立て，自社製サーボモータ 256 個とプロジェクションマッピングを組み合わせた「メカトロニクスウォール」などがある．3F「FUTURE LAB」は次世代育成のための産学連携コミュニティラボである（安川電機みらい館 2022）．なお，「MOTOMAN-L10」は「機械遺産」[19]（日本機械学会）に認定されている．

地域連携としては，毎年，夏休みに黒崎地区のまちづくり団体と連携した親子向けワークショップの開催[20]，黒崎よさこい祭りなど黒崎地区の各種イベントと連動した自由観覧デー[21]を設けている．また人材育成として「安川電機ガールズデー」[22]を工場見学と同館見学を組み合わせて開催している．

同館によれば，同社の 100 周年事業にあたっては，先人たちの志の中の継承

すべき DNA，持ち続けてきた企業の社会的意義を再確認しようとする方向性があった．その中で B to B 企業である同社が一般向け施設をオープンしたのは，地域への恩返しという意図がある．そして地元北九州市にとって「北九州は安川電機があるところ」と北九州プライドの拠り所となることができればとの思いがある．

　そうした背景から，同館の役割は「安川電機らしさをいかして，次世代を担う子どもたちに，新しい体験，気付き，学びの機会を与えること」と定めている．「本物へのこだわり」に重きをおき，展示はバーチャルに頼りすぎず，モノとしての現物を見せる方針である．また理解を深めるため自由見学は採用しておらず，すべて案内スタッフによるガイドツアー方式としている．

　2015 年の初年度は来場者全体の中で小学生の割合は 14％，学生を全部合わせても 20％であった．そのため，市内の学区誘致のため市の教育長や教育委員会への働きかけ，修学旅行誘致のための市の観光局への働きかけ，地域イベントの実施などを行なった．その成果もあり，市内の小学校約 130 校からの見学は 2015 年度の 6 校から，2016 年度 24 校，2017 年度 36 校と増加している．同社の産業用ロボットは自動車産業で多く導入され，小学校 5 年生の社会科の教科書で自動車産業と産業用ロボットが掲載されていることもあり，トヨタ自動車九州あるいは日産自動車九州と合わせての見学も多い．2020 年以降のコロナ禍では見学を一時中断，あるいは人数を絞って見学を実施し，代わりに全国の小学校 5・6 年生を対象に 2021 年 4 月から「リモート工場見学」を実施している．

　このように，次世代教育をまず主眼ととらえ，産業観光についてはその流れの中で対応し，一般の見学も受け入れている．一方，工場見学とセットであるため事前予約による平日のみの開館であり，自由観覧日は地域イベントと連動するなどして年に数回設けている．市からは観光施設として土日も開館してほしいという要望があるが，単館としては，過去の実績から土日常時開館するほどの集客力はないと判断している．

　ロボット村，および同館のオープンによる広報効果は大きく，工場見学もそれ以前より格段に参加者数が増えた．また関係先への業務説明などの場としても活用されている．

166 第Ⅱ部 企業博物館の観光資源化プロセス

北九州市科学館の展示運営検討会に館長が安川電機として参加していたこと
もあり，北九州の強みは，安川やTOTOなどの本物を持ち公開している企業
があることであり，新科学館に対しては市内のそれら企業のポータル的な役割
を担うことを期待するという．「北九州ミュージアムパーク創造事業地域計画」
も同様に，市内にある文化資源をいかにリンクさせるかが重要だととらえてい
る．また，新科学館には街づくりを行う3台の産業用ロボットの展示で協力し
ている（北九州市子ども家庭局 2022b）．

（5）TOTOミュージアム──創立の地小倉からの，水まわり文化の発信

開館：2015年　所在地：小倉北区

TOTOは1917年に福岡県企救郡に創立された「東洋陶器株式会社」を創立
とする．森村グループに属し，愛知県名古屋市の「日本陶器合名会社」（現・ノ
リタケカンパニーリミテッド）の初代社長，大倉和親が初代社長である．1912年，
和親は父，孫兵衛とともに私財を投じて日本陶器工場内に「製陶研究所」を設
立し，衛生陶器製作研究に着手した．日本で洋風建築が増え，需要が高まった
衛生陶器が輸入に頼っていた状況から，日本での生産の必要性に着目したので
ある．1914年に国産初の陶器製腰掛け式水洗便器を試験販売し，その生産拠
点として小倉工場を設立した（TOTO百年史編纂事務局 2017 pp.5-7）．生産拠点と
して小倉を選んだのは，原料のカオリンや天草陶石，燃料となる石炭が入手し
やすく，合わせてアジアの輸出に適した門司港が近いという好条件があったか
らである．社名に「東洋」が入っているのは，中国大陸や東南アジアなどの東
洋市場に力点を置きたいという和親の意思が反映されたという（TOTO HPa）．
以来，1946年に水栓金具の生産開始，1958年にFRP浴槽，1968年に洗面化
粧台，1980年に「ウォッシュレット」の販売を開始している．社名は1970年
に「東陶機器株式会社」に，会社創立90周年となる2007年に「TOTO株式
会社」に変更している（TOTO HPb）．現在の営業品目は，住宅設備機器として
衛生陶器，ウォシュレットなど腰掛便器用シート，浴槽，水栓金具，福祉機器，
環境建材，新領域事業商品としてファインセラミックスなどのセラミックスな
どである（TOTO HPc）．北九州市の地場企業として地元経済界での存在は大き
く，北九州商工会議所では第二代会頭を鮎川武雄元会長，第四代会頭を古賀義

第5章　北九州市における産業の文化資源化と企業博物館の観光資源化プロセス　　167

根元社長，第七代会頭を重渕雅敏元会長がつとめている（岡田 2017 p.550）．

　「TOTO ミュージアム」は 2015 年 8 月に，2017 年にむかえる会社創立 100 周年の記念事業として，本社・小倉第一工場の敷地内に設立された（TOTO 百年史編纂事務局 2017 p.724）．旧 TOTO 歴史資料館と北九州ショールーム・研修センターを集約し「人と地球のまいにちに潤いをもたらす環境づくりに貢献する」というメッセージが込められている．オープンにあたり喜多村円社長（当時）は「このミュージアムは，まだ日本に下水道が整備されていない時代に『健康で文化的な生活の向上を実現したい』と願った創立者の想い，志の高さを社内外に示すとともに TOTO はこの原点を忘れずに次の 100 年に向けて成長し続けていくという決意を新たにする場であり，『これからも TOTO が創立されたこの小倉に根ざしていく』という宣言でもあります」とその意義を語った（同上 p.620）．ミュージアムの候補地としては集客力の高い東京も挙がったが，100 年の歴史を支えてくれた地元の人たちが気軽に立ち寄れ，次の 100 年を見据えた情報発信の拠点にしたいとの考えで，創立の地である北九州市に設立されたという（日経アーキテクチュア 2015）．

　同社では 1977 年に便器や洗面器などの以前の製品を収蔵する史料室ができたがまもなく閉鎖し，2007 年にミュージアムの前身「TOTO 歴史資料館」がオープンした．同館の初代館長らが呼びかけ，社内外で収集した 3 千点を超える古い製品の一部を公開したものである．さらに，社員が歴史から学ぶための博物館の必要性から，TOTO ミュージアムの開館につながったという（朝日新聞 2015 年 8 月 29 日）．

　展示は TOTO の歴史，ものづくりへの想い，世界各地での事業展開を大きく三つにわけて，資料とともに紹介している．第一展示室では，森村組に始まる創業のルーツと歴史，三つの遺産，食器，「ものづくり」における開発から製造の流れを紹介，第二展示室では，日本の水まわりの文化と歴史，礎を築いた先人の想い，時代ごとの製品の進化，代表的な衛生陶器・水栓金具・ウォシュレットなどを展示，第三展示室では世界で販売している商品をエリア別に展示している．特別展示室では企画展や同社が運営するギャラリー間（東京）からの巡回展を実施する（TOTO ミュージアム HPa）．

　展示物のうち，近代化産業遺産（経済産業省）として，2009 年に「腰掛式サ

イホンゼット便器（1927年〜）」や「ディナーアイテム揃え（1935年〜）」が，九州北部の窯業の近代化と発展に貢献したとして認定されている．機械遺産（日本機械学会）としては「初代ウォレットG（1980年〜）」が認定されている．また建築設備技術遺産（建築設備技術者協会）[24]として，2012年に衛生陶器の一部（1927年〜）と初代ウォシュレットG，2014年に各種湯水混合栓の一部（1968年〜），2016年に初代ユニットバスルーム（1964年〜）が，2017年に光電センサー内蔵自動水栓（1984年〜）が，2020年にはウォシュレット一体形便器が認定を受けている（TOTOミュージアム HPb）．

　建築は「緑豊かな大地」と「水滴」をイメージし，ミュージアム，北九州ショールーム，研修施設，ホールで構成され，100の手法による環境配慮を実践している．2017年には，第八回北九州市都市景観賞の建築デザイン賞を受賞している（TOTO 2019a）．

　館内は自由見学で，団体向け，個人向けのガイド付き見学も可能である．学校行事向けには，スタッフ案内と冊子を用いた小学校社会科見学コースと，スタッフ案内がある修学旅行コースがある．さらに現在，高校生以上向けのZOOMによるオンラインツアーも実施している．入場は無料である．（TOTOミュージアム HPa）．

　当初は年間2万人の来館者を想定していたが，開館約1年後の2016年9月には累計来場者数が10万人を超えた．内訳は71％が一般客，15％が自社グループ社員，14％が取引先関係である（TOTO 2016）．半数は福岡県外からで，産業観光の観光客や修学旅行生などが多いという（日本経済新聞 2016年9月16日）．2019年7月には累計来館者数が30万人となった（TOTO 2019b）．

　2017年にむかえた会社創立100周年事業としては2015年のミュージアム開館の他，2018年に『TOTO百年史』を発刊したが，双方とも総務本部社史資料室の担当となっている．同館によると，ミュージアム設立の主な目的は地域貢献を中心とする社会貢献であることから，CSRやほかの社会貢献活動も担当する総務本部の中に位置付けられた．

　もともと，同社の事業ドメインである水まわり製品は公共性が高い分野であり，上下水道がない時代から水まわり文化を一企業として作り上げてきたという自負から，ミュージアム建設の際には社会貢献であることが意識され，入場

無料にもこだわった．産業観光に対しては，工場見学とのセットでの案内，修学旅行，観光バスでの来館の受け入れも行なっている．観光ツアーの場合，商品との関連性もあり，トイレ休憩目的の短時間利用もあるが，観光を通じての地域貢献ととらえている．コロナ禍前はインバウンドのお客様も多かったため，4ヶ国語対応の音声ガイドペンも導入している．工場見学とセット見学も可能である．

同社は社員の雇用維持を重要視し，工場新設の際は地域住民を採用して働きやすく生活が安定するように，あえて集約せず国道沿いに建設をしている．それら工場では，地域住民が親しみを持ち，会社理解を促進してもらうため，定期的に工場公開を行なっている．工場見学はその流れを受け継いでいる．また地域教育としての役割を担いながら，北九州市のシビックプライド醸成にも協力していると考えている．

ミュージアム開館目的としては，社外以上に，社員向けの創業精神や社史，経営理念の浸透への活用がある．新入社員や中途入社社員の教育プログラムにも見学が組み込まれており，また，バーチャル見学システムは24時間視聴可能で，直接来館できない国内外のグループ社員向けにも活用している．アーカイブズ担当部署として他部署からの問い合わせも多く，また社員が自社のことを社外に紹介する場ともなり，社員の気持ちの拠り所となっている．

観光施設として注目されることのメリットは，同館の認知度が上がることでTOTOという企業の認知度が上がり，好感度が上昇することである．来館のきっかけが，トイレが一堂に整然と並んでいる展示が珍しいなどという話題性であっても，同社活動へ共感を抱いていただくという結果につながっている．

北九州地区の企業博物館の間のつながりは昔からあり，情報交換などはやっていた．北九州市としては北九州イノベーションギャラリーには展示への協力や同社からの出向者もあり，連携体制があった．それらの経緯で同ギャラリーが北九州地区企業博物館ネットワークの幹事をし，定例会なども実施して，当地区の企業博物館のハブ的な役割を果たしていた．「北九州ミュージアムパーク創造事業地域計画」もその流れであると認識している．2018年にスペースワールドが閉園した影響は，その2年後の2020年にコロナ禍に入ったため検証は難しいが，もともとTOTOミュージアムだけ目的の観光客は少ないと判

170 第Ⅱ部　企業博物館の観光資源化プロセス

断している[25].　なお，新科学館にはトイレ内のグラフィックの監修協力を行った
(北九州市子ども家庭局 2022b).

（6）ゼンリンミュージアム──B to B 企業としての地図文化の継承と振興
開館：2020 年　所在地：小倉北区

　ゼンリンは，事業内容を地図情報の各種地図，地図データベース，コンテン
ツへの提供，関連するソフトウェアの開発・サービスの提供，とする B to B
の企業である（ゼンリン HPa）．1948 年，大分県別府市で大迫正富らが観光文
化宣伝社を設立したのが創業であり，1950 年には善隣出版社と改称した．「年
刊別府」など観光用小冊子や大分県内各地の観光用地図を発行し，1952 年に
は第一号の住宅地図「別府市住宅案内図」を発行する．1954 年に小倉市（当
時）に移転し，以降九州・四国の住宅地図の発行，自社印刷を開始，その後全
国へ進出していった（ゼンリン 1998 pp.390-391）．1983 年には株式会社ゼンリン
に商号を変更，2003 年には 1970 年から本社を置いていた北九州市小倉北区下
到津から同区内のリバーウォーク北九州に本社機能を移転し同時に「地図の資
料館」を開館した（ゼンリン HPb）．北九州市が小倉室町地区の活性化のため，
紫川マイタウン・マイリバー整備事業の集大成として完成したリバーウォーク
北九州は，朝日新聞西部本社や NHK 北九州放送局，西日本工業大学，北九州
芸術劇場，北九州市立美術館分館など教育・文化施設も入る複合施設である
(襲田 2008 p.10).　その後同社は，2013 年に東京本社を開設，2014 年に北九州
本社機能を，リバーウォーク北九州から戸畑区の研究開発部門などがある「テ
クノセンター」の敷地内に移転した（日本経済新聞 2014 年 5 月 10 日）．

　創業から 1970 年代までの紙媒体主流の時期から，1980 年代には地図のデジ
タル化の時代となりカーナビ用地図の提供を手がける．2000 年代にインター
ネット普及と端末の多様化に対応し，地図配信サービスの開始や三次元デジタ
ル地図の開発を始めた．現在では IoT の普及に伴う技術の進化や顧客ニーズ
の多様化に向け，先進運転支援システムやドローン向け地図の開発，企業の業
務課題を解決するソリューションビジネスの提供も行なっている（ゼンリン
2021).

　ゼンリンミュージアムの前身「地図の資料館」は，地図をテーマにした文化

的事業を通じて地域に貢献することを目的に開館し，約1万5000点の地図関連資料を収蔵していた．常設展示室は伊能忠敬編纂中図（原寸複製）ほか各種地形図，各国の地図帳，教科書，地図原画，古地図などがあり，企画展示も実施．地図関連の書籍・雑誌・絵本や玩具，インターネット閲覧，カーナビやパソコン用の地図ソフトなどゼンリンの商品の展示がある体験コーナーもあった（ゼンリン 2003）．リバーウォーク北九州の責任者の出口隆は，ゼンリン本社の入居が決まっていた同社大迫忍最高顧問が地図博物館の構想を持っており，同最高顧問の地図コレクションもあるのを知り，博物館誘致を持ちかけたところ開館が決まったという（出口 2008 p.15）．同館は 2019 年 11 月に，ゼンリンミュージアム開館のために閉館している（毎日新聞 2019 年 11 月 1 日）．

「ゼンリンミュージアム」は，2020 年 6 月に「歴史を映し出す地図の紹介」というコンセプトのもと，約 120 点の地図や資料を展示する博物館として開館した．当初は同年 4 月 19 日に開館予定であったが，新型コロナウイルス感染拡大防止のため延期となっていた（ゼンリン 2020）．常設展示は，16～20 世紀に作られた西洋製および日本製の日本地図を歴史とともに紹介するもので三つの章から構成されている．「第 1 章 世界の中の日本」では，描かれた「ジパング」が西洋社会において交流と鎖国を経て変化していく過程と，世界地図最後の空白域「日本の北方領域」が解明されていく様子を展示．世界で 1 点しかないブランクス／モレイラ「日本図（1617 年）」も含まれている．「第 2 章 伊能図の出現と近代日本」では，「伊能図」の制作経緯と，「伊能図」の海外流出が開国につながり日本が近代化に向かっていく過程を紹介する．「第 3 章 名所図会・観光案内図・鳥瞰図の世界」では，江戸時代に観光案内書の役割を担っていた名所図会，明治時代の地図の中で名所を案内する観光案内図と，その中で取り入れられた写真や鳥瞰図という手法について紹介している．

常設展示の他には，企画展を開催し，一部他博物館への巡回展示も行なっている．地域連携としてはリバーウォーク北九州の隣にある小倉城と，ナイトキャッスルとナイトミュージアムのタイアップ企画を行なっている．入場料は一般 1000 円である（ゼンリンミュージアム HP）．

同館によれば，ゼンリンミュージアムは部署としては CSR，広報も束ねる総合企画室内にある．リバーウォーク北九州には当初本社とともに「地図の資

料館」があり，同館は本社への来客が立ち寄る施設としての役割であり，企業紹介コーナーも設置されていた．その後の本社移転後も「地図の資料館」は存続していたが，2018年の創業70周年にあたり，サステナビリティ経営の一環として地図文化の継承と振興に注力することになり，ゼンリンミュージアムへのリニューアルとなった．2018年には地図文化の継承と振興のために，新しく日本地図コレクションを入手しており，同社のブランディングの一端を担う．

ミュージアムは，地図の歴史，地図と人とのかかわりあいを通じて，地図の本質的なものを体験し，知ってもらうことを重要視している．地図の長い歴史の中ではゼンリンの企業活動はごく短い年数であるため，最後の企画コーナーで紹介する程度にとどめている．ゼンリンはB to B企業のため，企業としてのステークホルダーは関係先が強いという面があるが，ミュージアムとしてのステークホルダーは，地図文化の継承と振興という目的からは，さらに広く社会全般ともいえる．また北九州は企業発展の地ではあるが，北九州固有の特徴を活かしたビジネス業態でないため，地域としても広い範囲が対象となる．

地図の役割が人が見る地図から機械が見る地図に変化しているように，同社を取り巻く市場環境は数十年常に変わり続けているが，地図の本質は変わらない．地図は人々の営みや世界観を映すとともに，製作者の思いや時代背景を映している．ミュージアムとしては紀元前から今に至るまで変わらないその本質的な部分を，訴求することを使命とし，その地図文化の振興がやがては社業に返ってくると考えている．

社内向けにも，地図関連会社にもかかわらず地図を知らない社員が多くいるという課題に対し，日頃の業務の中では知り得ない，地図の本質的な役割を浸透する場として，新人社員研修などに活用している．

館のスタッフは社内公募で選ばれ，そのうち5人は学芸員資格を開館のために取得し「Zキュレーター」として展示企画や，日々の展示ガイドなどを行なっている．「地図の資料館」時代は平日のみの開館だったが，ミュージアムとなって土日開館とし，社員が学芸員として常駐している．また，「地図の資料館」時代は100円であった入場料を1000円としたのは，それだけの価値のある展示を提供し続けるという考え方である．

学校団体の受け入れは，開館から日が浅くコロナ禍もあり実績は少ないが，

展示が大人向けで通常の鑑賞では難易度が高いことを踏まえ，小学校は職業体験，中学校は社会科見学の一環で事前学習の上での見学などの工夫をしている．同社は工場見学は実施していないため，地域への教育貢献として，同館を活用する．

北九州市の産業観光に関しては，市が誘致するツアーや訪問客の訪問先として組み入れられるなどの連携を行なっている[27]．

6　分析・考察

（1）博物館構想，産業観光推進，文化観光推進への流れ

北九州市では 1996 年に，環境を共通テーマに自然史，産業科学，歴史，環境の四つの博物館群を段階的に整備するという「SHINE 博物館構想」が提言された．八幡製鉄所の工場移転後の遊休地であった東田地区は 1990 年にスペースワールドが開園し 1996 年には東田第一高炉が市の史跡に認定され，集客の面でも相乗効果が期待された．これを受けて 2002 年に従来の自然史，歴史，考古の博物館を統合した自然史・歴史博物館と環境ミュージアムが，2007年には「産業科学」にあたる北九州イノベーションギャラリーが開館した．産業博物館に関しては，1980 年代からの鉄鋼文明史館構想，次いで SHINE 博物館構想の産業科学博物館の検討でもコレクションを持ち常設展示がなされる博物館が想定されていたが国の支援が得られず，収蔵品のないギャラリーとなり，産業遺産は企業に保管・公開を依頼することになった．

産業遺産・近代化遺産については，1990 年以降の国の認定制度に加え，2015 年に官営八幡製鐵所旧本事務所などを含む「明治日本の産業革命遺産——製鉄・製鋼，造船，石炭産業——」が世界遺産に登録されると近代化遺産への注目と関心が一段と高まった．

同市は古くから学校向けの工場見学を盛んに行っており「北九州市ルネッサンス構想」で産業を観光の一つの柱とすることが盛り込まれた．また，1990年に門司港レトロ地区の整備とスペースワールドの開園があり，スペースワールドと工場見学を組み合わせた修学旅行が増加した．2000 年代には全国的にも観光立国の流れから産業観光の推進がなされ，北九州市は先進取り組み自治

体とみなされている．2014年には北九州産業観光センターが官民で設立された．企業博物館も近年充実し，工場見学と比べて対象者や人数，時間などの条件が幅広いこと，2020年来のコロナ禍で工場見学停止の企業が多い中，産業観光の受け皿として機能している．しかし，2018年1月にスペースワールドが閉園し，修学旅行生は激減していることが課題である．

　企業側でも工場見学は歴史があり，学校を中心に地域貢献・社会貢献として行っていた．2000年に入ると官営八幡製鐵所の誕生の前後に創立された企業が次々と創業百周年をむかえたこともあり，企業博物館が相次いで設立され「北九州地区企業博物館ネットワーク」が組織された．2015年には安川電機みらい館，TOTOミュージアムが開館し，同年の北九州市長および職員が選ぶ10大ニュースに「明治日本の産業革命遺産」認定とともに選ばれているなど注目を浴びた（毎日新聞 2015年12月25日）．若築建設，ゼンリンなど工場見学機能を持たない企業も，各館が社会科見学や産業観光の場として利用されている．

　事例にあげた5館とも，館設立の契機は周年事業であり，館設置の主な目的は，社内外への創業理念の浸透や歴史の紹介，歴史的遺産や建物の保全，自社製品や資料の保存と公開，地域貢献，企業ブランド力向上である．社史編纂による自社史料の蓄積や，社員による自主的な自社製品・資料の保存・公開の動きが，設立の原動力となっている館もある．産業観光センターを運営する北九州商工会議所会員として，産業観光への協力姿勢は持ちつつ，ゼンリン以外は無料施設ということもあり，単館での積極的な観光誘致は行っていない．各館とも次世代教育や生涯学習への貢献の意向は強く，教育プログラムや，コロナ禍でのオンライン見学などにも注力し，地場産業として地域資源としての自覚を持つ姿勢がうかがえる．

　「北九州ミュージアムパーク創造事業地域計画」では自然史・歴史博物館と2022年4月に開館の新科学館が中核文化観光拠点施設で，5館の企業博物館も含む市内の文化施設が文化資源として示され，ネットワーク化されて観光資源として機能することが描かれている．スペースワールド撤退後に建設されたアウトレット施設に併設の新科学館は，社会教育施設，観光・集客施設の双方の役割を担う．新科学館の愛称は「スペースLABO」でスペースワールドをイメージさせるものとなっている．北九州イノベーションギャラリーを統合し，

第 5 章　北九州市における産業の文化資源化と企業博物館の観光資源化プロセス　175

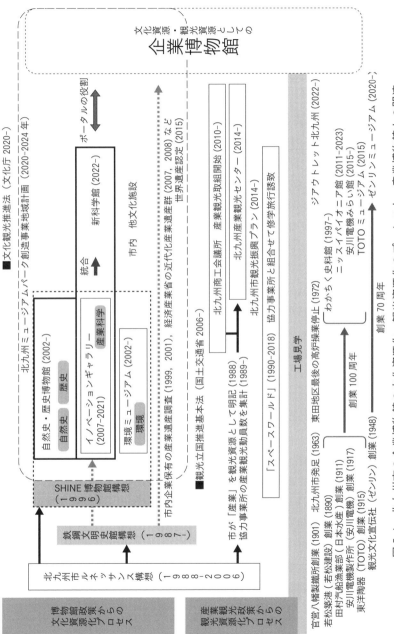

図 5-1　北九州市の企業博物館の文化資源化・観光資源化のプロセスと、産業博物館との関連

出所：筆者作成．

176　第Ⅱ部　企業博物館の観光資源化プロセス

北九州市の産業の歴史の紹介や，北九州市の産業関連施設や企業博物館のポータルとしての機能など，「産業」博物館としての役割を受け継いでいる（図5-1）．

（2）「博物館学的欲望」からの考察

　ここで，第1章第2節で示した「博物館学的欲望」の理論から，北九州市の「産業博物館」の不成立と「企業博物館」の成立について考察する．

　北九州市の産業博物館設立の動きは，1987年頃，地域に残る鉄鋼関係の産業遺産を対象にした「鉄鋼文明史館構想」から始まった．官営八幡製鐵所から新日本製鐵（当時）に至る製鉄の歴史を，市民の共有財産として公開・展示し，「北九州」というその名自体がもともと工業地帯を指していた同市の自画像・象徴として表象し，五市が合併した市民としての同一性を保証するという意図であっただろう．この考え方はSHINE博物館構想の「産業科学博物館」にも引き継がれ，「産業史博物館」「未来産業博物館」「科学技術館」の要素を持つ館が想定され，市内の企業所有の産業遺産を対象にした調査が行われた．

　しかし，国の支援が得られなかったことから，コレクションを持たない北九州イノベーションギャラリーが開館した．この時点でモノを永久保存する「完全性」，モノが本物であるという「真正性」というが特徴である「博物館学的欲望」は同ギャラリーからは失われた．また，人材活用・育成，産業技術の保存継承，技術革新（イノベーション）の機会創出など，従来の博物館領域にとどまらない活動が推進され，新科学館のポータル化にも繋がっていく．

　一方，市が市内の企業に自社の産業遺産の保管・公開を依頼したこともあり，自社製品や歴史を紹介する企業博物館が出現し始める．当初は市が「鉄鋼」，次いで「産業」に向けた「博物館学的欲望」が「遺産化の自動機械」と化し「民主化」がなされたといえるだろう．企業が自社の文化や歴史を示す事物を，自ら，地域が誇る文化遺産として保存する活動が現れた．自社製品と歴史の「完全性」「真正性」を自ら整備し，社内外に正統性を主張し，従業員の同一性を保証する．そして，博物館に自社，あるいは産業にまつわる資料を収蔵・展示することで，その文化遺産は一企業の資料にとどまらない公共性を持ち，企業博物館は歴史学習の場となる．企業にとっては，企業活動という身近な世界と，自社と地域の歴史の探求や地域貢献という公共性を持つ未知の世界の二重

化が生じている.

（3）観光のまなざしからの「観光の場」の発現

次に第1章第1節で示した『「観光の場」の発現』理論を踏まえて北九州市の市立博物館および企業博物館の観光資源化プロセスについて考察する.

北九州市は1963年の五市合併の目的自体が産業構造変化の課題への対応である. 合併後も60年代〜70年代前半の高度経済成長期には公害があり,「鉄冷え」からの基幹産業の撤退・縮小, 少子高齢化や人口減少などの社会構造変化に直面し続けている. 1980年代後半からの「ルネッサンス構想」で,「産業」を観光の柱としたのは, そうした喪失感を脱却し, 産業を遺産として市の「アイデンティティ」に立ち返るという動きでもあった. かつて国際貿易港として栄えた門司港はレトロ地区として観光向けに整備され, 八幡東田地区の新日本製鐵（当時）の工場跡には, 新日本製鐵を主体とする第三セクターによるスペースワールドが開園し,「観光の場」として創出され, 場の遺産化が行われた. 東田地区では東田第一高炉の保全がなされ, SHINE博物館構想が出された. 同構想は文化都市として社会教育施設の集積と, 文化観光拠点の創出を念頭に置いたものであり, 2001年の官営八幡製鐵所100年を記念した「北九州博覧祭」後に三つの博物館が開館した.

さらにスペースワールドの跡地には, イオンのアウトレット施設に併設の新科学館が開館した. スペースワールドは新日本製鐵（当時）が創業し, 子どもの身近な遊び場であり, 成人式が行われるなど市民にとっては親しみのある場所であった. 市内の小中学生の投票で決まった新科学館の愛称は「スペースLABO」であり, かつてスペースシャトルの実物大模型があった位置に建設された. 新科学館は当初から社会教育施設とともに観光拠点として計画されており, かつての製鉄産業, スペースワールドというテーマパーク産業, 二重の産業の喪失感を, 場の遺産化で乗り越え, 新しい「産業」博物館として機能しようとしている.

「北九州ミュージアムパーク創造事業地域計画」は日比野が指摘するようにSHINE博物館構想の完成形ともいえる. 当時はなかった世界遺産群, 企業博物館は, 新科学館を補完し, 全体として「産業科学博物館」として機能する.

178 第Ⅱ部 企業博物館の観光資源化プロセス

国が進める「文化観光」から，企業博物館に「観光のまなざし」が注がれ，文化資源として「観光の場」が発現する．

　企業博物館側としては，館活動目的は地域貢献であり，地域とともに歩む企業という姿勢を打ち出すことである．安川電機みらい館は黒崎の，TOTOミュージアムは小倉の，創業・創立の地に本社地区の整備とともに新しく設立され，グローバル企業となった現在もこの地に企業が存続し地域コミュニティとともに発展することを宣言している．わかちく史料館は，同社が若松築港とともに誕生し北九州の産業の揺籃期に同社が果たした役割を地域の歴史とともに語り，ニッスイパイオニア館は戸畑港を拠点とした遠洋漁業という失われた産業の記憶をとどめる．ゼンリンミュージアムは小倉の再開発の象徴であるリバーウォーク北九州内に本社移転後も残り，自社事業を超えた地図文化の継承を図っている．

　わかちく史料館やニッスイパイオニア館は，ビジネスモデル変化による喪失感をノスタルジアに転換するため，創業の地や歴史的建築物の「場の遺産化」が企業博物館の設立により行われている．また安川電機みらい館，TOTOミュージアムは創業以来現在も稼働する生産拠点にあり，その存在は地域アイデンティティを表す土地のシンボルとなっている．観光資源として注目を浴びることで地域貢献となり得ることが，企業側にとっての観光にかかわる動機づけとなっているのである．

注

1）インタビュー対象・実施日は次の通りで，場所はいずれも福岡県北九州市内での各館あるいはオフィス内である．北九州市立自然史・歴史博物館・2021 年 11 月 13 日，北九州市子ども家庭局（新科学館準備担当）・2021 年 12 月 10 日，北九州産業観光センター・2021 年 12 月 10 日，ニッスイパイオニア館・2021 年 11 月 8 日，安川電機みらい館・2021 年 11 月 8 日，TOTO ミュージアム・2021 年 11 月 12 日，ゼンリンミュージアム・2021 年 11 月 13 日，わかちく史料館・2021 年 11 月 14 日．インタビュー対象者は，各組織に本研究の趣旨を説明した上で対応者を選定，1 人ないしは複数人に対し各 1 時間程度，筆者による半構造化インタビューを行った．記録は IC レコーダーでの録音とメモである．北九州市立自然史・歴史博物館および北九州産業観光センターに対する質問は①北九州市の文化観光，産業観光についての現況，課題，②北九州市の観光

に「北九州ミュージアムパーク創造事業地域計画」が果たす役割，③「北九州ミュージアムパーク創造事業地域計画」で企業博物館が果たす役割および課題．北九州市子ども家庭局（新科学館準備担当）にはそれに加えて④ 新科学館，イノベーション・ギャラリーと企業博物館の連携などの方向性．企業博物館に対する質問は① 自館にとっての「地域」と「ステークホルダー」の認識，②「観光」「産業観光」視点での取り組み，③「北九州ミュージアムパーク創造事業地域計画」で企業博物館が果たす役割④ 企業の事業活動の変化とそれに対応した企業博物館のあり方，である．

　　各組織担当者としてのインタビュー対象者の個人名は記載しない方針だが，回答内容が個人的意見であるなど個人名を明記した方がよく，研究倫理的にも問題ないと判断した場合は，本人の了承のもと，個人名を記載した．また，第 3 節，第 4 節の各組織の事例の記述部分は，インタビューを実施した組織には執筆後，各組織に内容を確認した．

2) 2022 年 1 月現在，92 万 9991 人（北九州市 2022）．最盛期は 1979 年の 106 万 8415 人（北九州市 2018 p. 3）．

3) 磯村英一が唱えた「多核都市論」が五市合併の大きな理念になった．1960 年，五市共催の「北九州大都市建設に関する講演会」で東京都立大学教授（当時）の磯村と小倉庫次は「このまま合併せずにおれば，北九州五市は日本の場末になる」と強調し反響を呼んだ（南 2017，p. 29）．

4) 北九州五市合併促進協議会 1963

5) 乃村工藝社 1999「北九州産業遺産保存状況調査」および，乃村工藝社 2001「北九州産業遺産調査（電機・機械）」

6) 北九州産業観光 HP より．

7) 令和 2 年度　北九州市観光動態調査（北九州市産業経済局 2021）

8) 2011 年に北海道室蘭市・神奈川県川崎市・三重県四日市市・北九州市の 4 都市が参加した「第 1 回全国工場夜景サミット in 川崎」が開催された．その後参加都市が増加し，2017 年には「全国工場夜景都市協議会」が発足して，参加都市は 2020 年 4 月現在で 12 都市（全国工場夜景都市協議会 2022）．北九州市では小倉・戸畑の工場夜景をメインにした夜景鑑賞定期クルーズがある．

9) 環境観光については，公害克服の経験から若松町響灘東部エリアで推進する「北九州エコタウン」事業の中核的施設かつ環境学習拠点として「北九州エコタウンセンター」を 2001 年に開設（北九州市エコタウンセンター 2022）．2007 年に開館した環境ミュージアムや，市内の環境産業の工場見学なども合わせ環境学習に寄与する取り組みを行っている．

10) 2021 年 12 月 10 日，北九州産業観光センター担当者へのインタビューより．

11) 2021 年 11 月 13 日，北九州市立自然史・歴史博物館歴史課長日比野利信氏へのインタビューより．

12) 協力社は次の通り．黒崎播磨，西部ガス，山九，シャボン玉石けん，ソフトバンクロボティクス，アイリスオーヤマ，タカギ，TOTO，東邦チタニウム，西日本電信電話，

180　第Ⅱ部　企業博物館の観光資源化プロセス

日本製鉄，フジコー，三菱ケミカル，大日本印刷，安川電機

13）2021 年 12 月 9 日，北九州市子ども家庭局担当者へのインタビューより．

14）幹事であったイノベーションギャラリーが 2021 年 4 月に閉館，現在は活動休止中（2021 年 11 月現在）．

15）土木遺産の顕彰を通じて，歴史的土木構造物の保存に資することを目的として平成 12 年度に創設．交通，防災，農林水産業，エネルギー，衛生，産業，軍事などの用途に供された広義の土木関連施設で，竣工後 50 年以上を経過したものが対象（土木学会 2022）．

16）2021 年 11 月 14 日，わかちく史料館担当者へのインタビューと，同日受領の担当者回答メモより．

17）2021 年 11 月 8 日，ニッスイパイオニア館担当者へのインタビューより．

18）JR 九州による JR 黒崎駅舎建て替え，北九州市による駅の南北を結ぶ自由通路を設置など．

19）日本機械学会が歴史に残る機械技術関連遺産を保存し，文化的遺産として次世代に伝えることを目的に，主として機械技術にかかわる歴史的遺産を認定している（日本機械学会 2022）．

20）「夏休み親子祭り（2016 年 8 月 1 日～8 月 2 日）」「同（2017 年 7 月 31 日～8 月 3 日）」「夏休み親子ワークショップフェスティバル（2019 年 7 月 31 日～8 月 2 日）」（安川電機 2022c）

21）「黒崎宿　秋のにぎわい祭り（2015 年 10 月 10 日）」「黒崎よさこい祭り（2017 年 5 月 21 日）」「黒崎 96 の日（2017 年 9 月 6 日）」「秋のにぎわいウィーク 黒崎宿おもしろ発見スタンプラリー（2017 年 10 月 9 日）」（同上）

22）「安川電機ガールズデー（2016 年 3 月 14 日）」「同（2017 年 7 月 25 日）」（同上）

23）2021 年 11 月 8 日，安川電機みらい館担当者へのインタビューより．

24）建築設備における空調，衛生，電気，搬送の 4 領域に関する技術と技術者の歴史的な足跡を示す事物・資料で，建築設備技術の進歩，発展において重要な成果を示したもの，また，生活，経済，社会，地球環境，技術教育に貢献した，または当時を反映する建築設備技術を認定している（建築設備技術者協会 2022）．

25）2021 年 11 月 12 日，TOTO ミュージアム担当者へのインタビューと，同日受領の担当者回答メモより．

26）企画展「遠ざかる『世界』，キリシタンが待ち望んだ『世界——古地図と潜伏キリシタンの信仰用具——』」は 2021 年 10 月から 2022 年 2 月まで，長崎歴史文化博物館，大村市歴史資料館，同館，Bunkamura ギャラリーを巡回．

27）2021 年 11 月 13 日，ゼンリン ミュージアム担当者へのインタビューより．

終　章

地域資源としての企業博物館の役割

1　産業・企業の文化資源化

　本書では，文化資源または観光資源の概念が拡張し，産業や企業がそれと見なされて地域資源として機能していくプロセスを，愛知県と北九州市の産業観光政策と企業博物館の関係性の中で検討してきた．本章では総合考察として，北九州事例で見られた「博物館学的欲望」からの産業の文化遺産化について，また，愛知の事例と北九州の事例での「観光の場」の発現と地域アイデンティティへの寄与について考察する．

（1）「博物館学的欲望」の行為者――「担い手」「対象」「公共機関」

　他者の生産物を所有したいという「博物館学的欲望」の特徴を，荻野は，一つは一度手の入れたモノを永久保存しようとし，モノの供養を否定し，ミイラ化して無臭の透明な空間を築くこと，つまり文化遺産化を推進するということ，他方はそれがあくまで本物，真正性を求めていることだと述べている．また，欲望の主体と対象について，西欧と非西欧地域，あるいは西欧ブルジョワジーと王侯貴族を例にあげ，欲望の主体が自らの判断基準に基づいて何を文化資産とみなすかと決定することで，欲望対象の間に不均衡な関係が築かれると指摘する．

　そして博物館学的欲望が発動される際には三つのタイプの行為者がかかわり，三極構造となっている．1番目は博物館学的欲望の「担い手」で文化遺産を認定し推進する専門家，2番目は博物館学的欲望の「対象」で，モノの生産者・所有者，3番目は「公共機関」で文化遺産の公共的な性格を認定し，博物館学的欲望が発動することを合法化する，多くの場合「国家」が担ってきた役割で

ある（荻野 2002 pp. 6-14）.

　このことをよりはっきりと描くために，北九州事例の前に，第2章でとりあげた未完の産業技術博物館について考察する．第2章で調査した大阪，愛知，懇談会・交流会，神戸，名古屋の5事例はいずれも本物の産業遺産を収蔵する博物館を想定していたという点で，永久保存による文化遺産化を推進し，真正性を確保しようとしていた.

　博物館学的欲望の「担い手」「対象」「公共機関」について，「担い手」は大阪の場合は日本産業技術史学会を中心とする学術界，大阪府・大阪市という地元自治体，地元産業界，愛知は国，愛知県，名古屋市と地元産業界で中部産業遺産研究会が専門家として協力していた．懇談会・交流会議は国と産業界，神戸，名古屋はそれぞれの自治体である．「対象」はいずれも国や地域の産業であった．多くの場合国家が担う役割とされる「公共機関」は，大阪の場合は直接的に文部省，愛知は愛知万博と関連して通商産業省，懇談会・交流会議は通商産業省など，神戸は震災復興プロジェクトに絡む政府などの存在があったが，いずれにも国による予算措置がなされないなど，実現に至るまでの推進力となり得なかった.

　荻野は，現代では「担い手」「対象」「公共機関」という三極構造が揺らいでおり，かつては文化遺産の価値判断の「担い手」と，その欲望の対象となる「対象」には不均衡な関係があったが，それは近年では同一化していることを指摘する（荻野 2002 p. 13）.

　荻野が指摘する三極構造のゆらぎはアメリカ先住民が自分たちで博物館をつくる動きや，フランスで提唱されたエコミュージアムなどの動きなどで見ることができる．エコミュージアムは地域そのものを一種の博物館としてとらえ，産業構造の転換で疲弊した地域の再生を図るとりくみで，現地保存による文化遺産化である．行政が主体になる場合と地域住民が主体となる場合があり，後者の場合，あるいは前者でも行政が住民の意思の具現者としてふるまう場合には，「担い手」「対象」「公共機関」の三極が相互浸透する構造に変容する．（荻野 2002 pp. 12-14）.

　また荻野は，三極構造に外部の観客がいかにかかわるかによっても遺産化の様相は異なり，とくに観客の来訪＝観光化が一種の消毒作用を持つと述べてい

る．たとえば鉱山開発が行われていた西表島でも，厳しい自然環境や過酷な労働環境は消毒されて，過剰に保護された自然と労働へのノスタルジーだけが残る（同上 pp. 22-25）．

　未完の産業技術博物館構想の5事例の中でも大阪，愛知，懇談会・交流会議とも産業界が「担い手」にも「対象」にも入っている．また5事例とも，本来「公共機関」である国や自治体が，住民の意思の具現者として「担い手」にも入っている．文化遺産の概念の拡大とともに，今や欲望の担い手と対象，認定する公共機関という三極とも同一ということもしばしば起こりうる．

　この5事例はいずれも，「産業技術」が国あるいは地域の重要な文化資源であり，科学立国のために将来的に継承すべき遺産であるという産官学の意思が，国や自治体の財政悪化や，社会課題が技術の進歩から環境問題に移るなどの理由により，博物館設立まで到達し得なかった．

　「産業技術」に関して，「製造業」の就労人口に占める割合が低下したという経済構造変化，あるいは90年代以降大きな社会課題となった気候変動に対応する機運の中で，産業技術博物館設立の推進力の停滞，あるいは停止が起こった．つまり博物館学的欲望の発動を合法化する「公共機関」は，時代の経済構造，社会構造の変化により，総合的な「産業技術」群を博物館に収蔵すべき対象と認定しなかったといえよう．

（2）北九州市における産業技術博物館の不成立，企業博物館，産業遺産制度
　北九州市の事例をみると，ここでも実物の展示やコレクションを持つ産業技術博物館は成立しておらず，官営八幡製鐵所から続く主要産業であり北九州市誕生の源でもあった鉄鋼業を中心とする「鉄鋼文明史館構想」も，SHINE博物館構想中の「産業科学博物館」も実現しなかった．北九州市では博物館学的欲望の「担い手」は北九州市という行政であり，「対象」は市内の鉄鋼業をはじめとする産業・企業であった．産業技術博物館は国立を想定しており「公共機関」は国である．

　一方，産業技術博物館計画のための市内の悉皆的調査により企業の持つ産業技術資料・遺産が顕在化され，計画が頓挫したため市が企業に保管・公開を依頼し，また官営八幡製鐵所と創立が同時期の企業の周年事業が相次ぎ，自社製

品や歴史を紹介する企業博物館が設立された．市が「産業」に向けた「博物館学的欲望」からの「遺産化の自動機械」「民主化」がなされたといえる．

　さらに，産業技術博物館としては結実しなかった「博物館学的欲望」を補完したのが，博物館という場にはおさまらない近代化遺産の認定制度である．日本では 1990 年から文化庁が全国の近代遺産総合調査を行い，北九州市内では門司港駅，旧門司三井倶楽部などが国の重要文化財に指定されている．経済産業省が 2007 年と 2008 年に「近代化産業遺産群」の認定を行った際には，「鉄鋼の国産化に向けた近代製鉄業発展の歩みを物語る近代化遺産産業遺産群」など，9 件の遺産群に八幡製鉄所をはじめとする市内の多くの産業遺産が登録されている．さらに 2015 年に「完全性」「真正性」を求められるユネスコの世界遺産に認定された「明治日本の産業革命遺産　製鉄・製鋼，造船，石炭産業」には官営八幡製鐵所関連の 4 件の産業遺産が含まれた（本書第 5 章第 3 節第 4 項）．

　世界遺産条約は 1972 年にユネスコ総会で採択され，日本は 1992 年に批准している（文化遺産オンライン）．1978 年に世界遺産一覧表の最初の登録がなされた時にすでに，産業遺産に相当するヴィエリチカ岩塩坑（ポーランド）が含まれていた．また 1994 年には世界遺産委員会が，地域や種類の不均衡を是正するため「グローバル・ストラテジー」を採択し，文化遺産一般から産業遺産というカテゴリが切りわけられた（稲葉 2017 pp. 160-161）．

　木村は産業遺産について，近代に建造されたという「時間の近接」，多様な社会層による多様な「集合的記憶」，産業遺産の評価や保存をめぐる「表象のポリティクス」の三つの特性があると述べている（木村 2020b pp. 121-123）．そして「明治日本の産業革命遺産」認定の過程で産業遺産を意味付ける表象がなされる際に，グローバル，ナショナル，ローカルというスケールの力学が働いたと指摘する．「明治日本の産業革命遺産」は，製鉄・製鋼，造船，石炭産業などの，日本の産業技術の近代化という大きなテーマのもとに 8 県 11 市 23 の資産を組み合わせ，全体として世界遺産としての価値を持たせる「シリアルノミネーション」方式で登録がなされた．木村は構成資産に採用あるいは不採用となった産炭地域の事例を通じ，技術という側面からグローバルレベルで資産の価値を意味付ける過程で，ナショナル（国家）の関与がなされる結果，ローカル（地域）での意味付け，表象が変質されたとしている（木村 2014 pp. 218-

231).

　国という欲望の「担い手」によって，国策により始まった官営八幡製鐵所が「博物館学的欲望」の「対象」となり，ユネスコが「公共機関」として世界遺産に認定がなされた．一方，広域でのシリアルノミネーションにより，産業遺産としての地域の意味付けについては，他地域の構成資産と同じく地域アイデンティティの度合いは薄まる傾向にあるともいえる．

2　産業・企業の観光資源化

（1）「観光のまなざし」からの「観光の場」の発現

　アーリとラースンは，観光の場は観光者のまなざしによって作られ，修正される（アーリ・ラースン 2011=2014 p.186）とともに，ネットワーク化された企業・自治体や，モノや構築物との間の関係性を通じた「発現力」によっても「創出され（修正され）」ると述べている（同上 p.239）．イギリスでは 20 世紀末の急速な脱工業化が社会生活の変化をもたらし，その地域に喪失感が生じたが（同上 p.215），それら産業を「遺産」とみなし観光が促進された．その遺産は人々に「アイデンティティ」を想起させ，地域にはその土地のシンボルとして構築物を保全する動きが生じる（同上 pp.215-219）．そこでは「場の遺産化」が行われ，美術館・博物館が増加する．博物館で表象される歴史の範囲は現在広がっており，「アウラからノスタルジアへ」変化が起こる（同上 pp.230-234）．

（2）愛知県，北九州市の事例から見る企業博物館の観光資源化プロセス

　第 4 章の愛知県，第 5 章の北九州市の事例から導き出される企業博物館の観光資源化プロセスを以下のように考察する．政策に従って行動する地域の観光プロデューサーとしての自治体や組織が，もともと企業のイメージ戦略やアーカイブズ機能など企業の経営ニーズから設立されている企業博物館に対し「観光のまなざし」を持つ．愛知県の場合は，愛知万博を契機に設立された産業観光推進懇談会（AMIC）であり，北九州市の場合は，北九州産業観光センターや「北九州ミュージアムパーク創造事業地域計画」であった．自治体や組織が企業とネットワーク化し，その関係性から生み出される「発現力」によって

「企業博物館」が「観光の場」として「創出され（修正され）」る.

　その過程では産業構造や社会の変化による場の遺産化が起こっており，国や自治体による認定制度によって公的な位置付けがもたらされ，「地域アイデンティティ」構築や維持に寄与している．愛知県や北九州市では企業博物館の建物や収蔵するコレクションが，文化庁や経済産業省をはじめとする認定制度により文化遺産として認定されている．さらに生産拠点が撤退して脱工業化し，生産現場としての真正性が低い場合にも，観光客の参加の度合いが重要視されて本物らしく見える展示が再構築される.

　以上のアーリとラースンの理論から見出される現象に加え，今回の調査では下記の現象を見出した．「まなざし」を受けた企業博物館は「地域へのまなざし」で見返す．「地域アイデンティティ」構築に貢献し，観光資源だけでなく文化資源や地域の教育普及施設としての機能も果たすことが企業博物館の社会に対するアウトカムである．こうして企業博物館は企業のイメージアップや地域貢献などのミッションを達成し，企業博物館の存在意義を高めていく．これらは地域と企業博物館の「相互のまなざし」の中で生成されているのである.

3　産業・企業が地域資源化すること

（1）愛知県，北九州市の事例から

　以上，産業や企業が地域資源として，文化資源化，観光資源化していくプロセスを，愛知県および北九州市の企業博物館の事例で検討した.

　高度経済成長期からバブル経済が終わるまで，つまり 1950 年代末から 1990 年初頭まで，日本は第二次産業，製造業が産業の主流であり加工貿易による輸出の隆盛によりグローバル経済でのシェアを高めた．対外的に日本の国民国家としてのナショナリズムを示すものの一つに「モノづくり」があり，国家の威信を示すものとして，欧米の産業技術博物館になぞらえた産業技術史博物館の設立が期待された．博物館学的欲望でいうところ「担い手」は，主に学術界であり，産業界であり，地方自治体であった．しかし「公共機関」である国は時に「担い手」に加わりながらも，「産業技術」の文化資源化を博物館という形態ではなく，世界遺産や登録文化財などの認定制度により実践した．メレスは

終　章　地域資源としての企業博物館の役割　　187

「遺産化」あるいは博物館的保護をメンシュのいう第一次文脈，第二次文脈から実物を取り除く文化行為だというが（本書第1章第2節第3項），産業という人々の生業に連なる対象は，完全に脱文脈化して「博物館化」することは不可能ともいえるのではないか．

　一方，1980年代からの国や自治体，学会などの調査や各種の認定制度により，日本各地で産業技術資料が文化遺産，産業遺産として認識されていく．世界遺産への注目や産業観光推進の機運とも相まって「博物館学的欲望」が「遺産化の自動機械」と化し「民主化」され，自社製品や歴史を紹介する企業博物館が出現し始める．事業を継続する企業が運営する企業博物館は，メンシュのいう第一次文脈から取り除かれることなく，博物館化を実現し得る．

　かつて近代国家が近代的公共博物館に，国民国家・ナショナリズムの啓蒙の場としての役割と付与したのと同様に，民主化された企業は企業博物館に，自社の企業理念の啓蒙の場としての役割を付与し，自社の正統性を社内外に主張し，従業員に従業員としての同一性の認識を促す．さらに，企業の社会的責任（CSR）として公共性を意識した社会貢献活動の手段として，普遍的な意義をもつ企業博物館を設立・運営し，文化遺産である産業遺産を展示・公開することや，ステークホルダーとのかかわりの場として機能し，地域貢献することが，企業にとってのアウトカムである．

　他方，2000年代半ばからの，国をあげての観光政策に従って行動する自治体や組織が，観光プロデューサーとして，文化遺産化した企業博物館に対し「観光のまなざし」を持つ．愛知や北九州の事例では，自治体や組織が企業とネットワーク化し「企業博物館」が「観光の場」として発現する．その過程では産業構造や社会の変化による場の遺産化が起こっており，地域アイデンティティ形成にも寄与している．

（2）「博物館の三つの型」と企業博物館

　ここまでの調査を踏まえ，伊藤が『市民のなかの博物館』（1993年）で示した「博物館の三つの型」から企業博物館の傾向を検討する．ここでは博物館は表6-1のように「地域志向型」「中央志向型」「観光志向型」に分類される．

　一方，伊藤は現実の博物館においては，展示の構成は中央志向型，教育事業

表 6-1　博物館の三つの型

	目的	調査・研究の軸	教育内容編成の軸	教育方法の軸
地域志向型	地域に生活する人びとのさまざまな課題に博物館の機能を通して応えていこうということを目的とするもの	資料と人間との関係の，相互の規定性や媒介性を課題とし，そこに価値を見出すことを中心とする．軸となるのは人びとの生活課題（地域課題）	地域と教育内容の連関を重視する内容（教育内容を地域の生活に基づいて編成）	ものを考え，組み立て，表現する能力の育成が中心
中央志向型	人びとの日常的生活圏や特定のフィールドをもたず，全国・全県単位などで科学的知識・成果の普及を目的とするもの	資料と人間との関係の，一般性，共通性を課題とし，そこに価値を見出すことを中心とする．軸となるのは各専門領域ごとの法則や法則性	組織された知識・技術の体型を重視する内容（あらゆる国民に均等な教育内容の編成）	知識の教授が中心
観光志向型	地域の資料を中心とするが，市民や利用者からのフィードバックを求めない観光利用を目的とするもの	資料と人間との関係の，特殊性や意外性を課題とし，そこに価値を見出すことを中心とする．軸となるのは希少性	希少価値を重視した内容編成	資料の持つ意外性，人気性が中心

出所）伊藤寿朗 1993『市民のなかの博物館』吉川弘文館，p. 15 より引用．

の内容は地域志向型，入館者の層は観光志向型というように，三つの型が同居している場合が多く，目的の異なるものが混在しているため，博物館の性格があいまいとなりがちと述べている．

　ここで，本書で事例をとりあげた愛知県 3 館，北九州市 5 館の傾向を，三つの型について検討する（表 6-2）．自社の属する産業領域はじめ普遍的な方向性がある場合は「中央志向型」，地域との関連が濃い場合は「地域志向型」，独自性・希少性があり集客力がある場合は「観光志向型」とした．また活動については，博物館の基本的役割である「収集・保存・展示」「教育普及」に加え，企業博物館の主目的である「社会貢献」と，施設としての機能をみるために「入館者層」を加えた．ただし入館者層は数値的データは入手できなかったため，インタビューと資料調査から類推した．

　「収集・保存・展示」は，製造業であるトヨタ，ミツカン，安川電機，TOTO については，中央志向型と観光志向型が混在している．これは産業が持つ普遍的な技術は中央志向型といえるが，それぞれの自社製品は特徴的で展示が体験型やレクリエーション型で観光志向型となっているからである．土木業であるわかちく史料館，遠洋漁業がルーツであるニッスイは地域と関連が強

終　章　地域資源としての企業博物館の役割　　189

表 6-2　博物館の三つの型による企業博物館の傾向

	収集・保存・展示	教育普及	社会貢献	来場者層
トヨタ	中央＋観光：生産技術展示，実物の動態展示，体験型展示，グループ史料（実物含む）	中央：小学生向けプログラム．工場見学の代替ともなる．ものづくりの重要性．	地域＋中央：グループ創業の地に設立．観光・防災などでの地域連携や会場提供など．メディアや他博物館への資料提供協力など	観光
ミツカン	観光：醸造に関する展示，小規模生産施設の設置，社史，映像や体験型展示	地域：小学校見学誘致・受け入れは3年生の「地域の産業」	地域：本社工場の跡地に設立．観光などでの地域連携，会場提供など	観光
INAX	中央：世界のタイル資料館地域：窯のある広場観光：土・どろんこ館，陶楽工房	観光：モザイク，絵付け，どろだんごなど体験型	地域：地場の製陶所跡地に設立．観光などでの地域連携，会場提供など．敷地はオープンスペースとして開放．メディアへの資料提供協力など	観光
わかちく	地域：洞海湾・若松の歴史，社史史料など．市民からの資料も収集	地域：地域の小中高大の学習利用，社会人新人研修など	地域：創業の地若松本店に設立．県・市の世界遺産関連部署や観光部署との連携など	地域
ニッスイ	地域：社史史料　静的展示	地域：以前は工場見学と組み合わせた学習利用．かつての地場産業，遠洋漁業の歴史の学び	地域：歴史的建造物利用．観光などでの地域連携など	地域
安川電機	中央＋観光：ロボットを中心とした自社技術の動態・体験展示	中央：ものづくりに関する次世代教育が主眼．工場見学と組み合わせ，市内小学校の来館誘致に積極的	地域：本社内ロボット村にあり黒崎地区再整備事業の一翼を担う．観光，お祭り，まちづくり団体などとの地域連携など	観光
TOTO	中央＋観光：トイレの普遍的展示および社史史料．社員による資料収集も．	中央：小学校社会科見学コースと，就学旅行コースを設置	地域：創業の地小倉の本社内に設立．観光などでの地域連携など	観光
ゼンリン	中央：一般的な地図の歴史展示	中央：展示ガイドなど．地図文化の継承と振興	中央＋地域：資料の他地域貸し出しや，観光などでの地域連携など	観光

注1）地域：地域志向型　中央：中央志向型　観光：観光志向型
注2）愛知県）トヨタ産業技術記念館，INAX ライブミュージアム，ミツカンミュージアム
　　　北九州市）わかちく史料館，ニッスイパイオニア館，安川電機みらい館，TOTO ミュージアム，ゼンリンミュージアム
出所）筆者作成．

く，地域志向型といえよう．ゼンリンは普遍的な地図文化に特化していることから中央志向型，INAX ライブミュージアムは 6 館の複合施設のため，三つの型の館がそれぞれ含まれている．

　「教育普及」は，教育プログラムとしては産業技術の普遍的な説明がなされているトヨタ，安川電機，TOTO，ゼンリンは中央型といえるが対象についてはそれぞれとくに地域の学校教育への貢献を意識している．わかちく，ニッスイは展示内容と連動して地域志向型，INAX はものづくり体験プログラムが特徴的なことから観光志向型といえる．

　「社会貢献」は，ゼンリン以外は，創業や創業ゆかりの地，あるいは本社敷地内という立地であること，歴史的建造物の保全，史料の保全や提供，観光やまちづくりへの貢献などから，地域志向型といえる．博物館が開かれた場という性格を持つことから，企業と地域との接点として機能しているといえよう．トヨタはメディア露出などは全国的であり，ゼンリンは資料貸出展示が他地域に及ぶことから中央志向型の要素もあるといえる．

　「入館者層」は，企業博物館は企業としての知名度がすでにあり，他地域からの認知度が高いという傾向が見られ，トヨタ，ミツカン，INAX，安川電機，TOTO，ゼンリンは観光志向型といえる．わかちく，ニッスイは地域志向型といえよう．

　このように，8 館のケースでは，1 館で一つの型には当てはまらず，また一つの役割でも複数の型が混在するケースが見られる．しかしこれら企業博物館は，伊藤が指摘する，三つの型が同居する場合博物館の性格があいまいとなりがち，と言う点においては該当せず，むしろそれぞれ特徴的な展示や活動をなすものとして認知されている．

　梅棹は企業の内容を博物館化する業種別企業博物館が増加すれば巨大な産業博物館の体系ができ，日本の博物館活動の一つの特徴となり得るとし，企業博物館は私企業の個別的立場を離れて業種一般の普遍的な立場に立つべきで，そうすることで公共性が実現されると述べている（梅棹 1987 pp. 86-91）．つまり個々の企業博物館が産業技術をはじめとする普遍的な展示や取り組みをすることで，集合体として中央志向型の総合博物館的な役割を果たすことができるといえるのではないか．

企業博物館は，地場産業として地域アイデンティティを醸成する存在で，館活動の主な目的は地域貢献であることでは「地域志向型」であり，産業技術をはじめとする普遍的な知識を訴求するということでは「中央志向型」であり，企業や特定の産業領域という特色を持ち企業としての知名度が獲得されているという点では「観光志向型」であり，三つの型を包含しながら，独自性をアピールする存在でありうるといえる．

4 博物館と観光への示唆

本書で取り扱った産業観光政策と企業博物館の観光資源化プロセスに関する考察から導き出される「博物館と観光」に関する示唆は次のとおりである．

まず，地域と館がどのような相互作用を持つかを認識することである．そのために必要なのは「観光プロデューサー」「地域アイデンティティ」「相互のまなざし」と考える．

本書の事例では「観光プロデューサー」でが重要なアクターで，愛知県では愛知万博を契機として産業観光推進懇談会（AMIC）が立ち上がり，北九州市では官民が共同してワンストップの「北九州産業観光推進センター」を設立し，継続した仕組みづくりを行ったことが産業観光取り組みの原動力であった．社会が共鳴できる理念を発信し，概念を構築し，それに伴った実効性のある継続的な施策が定着に奏功したのである．

その観光プロデューサーが企業博物館に観光のまなざしを向けたのは，その企業が地場産業であり，企業博物館のロケーションが「地域アイデンティティ」と強く結びついていたからである．企業が自治体について「創業の地，会社が生まれ育った街」と語るように，長い歴史の中で培われ，強い「地域アイデンティティ」が生みだすストーリーが語られ，企業博物館はそれを表象する場となり，企業博物館が「観光」に地域貢献の一つとして取り組む推進力となっている．

これらを生み出したのは地域と博物館の「相互のまなざし」で，観光客の「まなざし」を代替する観光プロデューサーや自治体からの「観光のまなざし」，また博物館からの「地域へのまなざし」双方が必要である．また，ネットワー

ク化された各組織の関係性から観光の場が発現するとすれば，多様なアクターがかかわり，観光資源にまなざしを向けることが求められる．現在，政府は地域観光の主体を自治体および観光地域づくり法人（DMO）と定め，設立・運営支援を行ない（観光庁 2020），また 2020 年 5 月には，博物館などの「文化観光拠点施設」を中心とした地域単位での観光振興推進や情報発信などを支援する「文化観光推進法」が施行され，北九州市も拠点計画および地域計画 44 件の中で「北九州ミュージアムパーク創造事業地域計画」が採択されている（文化庁 2020）．地域の多様なアクターが，博物館をどのような地域アイデンティティを体現する資源として見出していけるのか，それが本来の博物館活動と齟齬がないものであり博物館のミッション達成に織り込むことができるのかが課題であろう．

5　おわりに

　本書の意義は，まず，日本における「産業」の文化資源化プロセスについて論考したことである．未完の産業技術博物館構想群の調査を通じて，それぞれの取り巻く社会環境の中でどのようなアクターがかかわったのかを時系列で明らかにした．次に北九州事例では市内の公立博物館と企業博物館の役割の歴史的変遷を，トヨタの文化施設事例では長年の活動の中で複数の館が担う役割の歴史的変遷を描き，自治体あるいは企業の中で複数の館が機能を分担しながら社会環境変化に対応していったことを示した．愛知・北九州の事例では，企業博物館の成立経緯，公的政策との関連，地域貢献の主体となることから，公共性が生じるプロセスを導いた点にも一定の成果がある．最後に，文化遺産の概念が拡張する中で企業博物館が文化資源，そして観光資源としてまなざされ，国や自治体の観光政策の中で産業観光に寄与していくプロセスを明らかにした．

　本書の限界としては，企業博物館と産業観光に関して愛知，北九州という限られた対象での研究であること，2020 年から文化観光推進法が施行されて現在諸計画が進行中，また 2023 年 4 月に改正博物館法が施行されるタイミングでの研究で，それらの成果が出る前であることなどである．逆にいえばそれらは全て今後の研究課題である．加えて，2020 年初頭から始まった新型コロナ

ウィルス感染拡大については，2024年現在観光産業や博物館活動はコロナ禍以前まで持ち直したケースが多いが，活動の落ち込んだ時期とその後の復興時期は特異環境であるため，コロナ禍前の状況をベースに考察を行なった．

　また，企業博物館の文化資源あるいは観光資源としての地域貢献のあり方を主眼に検討し，地域と企業博物館の関係性を中心に論考を進めた．このため，企業博物館の本質的なあり方や問題提起について手薄になった面もある．

　序章第1節で触れた，採択されなかったICOM博物館定義の改正案は，現代社会が抱えるさまざまな課題に博物館が積極的に関与していこうという米英豪やカナダ，北欧の博物館学での先進的な博物館観を反映していた．それは国民意識形成を目的とし，植民地主義・帝国主義の上にコレクションや展示を構築したかつての近代的公共博物館のあり方に批判的な面も持つ．西洋からの視点で展示の対象となってきた非西洋の諸地域側の「自己の文化」「自己の歴史」からの表象を模索する試みは現在，西洋・非西洋双方でなされており（吉田2011 pp. 82-98），また，戦争期や植民地期に現地から国外に持ち出された文化財についての，現地への返還問題も議論されている（五十嵐2019）．

　竹沢は，キャメロン・ダンカンがミュージアムを国家の栄光を称揚する「テンプルとしてのミュージアム」の代替として「フォーラムとしてのミュージアム」とし，議論と批判と場とすることを提唱したこと（Duncan 1971）を引用し，できごとの展示に客観性を求めることが不可能であるなら，可能性として当時者の視点を尊重することが重要と述べる（竹沢2015 pp. 20-34）．これは公立博物館でも大きな論点であり，国立歴史民俗博物館の現代展示では市民の視点で展示を構成しており，同展示を担当した安田は国民国家の記憶装置である博物館の中で，市民として戦争を含む現代史にどう向き合うかという問題を提起している（安田2015 pp. 38-60）．

　企業博物館の設立にあたっては動機として，従業員の自社理解促進，社外への企業理念の訴求をあげる企業が多い．しかしそうした際に抜け落ちるのが，社会課題，とくに負の事実をどう扱うかという点である．第二次世界大戦中の軍需産業へのかかわり，公害問題，環境問題，あるいは企業にとって重要な個別の事故や事件などの事実について，展示や説明がなされている場合もあるが，企業が設置した施設である以上，専門家の関与があるにせよないにせよ，基本

的には企業としての自己評価となり，そこが企業博物館としての限界である．諸岡が，公立博物館が教育という目的を持つのに対し，企業博物館は最終的には企業が個々に定める目的を達成するものであり，公共の博物館とはスタンスが異なると指摘するように（諸岡 1995 pp. 29-61），企業の PR やブランド力向上のために設立された企業博物館が，当該企業が不利になる展示や研究は制限されるという点は，従来からの一般的な理解ともいえよう．

　しかし本書では，企業博物館はそのような側面を持つ一方，地域の活性化と観光の隆盛を往還させ，生涯学習施設として社会の要請に応えている点も多くあることを明らかにしてきた．地場産業として創業の地の建造物や資料などの産業遺産の保全，工場見学の拠点としての展示，脱工業化の進行による工場見学の機会喪失にあたっての代替的役割，それらを地域資源として生かした教育プログラムやガイドツアーなど教育への貢献，地域自治体の産業観光推進にあたっては主要アクターとして協力を行い，さらに複数館がネットワーク化し，集合体として総合的な産業博物館の機能を持つ可能性も示した．さらに博物館法が改正され，博物館に社会的・経済的貢献として観光への貢献が期待される現在，博物館と観光のあり方として，企業博物館と産業観光は先駆的な取り組みということができる．

　これらの活動を企業博物館が行うのは，産業遺産の認定制度，産業観光推進，文化観光推進計画など国や自治体の政策があり，企業が CSR や社会貢献活動の一環としてそれに応えていったという過程がある．企業ニーズにより設置された企業博物館が，国や自治体からの期待に応え，社会的役割を拡幅して地域資源として機能しているのである．

　一方，2023 年施行の博物館法の改正により企業も登録博物館の設置主体になることが可能となった．博物館に求められる役割や機能が多様化・高度化し，企業立の博物館が増加していることからの改正である．第十三条（登録の審査）に掲げられた登録の要件のうち，第三項に「博物館資料の収集，保管及び展示並びに博物館資料に関する調査研究を行う体制が第三条第一項各号に掲げる事業を行うために必要なものとして都道府県の定める基準に適合するものであること」，第四項に「学芸員その他の職員の配置が第三条第一項各号に掲げる事業を行うために必要なものとして都道府県の定める基準に適合するものである

こと」とあるように，第一義として社会教育施設としての博物館機能を求められており，企業立であってもそれは同様である．

　今回愛知事例や北九州事例で取りあげた企業博物館は，伊藤が『市民のなかの博物館』(1993) でいうところの第一世代（資料保存），第二世代（展示公開）までは要件を満たしており，社会教育施設としての取り組みがなされているといえる．しかし，伊藤が提唱した時点では期待概念であったがその後公立博物館で取り組みが拡がった第三世代（市民参加）が企業博物館でどの程度進んでいるかまでは，今回の研究では調査・考察に至らなかった．TOTO ミュージアムのように従業員や OB など関係者が自発的に展示物の収集を行う事例は他にもあり，地場産業として地域に従業員やその家族が在住していることも合わせて，企業博物館ならではの市民参加型活動がなされている可能性は十分ありうる．第三世代の博物館は博物館教育の視点を「資料」から「利用者」に移したとされ，収集や展示活動への参加，ボランティア参加など市民参加型活動が行われている事例は多い．企業博物館が社会教育施設として十分に機能するためには市民の生涯学習の体系的なサポート，博学連携のあり方の検討，それらを支える学芸員や教育普及スタッフの配置や育成などの整備が必要である．これらの調査・考察については，今後改めて取り組みたい．

　「博物館と観光」については，予算やスタッフなどのリソース不足に直面する多くの博物館にとって取り組みはさまざまな困難があり，また社会教育や文化活動を成果主義や市場原理に組み込むのかという批判も多く，実践の現場からは前向きな意見が出にくいのが現状である．観光施策は地域単位での自治体，産業界がネットワーク化した包括的な取り組みが必要であり，文化観光推進法に基づく拠点計画・地域計画は，それを具現化する政策でもある．今後，これら計画の成果が出た時点で，それぞれの計画で示された他館やさまざまな組織との連携が実際に取り組まれて機能したかが評価されていく．今後はそれを踏まえた検証を行っていきたい．

　産業観光をはじめとする日本の観光を長年，実践でも理論でも牽引してきた須田寛は，観光は人間の本能であり，文化的経済活動であると主張する．本来次元が異なる「文化」と「経済」が並列されることで誤解を生みやすく理解が困難になりがちであるが，観光の真の目的とは，未知の地域の光を心をこめて

観るという，地域間交流，人的交流である（須田 2022 pp.48-49）．地域に根ざした博物館はその地域の光であり，他地域からの他者との対話，人的交流が生まれていくことは，社会教育や文化活動の目的とも合致し，地域活性化につながるはずである．国の政策の流れの中で，今後「博物館と観光」に関して建設的な議論と実りある現場実践がなされていくことを期待したい．

注
1）本書序章第1節（3）参照．

初 出 一 覧

　本書は，2023 年に名古屋大学大学院教育発達科学研究科に提出した博士学位論文
『地域資源としての企業博物館——文化・観光への貢献の視点から——』をもとに書
籍化したものである．各章の初出は以下のとおり．

序章　第 1 節
「『博物館と観光』をめぐる議論と課題——文化芸術立国，観光立国が目指される中
　　で——」名古屋大学大学院教育発達科学研究科社会・生涯教育学研究室『社会
　　教育研究年報』第 34 巻，pp. 107-117（2020 年）

第 2 章
「日本における産業技術博物館構想——国立館・公立館の設立の動きと，開館への推
　　進力に関する考察——」『博物館学雑誌』第 49 巻第 1 号，pp. 35-55（2023 年）

第 3 章　第 2 節
「企業博物館の公益性・公共性の検討——公共文化施設との共通性と『新しい公共』
　　に注目して——」『名古屋大学大学院教育発達科学研究科紀要（教育科学）』第
　　68 巻第 2 号，pp. 107-119（2022 年）

第 3 章　第 3 節
「トヨタの展示施設の設立経緯と，各役割の変遷」『トヨタ博物館 2021 年度年報』
　　pp. 56-65（2022 年）

第 3 章　第 5 節
「愛知県の自治体の観光政策における企業への期待——『演出された真正性』と人間
　　発達をめぐる論点——」『名古屋大学大学院教育発達科学研究科紀要（教育科
　　学）』第 67 巻第 2 号，pp. 57-67（2021 年）

第 4 章

「愛知県における企業博物館の観光資源化プロセスに関する考察——『観光のまなざし』と『観光の場』発現の視点から——」『博物館学雑誌』第 46 巻第 2 号，pp. 1-20（2021 年）

第 5 章

「北九州市の『産業博物館』と『企業博物館』の成立に関する考察——『文化／観光』からの『産業へのまなざし』——」『博物館学雑誌』第 48 巻第 1 号，pp. 33-63（2022 年）

あ と が き

　大学卒業後に名古屋の中日新聞社の事業局で，その後転職したトヨタ自動車では社会貢献推進部などで，会社員の立場で長年文化事業の実践を行なってきた．企業が文化事業を実施する理由としては，自社のブランディング，ユーザー向けサービス，ステークホルダーとの関係強化，地域対策，もちろん収益事業という面もある．事業の企画などに関しては大学の研究者や美術館・博物館の学芸員などと連携する機会も頻繁にあったが，彼らアカデミックな立場からは，資本主義，市場原理を基盤に文化にかかわる企業は，しばしば大衆迎合的，営利的であると批判的な姿勢を感じる場面もしばしばあった．

　トヨタ博物館在勤時である 2018 年に，社会人大学院生として名古屋大学教育発達科学研究科に入った動機は，そんな体験にずっとわだかまりを感じていたこともあったと思う．経済活動に組み込まれた文化芸術活動は，公的機関や学術機関などで非営利に行われるものより価値が低いのか？おりしも国が「稼ぐ文化」を打ち出し，博物館にも経済的貢献が求められる時流がある一方，博物館の現場にいる知人たちからはただでさえ予算や人員削減などからリソース不足に悩む博物館が多いのに，観光まで背負わせるのかという声も聞いていた．そのような状況のなか，文化と経済の関係の好事例を示して，自分の職業人生がいささかでも社会に貢献するものであったと思いたい．「博物館と観光」を研究のテーマに選んだのはそんな極めて個人的な想いからであった．フルタイムでの会社員生活を続けながらの研究で，博士学位論文についても至らぬところが多いと自省しているが，自分のその想いをなんとか着地させることはできたと思っている．

　そのように博士学位論文を準備しプロポーザルを提出した直後の 2023 年初に，縁があり名古屋市が設置した名古屋版アーツカウンシルであるクリエイティブ・リンク・ナゴヤに転職した．任意団体ではあるが，名古屋市の市税で民間への公的支援を実施する中間支援組織である．仕事人生の終盤にこのような公的な業務に就くとはその直前まで想像もしていなかったが，この研究の中

で在野の文化がいかに公共性を持つかということに関して考え続けて来たことの実践となっている．それは社会人になってからずっと持っていた問いでもあり，これからも問い続けていくことになるだろう．

　本書をまとめるにあたり，ご協力いただいた皆様に心からお礼を申し上げたい．
　実地調査や資料調査には実に多くの方々にお世話になった．ご多忙な中でインタビューや資料収集に時間を割いていただいた博物館，自治体，観光関連団体，研究者など関係の皆様のご協力なくしては本書は実現しなかった．多くが中日新聞社やトヨタ自動車で知己を得た方々や，そこから繋いでいただいたご縁によるものである．働きながらの研究に理解をいただいたトヨタ博物館の布垣直昭館長はじめ当時の同僚にも改めて感謝したい．
　博士学位論文の主査である辻浩先生には，博士前期課程の二年次から後期課程修了まで指導教員としてご教授をいただいた．研究には素人の社会人がここまでたどり着けたのは，辻先生の丁寧で寛容なご指導と，論文をとにかくどんどん発表するよう促していただいたご鞭撻によるものである．不肖の弟子で研究室活動にもほとんど貢献できなかったが，辻先生が名古屋大学を定年退職される3ヶ月前に学位を取得できたことで，なんとか弟子としてのつとめを果たせたのかと思っている．
　また，副査をお引き受けいただいた石井拓児先生，河野明日香先生には，論文審査の中で，幅広い視野からのご指摘をいただき，自身の研究に改めて向き合う機会を頂戴した．河野先生にはオープンキャンパスで前向きに相談に乗っていただいたのが受験のきっかけとなり，博士前期課程で入学した際の最初の指導教員として，その後もさまざまにお世話になった．
　教育発達科学研究科，高等教育研究センターの先生方の講義の内外でのご教授からは，長年実践者であった筆者を研究の淵に立つ勇気を持たせていただいた．とくに丸山和昭先生には，研究室も異なるにもかかわらず，さまざまな相談に応じていただいた．社会人大学院生仲間とは同じ立場として自主ゼミや情報交換をしながら励まし合い，自分の子どもの方に歳が近い若きアカデミックの大学院生の皆さんからは筆者にとって新たな知見と議論からの刺激を受ける日々であった．

資料・文献調査では，名古屋大学附属図書館・中央図書館に大変お世話になった．とくに博士後期課程一年次から二年次にかけてはコロナ禍で調査活動もままならない時期があり，その際，他大学からの資料取り寄せや複写サービスから研究の糸口が見つかったことが何度もあった．また名古屋大学文系教務課や教育発達科学研究科教育専攻事務の皆様には，平日のビジネスアワーに大学の事務所に行くことが困難な筆者に，親切なご支援をいただいた．

　本書に対しては，公益財団法人愛銀教育文化財団　第35回（令和6年度）教育・文化活動に対する助成一般助成（個人）をいただき，出版の一助とさせていただいた．

　その他，ここにお名前を記すことのできなかった方も含め，お世話になったすべての皆様に心から感謝申し上げる．

　最後に，京都での大学時代にあれだけ遊び呆けておきながら今更いい歳をして大学院生となった娘に，孫のついでに学業御守を買うなどして見守ってくれた母と，大学教員であり研究活動に理解を示してくれた夫と，修士論文執筆時には高校受験，博士学位論文執筆時には大学受験と同じ屋根の下で共に机に向かい，一足先に桜を咲かせて巣立った長男ら家族にも，よく文句も言わずに放任してくれていたと謝意を伝えたい．

　2024年　秋

佐 藤 友 美

参考文献・資料

■引用・参考文献

アーリ, ジョン（加太宏邦訳）1990=1995『観光のまなざし——現代社会におけるレジャーと旅行——』法政大学出版局 Urry, John 1990 *The Tourist Gaze: Leisure and Travel in Contemporary Societies*: SAGE

アーリ, ジョン・ラースン, ヨーナス（加太宏邦訳）2011=2014『観光のまなざし（増補改訂版）』ミネルヴァ書房 Urry, John and Larsen, Jonas 2011 *The Tourist Gaze 3.0*: SAGE

Urry, John 2002 *The Tourist Gaze*: SAGE

赤尾勝己 2017「社会教育が手がける観光学習——インフォーマル学習の観点から——」『社会教育 2017年11月号』日本青年館, pp. 14-19

アルセチュール, ルイ（柳内隆・山本哲士訳）1970=1993『アルチュセールの「イデオロギー」論』三交社 Althusser, Louis 1970 *Idéologie et appareils idéologiques d'Etat*

アンダーソン, ベネディクト（白石隆・白石さや訳）2006=2007『底本 想像の共同体 ナショナリズムの起源と流行』書籍工房早山 Anderson, Benedict 2006 *Imagined Communities: Reflections on the Origin and Spread of Nationalism*: Verso

五十嵐彰 2019『文化財返還問題を考える』岩波ブックレット No. 1011

伊木稔 2012「企業博物館の役割」『大阪商業大学商業史博物館紀要』13 pp. 115-130

伊木稔 2016『文化を支えた企業家たち「志」の源流と系譜』ミネルヴァ出版

和泉大樹 2016「地域の振興と博物館」『観光資源としての博物館』（中村浩・青木豊編著）芙蓉書房出版 pp. 169-178

市原猛志 2016「北九州市の産業遺産, その保存と活用の現状」『2016年度年次大会資料』（2016年9月11日～14日）日本機械学会

伊藤解子 2014「北九州市の産業観光の課題」『都市政策研究所紀要』8 北九州市立大学都市政策研究所 pp. 1-20

伊藤解子 2017「第4章 人の集まるまちづくりの推進 第4節 魅力あるまちづくり」『新修・北九州市史「市政編」』北九州市 pp. 491-539

伊藤寿朗 1993『市民のなかの博物館』吉川弘文館

伊藤裕夫 2006「劇場政策論の立場から指定管理者制度を問い直す」『指定管理者制度——文化的公共性を支えるのは誰か——』（小林真理編）時事出版社 pp. 51-65

伊藤裕夫 2018「メセナ（企業の文化支援）論」『文化政策の現在 2 拡張する文化政策』（小林真理編）東京大学出版会 pp. 149-166

稲葉信子 2017「産業遺産」『世界文化遺産の思想』（西村幸夫・本中眞編）東京大学出版会 pp. 158-167

今川英子 2018「文化編 総論」『新修・北九州市史「文化編・教育編」』北九州市 pp. 4-19

内田星美 1987「産業遺産保存の学術的意義」『企業と資料 第2集——産業遺産と企業博物館——』企

業史料協議会 pp. 5-10

梅棹忠夫 1987『メディアとしての博物館』平凡社

梅棹忠夫 1993「都市と文化開発の 30 年 4 産業技術史博物館の構想」『梅棹忠夫著作集』21 中央公論社 pp. 26-31

岡田有功 2017「第 4 章 企業活動と経済諸団体の動向 第 2 節 経済団体」『新修・北九州市史「経済編」』北九州市 pp. 548-562

岡林千夫 2019「北九州の地からつなぐ私たちのみらい 安川電機みらい館（聞き手：藤本和也）」『Passion』41 金剛株式会社 pp. 32-35

荻野昌弘編 2002『文化遺産の社会学』新曜社

荻野昌弘 2002a「文化遺産への社会学的アプローチ」『文化遺産の社会学』（荻野昌弘編）新曜社 pp. 1-33

荻野昌弘 2002b「保存する時代の未来」『文化遺産の社会学』（荻野昌弘編）新曜社 pp. 263-282

荻野昌弘 2002c「かたちのないものの遺産化（1）無形と有形」『文化遺産の社会学』（荻野昌弘編）新曜社 pp. 213-228

荻野昌弘 2020「所有の欲望 人はなぜ文化遺産を欲望するのか」『社会学で読み解く文化遺産』（木村至聖・森久聡編）新曜社 pp. 54-59

襲田健 2008「ゼンリン 地図の資料館」『地図中心』2008 年 1 月号 日本地図センター pp. 10-15

加島篤 2014「日本水産における漁業用無線通信の系譜 I ——遠洋トロール事業の発展と戸畑漁業無線局の開局——」『北九州工業高等専門学校研究報告』47 北九州工業高等専門学校 pp. 11-30

柏木修 2018「第 2 章 文化振興に関する様々な取組み」『新修・北九州市史「文化編・教育編」』北九州市 pp. 196-291

片桐新自編 2000『歴史的環境の社会学』新曜社

金子六郎 2011「産業遺跡博物館」「産業科学館」「産業博物館」『博物館学事典』（全日本博物館学学会編）雄山閣 pp. 136-138

樺山紘一 2018「COMIC10 年に当たって 産業文化博物館の広がり」『印刷博物館 Printing Museum News』69 印刷博物館

川崎繁 2008「講演録 博物館法制定時の事情」『博物館学雑誌』34(1) pp. 87-94

河島伸子 2020「ミュージアムの運営と資金調達」『新時代のミュージアム』（河島伸子・小林真理・土屋正臣）ミネルヴァ書房 pp. 156-177

企業史料協議会編 1987『企業と史料 第 2 集 産業遺産の保存と企業博物館』企業史料協議会

岸本千佳司 2017「第 5 章 新産業の動向・現状 第 3 節ロボット産業」『新修・北九州市史「経済編」』北九州市 pp. 592-622

北九州市 2018『新修・北九州市史「資料編」』

北九州市経済文化局総務観光部観光課 2007「北九州市版産業観光の推進——ものづくりと産業遺産を活かす」『自治体学研究』96 神奈川県自治総合研究センター pp. 60-63

北九州地域史研究会 2006『北九州の近代化遺産』弦書房

城戸宏史 2017「第 3 章 主要産業の展開 第 4 節 加工組立部門」『新修・北九州市史「経済編」』北九州市 pp. 303-331

木下達文 2019「博物館経営論 博物館の経営基盤」『現代博物館学入門』（栗田秀法編著）ミネルヴァ書房 pp. 31-56

木村至聖　2014『産業遺産の記憶と表象「軍艦島」をめぐるポリティクス』京都大学学術出版会

木村至聖　2020a「はじめに」『社会学で読み解く文化遺産』（木村至聖・森久聡編）新曜社　pp. vii-x

木村至聖　2020b「産業遺産」『社会学で読み解く文化遺産』（木村至聖・森久聡編）新曜社　pp. 121-126

木村至聖・森久聡編　2020『社会学で読み解く文化遺産』新曜社

栗田秀法　2019「あとがき」栗田秀法編著『現代博物館学入門』（栗田秀法編著）ミネルヴァ書房　pp. 279-284

栗田秀法　2022「博物館法よ，お前もか。」『美術手帖』2022 年 2 月 23 日　https://bijutsutecho.com/magazine/insight/25235（2023 年 9 月検索）

黒田勝彦・亀井三郎　2003「『土木博物館（仮称）』構想と，『土木の学校（仮称）』」『土木学会誌』88 (8) pp. 84-86

講談社編　1987『全国企業博物館ガイド』講談社

古賀哲矢　2017a「第 2 章 活力ある都市を目指して」『新修・北九州市史「市政編」』北九州市　pp. 194-352

古賀哲矢　2017b「第 1 章　北九州市の誕生と成長　概説～第 2 節」『新修・北九州市史「市政編」』北九州市　pp. 18-84

後藤和子　2020「博物館と地域発展──OECD/ICOM『文化と地域発展：最大限の成果を求めて』を読み解く──」『博物館研究』55(623) pp. 41-45

後藤邦夫　2005「産業記念物研究と産業技術史博物館構想の 25 年──『ダニロフ・パラダイム』を越えて──」『大阪の産業記念物』桃山大学総合研究所　pp. 3-8

小林真理　2005「美術史学会東支部大会シンポジウム『美術館・博物館の新たな公共性を求めて──指定管理者制度・NPO・地域社会──』報告」『ミュージアム・マガジン・ドーム』81 日本文教出版　pp. 89-91

小林真理　2006「公立文化施設の課題と指定管理者制度」『指定管理者制度──文化的公共性を支えるのは誰か──』（小林真理編）時事出版社　pp. 3-20

小林真理　2018a「自治体文化行政論再考──文化行政が目指すもの──」『文化政策の現在 3　文化政策の展望』（小林真理編）東京大学出版会　pp. 85-96

小林真理　2018b「指定管理者制度時代の文化振興財団の課題と展望」『文化政策の現在 2　拡張する文化政策』（小林真理編）東京大学出版会　pp. 167-186

小林真理　2020「ミュージアム政策の不在」『新時代のミュージアム』（河島伸子・小林真理・土屋正臣）ミネルヴァ書房　pp. 21-47

ゴフマン，アーヴィング（石黒毅訳）1959=1974『行為と演技──日常生活における自己呈示』誠信書房 Goffman, Erving 1959 *The Presentation of Self in Everyday Life*: Doubleday

近藤のぞみ　2011「文化施設が『公共的役割』を果たすために何が必要か」『公共文化施設の公共性』（藤野一夫編）水曜社　pp. 46-64

齋藤謹吾　1998「産業技術記念館について」『産業考古学』88 産業考古学会　pp. 8-14

齋藤純一　2010『公共性』岩波書店

櫻井常矢　2006「公民館の指定管理者制度」『指定管理者制度──文化的公共性を支えるのは誰か──』（小林真理編）時事出版社　pp. 107-123

佐竹和歌子　2013「INAX ライブミュージアム」『地域を変えるミュージアム──未来を育む場のデザ

イン──』（玉村雅敏編）英治出版，pp. 98-103

産業観光推進会議 2014『産業観光の手法 企業と地域をどう活性化するか』学芸出版社

産業技術歴史展実行委員会監修 1997『雑誌解体新書編集部 モノの歴史・技術の歩み編 テクノフェスタ 21 産業技術歴史展ハンドブック』日刊工業新聞社

清水憲一 2017「第 5 章 新産業の動向・現状 概説」『新修・北九州市史「経済編」』北九州市 pp. 564-566

庄谷邦幸・種田明 1987「産業技術史研究における各国博物館の機能に関する国際比較調査研究──ドイツ・オーストリア──」『技術と文明』4(1) 日本産業技術史学会 pp. 63-80

新藤浩伸 2018「文化施設とは何か」『文化政策の現在 2 拡張する文化政策』（小林真理編）東京大学出版会 pp. 17-35

末吉興一 2001「北九州産業技術博物館構想について」『産業技術の歴史 国際シンポジウム報告』国立科学博物館 pp. 31-40

末吉哲郎 1987「文化としての企業博物館」『企業と史料 第 2 集』企業史料協議会 pp. 1-4

須田寛 1999『産業観光──観光の新分野──』交通新聞社

須田寛 2002a「『観光』への期待とその背景──なぜ今『観光』，『産業観光』なのか──」『新・産業観光論』（須田寛・徳田耕一・安村克己）すばる舎 pp. 14-28

須田寛 2002b「中京圏における『産業観光』その展開と展望」『新・産業観光論』（須田寛・徳田耕一・安村克己）すばる舎 pp. 29-96

須田寛・徳田耕一・安村克己 2002『新・産業観光論』すばる舎

須田寛 2022「観光は人間の本能だ 経済効果を文化的発想でつなぐ」『REAR』49 pp. 48-57

須藤廣 2017「第 3 章 主要産業の展開 第 9 節 観光」『新修・北九州市史「経済編」』北九州市 pp. 439-480

副島健 2001「北九州市の成立と施策の展開」『都市の再生──北九州市を事例として──』（東京市政調査会研究部編）東京市政調査会 pp. 1-24

高橋雄造 2008『博物館の歴史』法政大学出版局

高安礼士・難波幸男・西博孝・牛島薫 1999「21 世紀の産業技術と科学博物館における展示の展開について──新たなる視点を求めて──」『千葉県立現代産業科学館研究報告』（5）pp. 1-9

高柳直弥 2011a「イメージ構築装置としての企業博物館 明治期から現在までの企業博物館活動」大阪市立大学大学院経営学研究科博士論文

高柳直弥 2011b「『企業博物館』の成立と普及に関する考察──欧米からの"Corporate Museum"論の移入を中心に──」『大阪市立大学論集』128 pp. 47-68

高柳直弥 2015「企業のコミュニティ・リレーションズにおける企業博物館の活用に関する考察」日本広報学会『広報研究』19 pp. 32-47

高柳直弥・粟津重光 2014「インターナル・コミュニケーションの道具としての企業博物館と企業のアイデンティティ」日本広報学会『広報研究』18 pp. 50-64

高柳直弥・粟津重光 2018「日本における企業博物館の運営に関する実態調査」『豊橋創造大学紀要』23 pp. 1-18

竹沢尚一郎 2015「フォーラムとしてのミュージアム」『ミュージアムと負の記憶』（竹沢尚一郎編）東信堂

武田竜弥編 2008『日本全国 産業博物館めぐり 地域の感性を伝える場所』PHP 研究所

武田竜弥 2009「日本の産業博物館の現状と課題」『日本感性工学会論文誌』8(4) pp. 1179-1184

谷本寛治 2020『企業と社会——サステナビリティ時代の経営学——』中央経済社

丹青総合研究所 1987「企業博物館・資料館（室）の実態に関する調査報告」『企業と資料第２集——産業遺産と企業博物館——』企業史料協議会 pp. 167-119

中部産業遺産研究会編 2000『ものづくり再発見——中部の産業遺産探訪——』アグネ技術センター

辻信一 2004『スロー・イズ・ビューティフル 遅さとしての文化』平凡社ライブラリー

辻秀人 2019「山本幸三地方創生担当大臣発言と背景」『博物館が壊される！博物館再生への道』（青木豊・辻秀人・菅根幸裕編著）雄山閣 pp. 1-12

津田純嗣，山口真一郎 2015「TOP INTERVIEW 創業 100 周年は“次代”に向けての通過点．北九州から世界に打ち勝つモノづくりをけん引する 津田純嗣氏 安川電機 会長兼社長」『財界九州』2015 年 5 月号 財界九州社 pp. 10-14

出口隆 2008「ゼンリン 地図の資料館その２」『地図中心』2008 年 1 月号 日本地図センター p. 15

出口隆 2017「総論」『新修・北九州市史「市政編」』北九州市 pp. 2-16

電通出版事業部編 1984『日本の企業博物館』電通

友岡邦之 2006「出資法人の回復可能性」『指定管理者制度——文化的公共性を支えるのは誰か』（小林真理編）時事出版社 pp. 35-49

友岡邦之 2018「地域・コミュニティ」『文化政策の現在 1 文化政策の思想』（小林真理編）東京大学出版会 pp. 225-237

中井郷之 2018「観光立国と国際観光 観光政策と観光立国の推進」『入門 観光学』（竹内正人ほか編著）ミネルヴァ書房 pp. 145-150

中岡哲郎 1988「産業技術史研究における各国博物館の機能に関する国際比較調査研究」

中岡哲郎 1990「産業技術史研究の方法に関する基礎的研究（報告書）」『技術と文明』6(1) 日本産業技術史学会 pp. 69-90

中川幾郎 2006「自治体文化政策と指定管理者のあり方」『指定管理者制度——文化的公共性を支えるのは誰か——』（小林真理編）時事出版社 pp. 21-34

長澤成次 2022「文化審議会答申と博物館法改正問題：市民の学びの自由と権利を保障する博物館の自由をめぐって」『住民と自治』707 自治体研究社 pp. 11-15

中牧弘允 2003「会社の神殿としての企業博物館——序章を兼ねて——」『企業博物館の経営人類学』（中牧弘允・日置弘一郎編）東方出版 pp. 19-36

中牧弘允 2020「万国博覧会の遺産としての博物館——夢の後始末をめぐって——」『万博学』（佐野真由子編）思文閣 pp. 479-495

中村智彦 1999「博物館新設構想中断による問題の発生とその原因について——「国立産業技術史博物館」構想の現状と課題——」『日本ミュージアム・マネージメント学会研究紀要』3 pp. 25-32

中村智彦 2005「幻の産業技術史博物館」『大阪の産業記念物』28 桃山学院大学総合研究所 pp. 35-39

中村浩 2017「観光と博物館論史」『博物館学史研究事典』（青木豊・鷹野光行編）雄山閣 pp. 124-129

中村雄二郎 2014『世界大百科事典 3』平凡社

「21 世紀日本の構想」懇談会 2000『日本のフロンティアは日本の中にある——自立と協 治で築く新世紀——』講談社

日本経団連社会貢献推進委員会 2008『CSR 時代の社会貢献活動』日本経団連出版

博物館法令研究会 2023『改正博物館法詳説・Q&A』水曜社

橋本美佐子 2020「ニッスイパイオニア館」『北九州市産業技術史調査研究 北九州における近現代建築の地域資源としての見える化』（佐久間治）北九州産業技術保存継承センター pp. 90-91

長谷政弘編 1997『観光学辞典（第9版）』同文館出版

長谷川公一 1998「環境社会学の眼で見る…（5）パブリックと「公」の間——NPO法案の成立をうけて——」『書斎の窓』475 有斐閣 pp. 10-14

長谷川公一 2000「共同性と公共性の現代的位相」『社会学評論』50(4) 日本社会学会 pp. 436-450

半田昌之 2017「企業博物館論史」『博物館学史研究事典』（青木豊・鷹野光行編）雄山閣 pp. 224-229

日置弘一郎 2003「個人顕彰の企業博物館」『企業博物館の経営人類学』（中牧弘允・日置弘一郎編）東方出版 pp. 37-48

日比野利信 2018「第3章 文化資源」『新修・北九州市史「文化編・教育編」』北九州市 pp. 292-347

平井健文 2017「日本における産業遺産の観光資源化プロセス——炭鉱・鉱山の遺構に見出される価値の変容に着目して——」『観光学評論』Vol. 5-1 観光学術学会 pp. 3-19

蜷川久康 1998『トマス・クックの肖像』丸善ブックス

廣山謙介 2003「企業博物館の歴史-技術伝承の視点から」『企業博物館の経営人類学』（中牧弘允・日置弘一郎編）東方出版 pp. 49-61

フーコー，ミシェル（神谷恵美子訳）1963=1969『臨床医学の誕生』みすず書房 Foucault, Michel 1963 *Naissance de la clinique: une archéologie du regard medical*: Presses universitaires de France

藤野一夫 2011「問題」「公共文化施設の公共性を問う」『公共文化施設の公共性』（藤野一夫編）水曜社 pp. 13-43

古本泰之 2011「観光施設の社会性 博物館・美術館」『よくわかる観光社会学』（安村克己ほか編著）ミネルヴァ出版 pp. 128-129

古本泰之 2014「観光地域における『芸術活動』の観光資源化としての美術館集積」『日本国際観光学会論文集』21 pp. 71-76

ベルジュロン，イブ（水嶋英治訳）2011=2022「コレクション」『博物館学・美術館学・文化遺産学 基礎概念事典』（メレス，フランソワ・デバレ，アンドレ編）東京堂出版 pp. 205-225

星合重男 1995「企業博物館に期待するもの」『企業と資料第5集——企業の文化貢献を担う企業博物館——』企業史料協議会 pp. 37-44

星合重男 2004「日本の企業博物館の動向について」『レコード・マネジメント』48 企業史料協議会 pp. 60-62

ポスト，ジェームズ.E・ローレンス，アン.E・ウェーバー，ジェームズ（松野弘・小坂隆秀・谷本寛治監訳）2002=2012「コミュニティと企業」『企業と社会——企業戦略・公共政策・倫理（下）——』ミネルヴァ書房 pp. 50-83 James E. Post, Anne T. Lawrence, James Weber 2002 *Business and Society: Corporate Strategy, Public Policy, Ethics*: McGraw-Hill

ポミアン，クシシトフ（吉田城・吉田紀子訳）1987=1992『コレクション——趣味と好奇心の歴史人類学——』平凡社 Pomian, Krzysztof 1987 *Collectionneurs, amateurs et curieux: Paris, Venise, XVIe-XVIIIe siècle*: Gallimard

ホブズボウム，エリック・レンジャー，テレンス編（前川啓治，梶原景昭ほか訳）1983=1992『創られた伝統』紀伊國屋書店 edited by Eric Hobsbawm and Terence Ranger 1983 *The Invention of Tradition*: Cambridge University Press

堀江浩司 2015「企業博物館と競争優位」『広島経済大学経済研究論集』38(3) pp. 35-49

堀野正人 2011「観光社会学の領域 まちづくりと観光」『よくわかる観光社会学』（安村克己ほか編著）
　　ミネルヴァ出版 pp. 100-101

堀野正人 2017「観光まちづくり論の変遷に関する一考察――人材育成にかかわらせて――」『地域創
　　造学研究：奈良県立大学研究季報』27(2) 奈良県立大学研究会 pp. 65-91

毎日グラフ別冊 1988『にっぽん全国企業博物館』毎日新聞社

マキァーネル，ディーン（安村克己ほか訳）1999=2012『ザ・ツーリスト――高度近代社会の構造分析
　　――』学文社 Dean MacCannell 1999 *The Tourist: A New Theory of the Leisure Class*: University
　　of California Press

町村敬志 2005「メガ・イベントのグローバル・ローカル政治――国際機関・グローバル企業・地域社
　　会――」『市民参加型社会とは 愛知万博計画過程と公共圏の再創造』（町村敬志・吉見俊哉編著）
　　有斐閣 pp. 19-74

松田陽 2018「保存と活用の二元論を超えて――文化財の価値の体系を考える――」『文化政策の現在
　　3 ――文化政策の展望――』（小林真里編）東京大学出版会 pp. 25-49

松田陽 2020「ICOM博物館定義の再考」『博物館研究』55(623) pp. 22-26

松宮秀治 2009「展示と政治」『展示の政治学』（川口幸也編）水声社 pp. 103-149

桝本佳甫 2015「新しい公共経営」『公共経営学入門』（桝本佳甫編）大阪大学出版会 pp. 72-88

馬渕浩一 2004「技術経営の視点からみた企業史料の記録保存の意義と情報再編集の場としての博物
　　館」『レコード・マネジメント』企業史料協議会 48 pp. 3-10

馬渕浩一 2005「わが国における産業技術博物館の史的考察と地域産業活性化に関する研究」名古屋工
　　業大学博士論文

南博 2017「第1章 北九州市の誕生と成長 第1節 五市合併への道のり 第2項～第4項」『新修・北
　　九州市史「市政編」』北九州市 pp. 26-37

村田麻里子 2014『思想としてのミュージアム――ものと空間のメディア論――』人文書院

メレス，フランソワ・デバレ，アンドレ編（水嶋英治訳）2011=2022『博物館学・美術館学・文化遺産
　　学 基礎概念事典』東京堂出版 Sous la direction d'André Desvallées et de François Mairesse;
　　comité de rédaction, Yves Bergeron 2011 *Dictionnaire encyclopédique de muséologie*: Armand
　　Colin

メレス，フランソワ（水嶋英治訳）2011=2022a「序章」『博物館学・美術館学・文化遺産学 基礎概念
　　事典』（メレス，フランソワ・デバレ，アンドレ編）東京堂出版 pp. 1-12

メレス，フランソワ（水嶋英治訳）2011=2022b「博物館」『博物館学・美術館学・文化遺産学 基礎概
　　念事典』（メレス，フランソワ・デバレ，アンドレ編）東京堂出版 pp. 15-68

メレス，フランソワ（水嶋英治訳）2011=2022c「博物館化」『博物館学・美術館学・文化遺産学 基礎
　　概念事典』（メレス，フランソワ・デバレ，アンドレ編）東京堂出版 pp. 109-126

森真澄 1987「専門博物館化への期待」『企業と資料第2集――産業遺産と企業博物館――』企業史料
　　協議会 pp. 19-26

森真澄 1988「『企業博物館』の現状とこれからへの期待」『にっぽん全国企業博物館』毎日新聞社 pp.
　　45-49

森嶋俊行 2014「企業創業地における近代化産業遺産の保存と活用――倉敷地域と日立地域の比較分析
　　から――」『経済地理学年報』60 経済地理学会 pp. 67-89

森田恒之・井上章一 1988「ベルギー・フランスにおける産業技術史博物館」『技術と文明』4(2) 日本

産業技術史学会 pp. 57-70

森屋雅幸 2019「博物館と観光の関わりについて――近年の博物館政策と『ミュージアム・ツーリズム』を中心に――」『都留文科大学研究紀要』89 pp. 189-205

諸岡博熊 1995『企業博物館――ミュージアムマネジメント』東京堂出版

諸岡博熊・天遠一・中岡哲郎・末吉哲郎 1988「特別座談会」『にっぽん全国企業博物館』毎日新聞社 pp. 42-44

安田孝・中岡哲郎 1987「英国における産業技術史博物館建設の現状」『技術と文明』4(1) 日本産業技術史学会 pp. 81-96

安田常雄 2015「歴博『現代展示』と戦争認識」『ミュージアムと負の記憶』（竹沢尚一郎編）東信堂

安高啓明 2014『歴史のなかのミュージアム――驚異の部屋から大学博物館まで――』昭和堂

安村克己 1999「持続可能な観光の発展のための観光教育」『持続可能な観光と地域発展へのアプローチ』（森本正夫監修）泉文堂 pp. 45-52

安村克己 2002「観光学からみる産業観光」『新・産業観光論』（須田寛・徳田耕一・安村克己）すばる舎 pp. 147-205

山田英徳 2011「理工系博物館」『博物館学事典』（全日本博物館学学会編）雄山閣 pp. 375-376

山本理佳 2013『「近代化遺産」にみる国家と地域の関係性』古今書院

山本理佳 2015「大和ミュージアム設立を契機とする呉市周辺の観光変化」『国立歴史民俗博物館研究報告』193 pp. 187-219

横内裕人 2020「文化財の所有と公共性」『歴史学研究』（歴史学研究会編）2002 年 12 月 1003 号 績文堂出版 pp. 1-9, 74

吉田憲司 2011「博物館における展示Ⅰ」『改訂新版 博物館概論』（吉田憲司編）放送大学教材

吉田光邦編 1981『産業の発達史［企業博物館］』講談社

吉田光邦・井上章一・小野芳朗・森田恒之 1986「近代日本産業技術記念物に関する調査――その 1 企業編――」『技術と文明』3(1) 日本産業技術史学会 pp. 83-95

吉見俊哉 1992『博覧会の政治学』中公新書

吉森裕 2007「北九州イノベーションギャラリー（産業技術保存継承センター）について」『日本機械学会誌』110(1061) 日本機械学会 pp. 20-23

吉森裕 2012「モノづくり・まちづくり――北九州市の挑戦――」『モノづくり研究――生活美学研究所モノづくり研究会報告書――』武庫川女子大学生活美学研究所 pp. 23-36

渡辺正雄・中川徹・三宅宏司 1988「産業技術史研究における各国博物館の機能に関する国際比較調査研究」『技術と文明』4(2) 日本産業技術史学会 pp. 71-80

渡部友一郎 2022「博物館法の一部を改正する法律（令和 4 年法律第 24 号）の法的考察：博物館の文化観光推進努力義務を新設した第 3 条第 3 項のソフトローとしての影響」『観光研究』34 日本観光研究学会 pp. 59-64

■引用・参考資料（行政資料，報告書，計画，構想など）

ICOM 日本委員会 HP https://icomjapan.org/（2023 年 8 月検索）

ICOM Russia HP https://icom-russia.com/data/events-/corporate-museums-today/（2023 年 8 月検索）

愛知県 HP「あいちのあらまし（産業）」https://www.pref.aichi.jp/soshiki/koho/0000007891.html

（2023 年 1 月検索）

愛知県 2019「あいちの知的財産戦略【知事会見】「愛知の発明の日」記念講演会及び「体験！あいち少年少女発明クラブ紹介展」を開催します！」https://www.pref.aichi.jp/site/aichi-chizai/aichi-hatsumei2019.html（2023 年 1 月検索）

愛知県振興部観光局観光振興課 2016「あいち観光戦略 2016-2020」

愛知の産業遺跡・遺物調査保存研究会編 1987「愛知の産業遺跡・遺物に関する調査報告（トヨタ財団助成研究報告書）」

「新しい公共」円卓会議 2010「『新しい公共』宣言」第 8 回「新しい公共」円卓会議（2010 年 6 月 4 日）資料

International Council of Museums HP "International Committies" https://icom. museum/en/network/committees-directory/（2023 年 8 月検索）

遠藤大介 2021「新科学館の概要（北九州市子ども家庭局新科学館担当課長）」

OECD・ICOM 2019a "Culture and Local Development: Maximizing the impact—Guide for local goverments, communities and museum"

OECD・ICOM 2019b「文化と地域の開発：最大限の成果を求めて——地方政府，コミュニティ，ミュージアム向け OECD—ICOM ガイド ——」前掲 "Culture and Local Development: Maximizing the impact—Guide for local goverments, communities and museum" の日本語要約版

大阪科学技術センター 1973「10 年のあゆみ」

大阪工業会 1985「欧州の産業技術史博物館の実情——訪欧産業技術史博物館視察団報告書——」社団法人大阪工業会

大阪工業会 1987「米国・カナダの産業技術史博物館の実情——米・加産業技術史博物館視察団報告書——」社団法人大阪工業会

科学技術庁 1993「科学技術白書」pp. 1-93

金田晃一 2010「『新しい公共』に向けた企業の社会的責任（CSR）と NPO のアカウンタビリティ」第 6 回「新しい公共」円卓会議（2010 年 4 月 28 日）資料

観光庁 2016「明日の日本を支える観光ビジョン」概要 https://www.mlit.go.jp/common/001126601.pdf（2023 年 1 月検索）

観光庁 2017「観光立国推進基本計画」https://www.mlit.go.jp/common/001299664.pdf（2023 年 1 月検索）

観光庁 2018a「観光ビジョン実現プログラム 2018」https://www.mlit.go.jp/kankocho/news02_000354.html（2023 年 1 月検索）

観光庁 2018b「『テーマ別観光による地方誘客事業』を 17 件選定しました」https://www.mlit.go.jp/kankocho/news05_000259.html（2023 年 1 月検索）

観光庁 2019a「観光ビジョン実現プログラム 2019」http://www.mlit.go.jp/kankocho/topics02_000170.html（2023 年 1 月検索）

観光庁 2019b「『テーマ別観光による地方誘客事業』を 9 件選定しました」https://www.mlit.go.jp/kankocho/news05_000271.html（2023 年 1 月検索）

観光庁 2019c「観光教育のモデル授業検証・普及事業報告書」https://www.mlit.go.jp/common/001293097.pdf（2023 年 1 月検索）

212

観光庁 2020a「観光教育の普及に向けて」https://www.mlit.go.jp/kankocho/shisaku/sangyou/kyoiku_juujitsu.html（2023 年 1 月検索）

観光庁 2020b「改訂学習指導要領の内容をふまえた観光教育のプログラム作成等の業務報告書」https://www.mlit.go.jp/kankocho/shisaku/sangyou/content/001470891.pdf（2023 年 1 月検索）

観光庁 2022「登録観光地域づくり法人『登録 DMO』」http://www.mlit.go.jp/kankocho/page04_000054.html（2023 年 1 月検索）

観光予報プラットフォーム推進協議会 2019「旅のミライへ！〜『観光』が日本の基幹産業になるために（2019 年 8 月 20 日資料）」

企業市民協議会（CBCC）2017「CSR 実態調査結果」

企業メセナ協議会 2021「2020 年度メセナ活動実態調査［報告書］」https://www.mecenat.or.jp/ja/wp-content/uploads/MecenatReport2020.pdf（2023 年 1 月検索）

北九州イノベーションギャラリー 2019「平成 30 年度 活動紹介」

北九州産業観光 2022 http://sangyokanko.com/（2023 年 1 月検索）

北九州産業観光センター 2021「北九州産業観光センターについて」説明資料

北九州市 2022 https://www.city.kitakyushu.lg.jp/（2023 年 1 月検索）

北九州市エコタウンセンター 2022 https://www.kitaq-ecotown.com/center/（2023 年 1 月検索）

北九州市企画調整局政策調整課 2018「北九州市 SDGs 未来都市」https://www.city.kitakyushu.lg.jp/files/000817411.pdf（2023 年 1 月検索）

北九州市建築都市局総務部都市景観課 2019「第 5 回北九州市都市景観賞」https://www.city.kitakyushu.lg.jp/ken-to/file_0457.html（2023 年 1 月検索）

北九州市子ども家庭局子育て支援部青少年課 2019「公共事業評価 新科学館整備事業」

北九州市子ども家庭局子育て支援部青少年課 2021「公募時の募集案内・新科学館のイメージなど 展示について（1）」https://www.city.kitakyushu.lg.jp/files/000934736.pdf（2023 年 1 月検索）

北九州市子ども家庭局子育て支援部青少年課 2022a「報道資料：スペース LABO の施設概要について（2022 年 2 月 22 日）」

北九州市子ども家庭局子育て支援部青少年課 2022b「報道資料：スペース LABO（北九州市科学館）について（2022 年 3 月 28 日）」

北九州市産業経済局観光部観光課 2014「北九州市観光振興プラン」

北九州市産業経済局観光部観光課 2021「令和 2 年度 北九州市観光動態調査」

北九州市立自然史・歴史博物館 2013『「北九州市の宝もの」展覧会図録』

北九州市世界遺産課「官営八幡製鐵所 “世界遺産のある街” 北九州市世界遺産＆東田エリア関連施設ガイド」

北九州市若松区役所 2016「若松物語 特別号」ゼンリンプリンテックス

経済産業省 HPa「近代化産業遺産」https://www.meti.go.jp/policy/mono_info_service/mono/creative/kindaikasangyoisan/index.html（2023 年 1 月検索）

経済産業省 HPb「企業会計、開示・対話、CSR（企業の社会的責任）について」https://www.meti.go.jp/policy/economy/keiei_innovation/kigyoukaikei/index.html（2023 年 1 月検索）

建築設備技術者協会 2022「建築設備技術遺産について」https://www.jabmee.or.jp/about-heritage/（2023 年 1 月検索）

神戸市 HP「キーナの森」https://www.city.kobe.lg.jp/a10019/kurashi/machizukuri/park/intoro/kinanomori/index.html（2023 年 1 月検索）

国際博物館会議（ICOM）・ICOM 京都大会 2019 組織委員会 2020「第 25 回 ICOM（国際博物館会議）京都大会 2019 報告書」

国土交通省 2008「産業観光ガイドライン」

国土交通省 2011「国内調査 地方圏／一般への教育・余暇の提供（独）国立文化財機構九州国立博物館」https://www.mlit.go.jp/common/000165838.pdf

国土交通省 2017「平成 29 年度『都市景観大賞』受賞のお知らせ」https://www.cbr.mlit.go.jp/kisya/2017/05/0531.pdf（2023 年 1 月検索）

国土交通省 2019「観光白書（令和元年版）」（2023 年 1 月検索）

国立産業技術史博物館誘致促進協議会 1987「国立産業技術史博物館（仮称）構想」

サステナビジョン 2013「欧州委員会から欧州議会，評議会，欧州経済社会委員会，地域委員会へのコミュニケーション――CSR についての欧州連合新戦略 2011-2014 ――（仮訳）」下田屋毅監訳，下濱愛訳

産業観光推進懇談会 2013「第 6 次産業観光活動状況（2013 年 12 月付）」

産業観光推進懇談会 2020「第 89 回 産業観光推進懇談会（AMIC）次第」https://www.nagoya-cci.or.jp/pr/newsrelease20200708/14p.pdf（2023 年 1 月検索）

産業技術の歩みと未来を考える交流会議編 2003「産業技術の歩みと未来を考える交流会議 1993-2003」

産業技術保存継承シンポジウム開催委員会 1994, 1997, 1998, 1999, 2000「産業技術保存継承シンポジウム講演録」

産業技術歴史展実行委員会事務局編 1998「産業技術歴史展テクノフェスタ 21 実施報告書」

産業記念物調査研究委員会 1982「大阪の産業記念物に関する調査研究並びに博物館構想」大阪商工会議所

全国工場夜景都市協議会 2022「工場夜景 INFO」https://kojoyakei.info/（2023 年 1 月検索）

全国産業観光推進協議会 2019a「『産業』が『観光』になる～全国産業観光推進協議会の取組みについて～」

全国産業観光推進協議会 2019b「産業訪問の受け入れの実態と今後」産業観光フォーラム（2019 年 3 月 6 日・名古屋商工会議所）資料

中部産業活性化センター 1992「産業技術博物館『産業技術タウン』構想」

中部産業活性化センター 1998「産業技術博物館（仮称）構想実現化に関する調査報告書」

常滑市 2017「常滑市観光振興計画」

土木学会 2022「土木学会選奨土木遺産」https://committees.jsce.or.jp/doboku_isan/（2023 年 1 月検索）

名古屋市総務局 2006a「産業技術未来博物館構想調査について 総務環境委員会説明資料（平成 18 年 11 月 20 日）」

名古屋市総務局 2006b「産業技術未来博物館構想の基礎調査報告書（概要版）（平成 18 年 3 月）」

名古屋市総務局企画部企画課 2008「モノづくり文化交流拠点構想」

名古屋市総務局 2010a「モノづくり文化交流拠点構想」

名古屋市総務局 2010b「モノづくり文化交流拠点構想（概要版）」

名古屋市 HP「モノづくり文化交流拠点」https://www.city.nagoya.jp/shisei/category/53-10-12-0-0-

214

0-0-0-0-0.html（2023 年 1 月検索）

20 世紀博物館群基本構想委員会 1995「20 世紀博物館群基本構想」

日本学術会議史学委員会博物館・美術館等の組織運営に関する分科会 2017「提言『21 世紀の博物館・美術館のあるべき姿――博物館法の改正へ向けて――』」

日本学術会議史学委員会博物館・美術館等の組織運営に関する分科会 2020「提言『博物館法改正へ向けての更なる提言―― 2017 年提言を踏まえて――』」

日本学術会議史学委員会博物館・美術館等の組織運営に関する分科会 2023「見解『2022 年改正博物館法を受けて――今後の博物館制度のあり方について――』」

日本観光振興協会 HP「協会の概要」https://www.nihon-kankou.or.jp/home/gaiyou/（2023 年 8 月検索）

日本観光振興協会 HP「観光情報観るナビ 全国産業観光ガイド 産業観光まちづくり大賞」http://www.nihon-kankou.or.jp/sangyou/award_list.jsp（2023 年 1 月検索）

日本機械学会 2022「機械遺産」https://www.jsme.or.jp/kikaiisan/#section2（2023 年 1 月検索）

日本経済団体連合会 2020「社会貢献活動に関するアンケート調査結果」https://www.keidanren.or.jp/policy/2020/078.html（2023 年 1 月検索）

日本経済団体連合会 1％クラブ 2018「2017 年度 社会貢献活動実績調査結果」https://www.keidanren.or.jp/policy/2018/097_honbun.pdf（2023 年 1 月検索）

日本経済団体連合会 企業行動委員会／社会貢献推進委員会 社会的責任経営部会 2005「CSR 推進ツール」

日本経済団体連合会 HP http://www.keidanren.or.jp/（2023 年 1 月検索）

日本社会教育学会 2017「文部科学省の組織改編に伴う生涯学習政策局及び社会教育課『廃止』に関する要望書（平成 29 年 9 月 16 日）」https://www.jssace.jp/wysiwyg/file/download/958/265（2023 年 1 月検索）

日本社会教育学会 2018a「公立社会教育施設の教育委員会所管堅持に関する要望書（2018 年 6 月 2 日）」https://www.jssace.jp/wysiwyg/file/download/958/288（2023 年 1 月検索）

日本社会教育学会 2018b「『公立社会教育施設所管要望書』に対する関係学会からの賛同について（2018 年 8 月 7 日）」https://www.jssace.jp/wysiwyg/file/download/958/293（2023 年 1 月検索）

日本博物館協会 2017「ユネスコ勧告集 2015 年『ミュージアムと収蔵品の保存活用，その多様性と社会における役割に関する勧告』」

阪神・淡路大震災記念協会 1999「神戸文明博物館群（20 世紀博物館群）基本計画」

阪神・淡路大震災記念協会 2000「『神戸文明博物館群』構想推進シンポジウム 新時代のあり方を探る報告書」

半田市 2012「半田市産業・観光振興計画」

半田市 2016「半田市産業・観光振興計画 中間評価報告書」

東田地区文化施設整備構想検討委員会 1996「東田地区文化施設の整備の方向について」

文化遺産オンライン https://bunka.nii.ac.jp（2023 年 7 月検索）

文化審議会 2021「博物館法制度の今後の在り方について（答申）」

文化庁 HPa「博物館法の一部を改正する法律案（概要）」https://www.mext.go.jp/content/20220408-mxt_hourei-000021891_1.pdf（2023 年 1 月検索）

文化庁 HPb「文化観光」https://www.bunka.go.jp/seisaku/bunka_gyosei/bunkakanko/index.html

（2023 年 1 月検索）

文化庁 HPc「文化観光推進法 認定計画（44 計画）2022 年 9 月時点）」https://www.bunka.go.jp/
　seisaku/bunka_gyosei/bunkakanko/92441401.html（2023 年 1 月検索）

文化庁 2018「博物館クラスター形成支援事業 参考 平成 30 年度事業例」https://www.bunka.go.jp/
　seisaku/bijutsukan_hakubutsukan/shien/cluster_keisei/（2023 年 1 月検索）

文化庁 2020「北九州ミュージアムパーク創造事業地域計画」『文化観光推進法に基づき認定した拠点
　計画及び地域計画（令和 2 年 11 月 18 日認定）』https://www.bunka.go.jp/seisaku/bunka_gyosei/
　bunkakanko/pdf/92656701_38.pdf（2023 年 1 月検索）

文化庁 2021「博物館法制度の今後の在り方について（審議経過報告）2021 年 7 月 30 日」https://
　www.bunka.go.jp/seisaku/bunkashingikai/hakubutsukan/pdf/93293401_01.pdf（2023 年 1 月検
　索）

文化庁 2022「博物館法の一部を改正する法律の公布について（通知）2022 年 4 月 15 日」https://
　www.bunka.go.jp/seisaku/bijutsukan_hakubutsukan/shinko/kankei_horei/93697301.html（2023
　年 1 月検索）

文部科学省 2018「文部科学省の組織再編（平成 30 年 10 月 16 日）」

文部科学省 2019「地域の自主性及び自立性を高めるための改革の推進を図るための関係法律の整備に
　関する法律による社会教育関係法律等の改正について（通知）（令和元年 6 月 7 日）」

文部科学省 2023「令和 3 年度社会教育統計の公表について（令和 5 年 3 月 29 日）」

文部省 1956『修学旅行の手引き』東洋館出版社

■引用・参考資料（企業資料および企業文化施設資料など）

赤れんが便り vol. 64 2014 年 4 月号 トヨタ産業技術記念館

飯島修 2014「館長から」『トヨタ産業技術記念館メールマガジン』（2014 年 6 月 6 日配信）

飯島修 2017「トヨタ産業技術記念館 外国人来館者受入れ体制の整備」産業観光推進懇談会説明資料
　（2017 年 5 月 26 日）

イオンモール 2022「ニュースリリース：『（仮称）八幡東田プロジェクト』正式名称，グランドオープ
　ン日決定，および『ASOBLE』出店のご案内（2022 年 2 月 3 日）」

INAX ライブミュージアム HP https://livingculture.lixil.com/ilm/（2023 年 1 月検索）

Weekly TOYOTA 1991 年 2 月 1 日号「トヨタ鞍ヶ池記念館 トヨタのルーツがズラリ一堂に」

北九州地区企業博物館ネットワーク「リーフレット」

国立科学博物館 HP https://www.kahaku.go.jp/（2023 年 1 月検索）

ゼンリン 1998「年表」『ゼンリン 50 年史』ゼンリン pp. 390-402

ゼンリン 2003 年 7 月 15 日「ニュースリリース：ゼンリン『地図の資料館』7 月 17 日オープン」

ゼンリン 2020 年 5 月 26 日「ニュースリリース：歴史を映し出す地図の博物館『ゼンリンミュージア
　ム』2020 年 6 月 6 日（土）にオープン！」

ゼンリン 2022「初コンタクト資料」https://www.zenrin.co.jp/ir/pdf/firstcontact.pdf（2023 年 1 月検
　索）

ゼンリン HPa「企業情報」https://www.zenrin.co.jp/company/summary/index.html（2023 年 1 月検
　索）

ゼンリン HPb「会社沿革」https://www.zenrin.co.jp/company/summary/history/index.html（2023

年1月検索）

ゼンリンミュージアム HP https://www.zenrin.co.jp/museum/（2023年1月検索）

帝国データバンク史料館 2019 企画展「産業文化博物館からのメッセージ」展示資料

TOTO 2016年9月16日「ニュースリリース：TOTO 創立100周年記念事業『TOTO ミュージアム』来館者累計10万人を達成」

TOTO 2019a 2019年2月27日「新着情報：第8回 北九州市都市景観賞 建築デザイン賞 受賞」https://museum.toto.jp/topics/detail/32（2023年1月検索）

TOTO 2019b 2019年7月4日「新着情報：TOTO ミュージアム ご来館者30万人突破！」（2023年1月検索）

TOTO HPa「先人たちの想い」https://jp.toto.com/history/philosophy/ambition/（2023年1月検索）

TOTO HPb「TOTO の進化（年表）」https://jp.toto.com/history/evolution/（2023年1月検索）

TOTO HPc「企業概要」https://jp.toto.com/company/profile/outline/information/index.htm（2023年1月検索）

TOTO 百年史編纂事務局 2017『TOTO 百年史』TOTO 株式会社

TOTO ミュージアム 2017『TOTO MUSEUM』TOTO 株式会社

TOTO ミュージアム HPa「TOTO ミュージアム」https://jp.toto.com/knowledge/visit/museum/（2023年1月検索）

TOTO ミュージアム HPb「所蔵品の認定遺産」https://jp.toto.com/museum/exhibition/certified_heritage.htm（2023年1月検索）

トヨタ鞍ヶ池記念館 パンフレット（発行年不詳，推定1975年頃）

トヨタ鞍ヶ池記念館 HP https://www.toyota.co.jp/jp/about_toyota/facility/kuragaike/（2023年1月検索）

トヨタグラフ 1960年9月号「トヨタを一堂に」

トヨタグラフ 1977年11月2日号「トヨタ会館オープン」

トヨタ産業技術記念館「自動車事業創業期」https://www.tcmit.org/exhibition/car/car01/（2023年1月検索）

トヨタ産業技術記念館 HP http://www.tcmit.org（2023年1月検索）

トヨタ産業技術記念館編 2018『トヨタ産業技術記念館 ガイドブック 改訂版』

トヨタ自動車工業編 1958『トヨタ自動車 20年史』トヨタ自動車工業株式会社

トヨタ自動車工業編 1977「愛される車を世界に トヨタ会館展示ホール（パンフレット）」

トヨタ自動車工業編 1978「工場公開業務の変遷」『トヨタのあゆみ 部門編・1968～1977 40周年記念』トヨタ自動車工業株式会社 pp. 909-917

トヨタ自動車ニュースリリース 1999年3月19日「トヨタ博物館 新館が完成」

トヨタ自動車ニュースリリース 1999年6月4日「トヨタ鞍ヶ池記念館に創業当時を物語る展示を充実，一般にも開放」

トヨタ自動車ニュースリリース 2016年12月20日「トヨタ博物館本館常設展示のリニューアル完成」

トヨタ自動車ニュースリリース 2019年3月13日「トヨタ博物館開館30周年『クルマ文化資料室』をオープン」

トヨタ自動車編 2012『トヨタ自動車 75年史』トヨタ自動車株式会社

トヨタ新聞 1960年8月27日号「本館，トヨタホール完成」

トヨタ新聞 1989 年 4 月 21 日号「トヨタ博物館特集」

トヨタニュース 1960 年 10 月号「豊田市トヨタ町 1 番地の新社屋」

トヨタ博物館ニュースリリース 2022 年 3 月 16 日「トヨタ博物館の新展示コーナー『クルマづくり日本史』2022 年 4 月 16 日（土）にオープン」

トヨタ博物館編 1995『5 年のあゆみ』トヨタ自動車株式会社

トヨタ博物館編 1999『トヨタ博物館館だより No. 40』トヨタ自動車株式会社

トヨタ博物館編 2000『10 年のあゆみ』トヨタ自動車株式会社

トヨタ博物館編 2001『新館展示ガイド「クルマと暮らしの博物誌」』トヨタ自動車株式会社

トヨタ博物館編 2022『年報 2021』トヨタ自動車株式会社

ニッスイパイオニア館 HP https://nissui.disclosure.site/ja/themes/109（2023 年 1 月検索）

ニッスイパイオニア館 リーフレット

日本水産 2021「ニッスイ サステナビリティレポート 2021」

日本水産 HP「沿革」https://www.nissui.co.jp/corporate/history/index.html（2023 年 1 月検索）

ミツカン 2009「ニュースリリース：半田工場の生産機能の縮小・移管について」（2009 年 7 月 2 日）

ミツカン 2012「ニュースリリース：ミツカングループ『本社地区再整備プロジェクト』進捗状況のご報告」（2012 年 9 月 12 日）

ミツカン 2014「ニュースリリース：ミツカングループの新企業情報発信施設の名称決定！ MIZKAN MUSEUM（ミツカン ミュージアム）愛称：MIM（ミム）」（2014 年 1 月 21 日）

ミツカン 2015「ニュースリリース：MIZKAN MUSEUM（愛称 MIM（ミム））展示概要のお知らせ」（2015 年 4 月 14 日）

MIZKAN MUSEUM 2019「MIZKAN MUSEUM について」産業文化博物館コンソーシアム資料（2019 年 11 月 27 日）

MIZKAN MUSEUM HP http://www.mizkan.co.jp/mim/index.html（2023 年 1 月検索）

安川電機 2015 年 6 月 3 日「お知らせ 北九州市黒崎の町に「ロボット村」がついにオープン！」https://www.yaskawa.co.jp/newsrelease/news/11072（2023 年 1 月検索）

安川電機 2016 年 3 月 7 日「お知らせ 創立 100 周年事業『安川電機歴史館』開所について」https://www.yaskawa.co.jp/newsrelease/news/14709（2023 年 1 月検索）

安川電機 HPa「5 つのキーワードでわかる安川電機」https://www.yaskawa.co.jp/5keywords/#domain（2023 年 1 月検索）

安川電機 HPb「地域との共生・共創」https://www.yaskawa.co.jp/company/csr/social-relationship/contribution（2023 年 1 月検索）

安川電機 HPc「プレスリリース 新着情報」https://www.yaskawa.co.jp/newsrelease（2023 年 1 月検索）

安川電機百周年事業室 2015『安川電機 100 年史』安川電機

安川電機みらい館 https://www.yaskawa.co.jp/robot-vil/miraikan/index.html（2023 年 1 月検索）

LIXIL 2019「ニュースリリース：INAX ライブミュージアム『窯のある広場・資料館』3 年にわたる保全工事が完了し，新たな展示とともにオープン」（2019 年 8 月 28 日）https://newsrelease.lixil.co.jp/news/pdf/2019082801.pdf（2023 年 1 月検索）

LIXIL HPa「LIXIL グループの歩み」https://www.lixil.com/jp/about/history.html（2023 年 1 月検索）

218

LIXIL HPb「ニュースリリース：LIXIL ギャラリー閉廊と LIXIL 出版終了のお知らせ」（2020 年 5 月 15 日）https://livingculture.lixil.com/information/gallery/lixillixil/（2023 年 1 月検索）
若築建設 2021「コーポレートレポート 2021」
若築建設 HP「わかちく史料館」https://www.wakachiku.co.jp/shiryo/（2023 年 1 月検索）
わかちく史料館 リーフレット

■引用・参考資料（新聞，雑誌など）
朝日新聞 2015 年 6 月 3 日朝刊「動くか，黒崎活性化 安川電機ロボット村，オープン／福岡県」
朝日新聞 2015 年 8 月 29 日夕刊「西発見）トイレ 100 年，進化の軌跡 北九州の TOTO 本社に博物館」
朝日新聞 2015 年 11 月 8 日朝刊「黒崎 転機のまちから（上）ロボット村，活況の未来図／福岡県」
朝日新聞 2018 年 2 月 19 日朝刊「イオン新施設，21 年に スペースワールド跡地活用／福岡県」
朝日新聞 2019 年 2 月 7 日朝刊「科学館，スペワ跡地へ 北九州市，イオンと連携 開設 22 年以降／福岡県」
中日新聞 1989 年 7 月 2 日 朝刊「頭脳集約型産業メッカ 中部通産局の『ソフィアプラン』実現，いばらの道 激しい地域間競争」
中日新聞 1989 年 11 月 14 日 朝刊「中部圏の将来像実現で提言 国土庁 青年塾や産業技術博物館 東海アジア地域は太平洋の人材育成」
中日新聞 2005 年 4 月 25 日 朝刊「3 選の松原名古屋市長抱負 生きた観光都市目指す『名古屋発の教育』と『小さな市役所』推進」
中日新聞 2005 年 12 月 26 日 朝刊「技術の過去と未来紹介 産業技術未来博物館構想 市がイメージ提示」
中日新聞 2008 年 4 月 16 日 朝刊「金城ふ頭に鉄道博物館 歴代新幹線一堂に JR 東海 2011 年度開館目指す」
中日新聞 2009 年 5 月 6 日 朝刊「河村市長 モノづくり拠点見直し名港金城ふ頭 鉄道博物館は容認」
日経アーキテクチュア 2015「フォーカス［建築］TOTO ミュージアム（北九州市）」2015 年 10 月 25 日号
日本経済新聞 1990 年 11 月 18 日 朝刊「財界，誘致構想見直しも――大阪・千里の産業技術史博物館，文部省側が打診――」
日本経済新聞 1997 年 1 月 11 日 朝刊「協会設置など 7 項目，震災記念プロジェクト検討委が中間報告提出」
日本経済新聞 1999 年 8 月 12 日 朝刊「神戸文明博物館群，10 館程度を整備――神戸市基本計画，都市などテーマに――」
日本経済新聞 2007 年 8 月 21 日 朝刊「神戸市，2 年前倒し達成へ，市債 5000 億円削減，箱もの抑制奏功」
日本経済新聞 2014 年 5 月 10 日「ゼンリン，本社機能を移転／地方経済面 九州）」
日本経済新聞 2016 年 9 月 16 日「TOTO ミュージアム，来館者 10 万人突破，当初予想の 5 倍のペース 1/地方経済面 九州」
毎日新聞 1994 年 9 月 6 日 朝刊「『基本構想懇話会』をこのほど設置 神戸市」
毎日新聞 1995 年 6 月 17 日 朝刊「阪神大震災 復興プラン 5 年以内に着手 神戸市」

毎日新聞 1996 年 4 月 17 日 朝刊「復興特定記念プロジェクトの検討委員会が 26 日発足 国の積極支援を期待」

毎日新聞 2013 年 4 月 19 日西部夕刊「北九州・黒崎地区：副都心・黒崎，よみがえれ JR 駅建て替え，『ロボット村』も／西部」

毎日新聞 2015 年 12 月 25 日朝刊「北九州市：10 大ニュース　1 位は世界文化遺産 ／福岡」

毎日新聞 2019 年 11 月 1 日朝刊「ゼンリンミュージアム 来年 4 月開館「地図の資料館」を改装 小倉北／福岡」

読売新聞 2006 年 9 月 22 日朝刊「スミソニアン日本版ピンチ 土木博物館建設を断念 神戸市，震災で財政悪化」

読売新聞 2009 年 3 月 13 日朝刊「産業資料 2 万点廃棄へ 博物館頓挫，保管場所なく 大阪府など決定」

読売新聞 2022 年 1 月 13 日夕刊「阪神大震災 27 年 伝え遺す」（下）被災地に向き合い研究」

索　　引

アルファベット

CSR→企業の社会的責任も参照　77
　　──活動　84,85
　　──元年　78,80
　　──実態調査　79
　　──推進ツール　77,78
『CSR 時代の社会貢献活動』　78
CSV　78,80
ESG　77
INAX　131
INAX ライブミュージアム　108,120,131
ISO26000　77
LIXIL　131
MICE　111
MIZKAN MUSEUM　108,120,128
SDGs（持続可能な開発目標）　78
SHINE 博物館構想　146-148,173,176,183
TOTO　166
TOTO 百年史　168
TOTO ミュージアム　142,157,167
TOTO 歴史資料館　167
UN Global Compact　77

あ

アイアンブリッジ峡谷博物館　60
あいち観光元年　124
愛知県　47,108,119,120,124
愛知県観光振興基本条例　124
愛知デスティネーションキャンペーン　131
愛知 21 世紀万博基本構想　45
愛知万博　45,60,121,124,134,185
アイデンティティ　27,177,185
アウラからノスタルジアヘ　27,185
明日の日本を支える観光ビジョン　6

アーリ，J.　25,26,119,185
有馬朗人　146
飯田庸太郎　49,50
遺産　31
遺産化の自動機械　32,176,184,187
1 ％クラブ　78
市立名古屋科学館　39
伊藤寿朗　187
伊奈製陶株式会社　131
伊奈長三郎　131
インスティテューション　73,85
　　──（制度）　83
インバウンド　127
インフォーマル学習　107,113
上田篤　41,53,58
梅棹忠夫　41,44,52,53,58,72,81,190
エクスプラトリアム　38,39
演出された真正性　25,28,106,111,113
欧州委員会　77
大倉和親　166
大阪工業会　42,59
大阪商工会議所　42
大阪の産業記念物に関する調査研究並びに博物
　　館構想の策定　42
大阪府　41
大迫正富　170
荻野昌弘　32
表-局域／裏-局域　27
表舞台　27

か

科学館　35
科学技術交流財団　47
科学技術白書　35
科学立国　183

稼ぐ文化　4
片岡勝製陶所　132
樺山紘一　66
官営八幡製鐵所　141,142
環境観光　151
観光学習　107
観光型博物館　10
観光基本法　7
観光教育　105
観光資源　111,122,138,178,181
観光資源化　34
　　——プロセス　177,185
観光資源の発掘・磨き上げ　106
観光志向型　10,187,188,191
観光施設　4
観光社会学　25,142
観光地域づくり法人（DMO）　8
観光のための教育　106
観光の場　26,177,186
「観光の場」の発現　119,137,142,177,181
観光のまなざし　25,26,34,119,137,142,185
観光白書　6
観光プロデューサー　137,185,191
観光まちづくり　8,9,11,13,103
　　——論　11
観光立国　8
観光立国推進基本計画　7,106
観光立国推進基本法　7,106
関西経済同友会　59
関西経済連合会　59
完全性　32,176
機械遺産　168
企業　181
企業価値の向上　78
企業行動憲章　78
企業市民協議会（CBCC）　78,79
企業史料協議会　68,81
企業と社会貢献　78
『企業と史料』　81

企業の社会的責任（CSR）　80,187
企業の神聖化装置　66
企業白書『「市場の進化」と社会的責任経営』
　　78
企業博物館　15,17,65-67,80-82,85,119,137,
　　141,151,176,181,186,193
　　——と産業観光　192,194
企業メセナ活動　79,80,84
企業メセナ協議会　79
企業理念　137,187
北九州イノベーションギャラリー→北九州産業
　　保存継承センターも参照　61,176
北九州観光コンベンション協会　142
北九州工業地帯　143,151,158
北九州産業観光センター　142,152,185
北九州産業保存継承センター（北九州イノベー
　　ション・ギャラリー）　147,148
北九州市　141,142
北九州市科学館　142,153,155
北九州市観光振興プラン　150
北九州市都市景観賞　160,168
北九州市立自然史・歴史博物館　142,153
北九州市ルネッサンス構想　145,173
北九州商工会議所　142,162,166
北九州地区企業博物館ネットワーク　169,
　　174
北九州博覧祭　147,150,177
北九州ミュージアムパーク創造事業地域計画
　　141,153,155,157,174,177,185
北九州ルネッサンス構想　150
教育観光　106,107,112
教育資源　138
教育のための観光　105
行政の文化化　73
近代遺産総合調査　184
近代化遺産　14,173
　　——総合調査　14,61,134
　　——の認定制度　184
近代化産業遺産　134,167

索　　引　223

──群　14,127,134,149,184
近代的公共博物館　38,193
黒崎　163,164,178
経済的貢献　1
経済同友会　78
経団連→日本経済団体連合会も参照　77
結果観光論　11
研究産業協会　47,50
建築設備技術遺産　168
公益　71
公益財団法人日本博物館協会　67
公益性　70
公共　71,75
公共機関　181-183,185,186
公共サービス　75
公共財　73
公共事業の民営化　72
公共性　32,70-73,75,81,85
公共的価値　85
　──の最大化　84
公共的役割　74
公共博物館　28
公共文化施設　75
公共ホール　73
工場見学　15,88,111,112,129,151,173,174,
　194
工場公開　87,88
工場夜景　151
高度経済成長期　40,60
神戸文明博物館群（20世紀博物館群）基本計
　画　53
　──策定委員会　52,53
公立科学館　39
公立文化施設　83
　──ブーム　72
国際博物館会議（ICOM）　1,67
　──京都大会　1
　──職業倫理規定　5
　──博物館定義の改正　1

──博物館定義の改正案　193
国際連合　77
国民国家　28,32,186
国民の同一性　32
小倉　178
国立アメリカ歴史博物館　60
国立科学博物館　36
国立科学博物館産業技術史資料情報センター
　37,61
国立産業技術史博物館　41
　「──（仮称）」構想　42,44
　──構想　39,43
　──誘致促進協議会　42,44
五市合併　141,145,177
国家遺産　31
ゴフマン，E.　27

さ

サイエンスセンター　38,39
サウス・ケンジントン博物館　14,28
産業　37,181,192
産業遺産　14,16,25,61,151,173,184
産業観光　17,25,102,106,107,124,125,134,
　150
産業観光ガイドライン　102,103,120
「産業観光」キャンペーン　122
産業観光国際フォーラム　124
産業観光サミット in 愛知・名古屋　61,102,
　123,125,134
産業観光施設　99
産業観光推進委員会　125
産業観光推進会議　102
産業観光推進懇談会（AMIC）　99,109,123,
　122,134,185
産業観光推進宣言　61,123
産業観光政策　119,141,181
産業観光まちづくり大賞　17,103,141,152
産業観光論　25
産業技術　183

産業技術記念館　123,126
産業技術資料　42,43
産業技術史資料情報センター→国立科学博物館
　　産業技術史資料情報センターも参照　36
産業技術と歴史を語る懇談会　49
産業技術の歩みと未来を考える交流会議　50
産業技術の歴史の継承と未来への創造　49
産業技術の歴史を語るシンポジウム　47
産業技術博物館　19,35,40,62
産業技術博物館（仮称）構想実現化に関する調
　　査委員会　48
産業技術博物館（仮称）構想実現化に関する調
　　査報告書　48
産業技術博物館ネットワーク（HITNET）
　　37
産業技術博物館をつくろう——世界と日本の産
　　業技術継承活動——　51
産業技術保存継承シンポジウム　47
産業技術未来博物館　54
　　——構想　55
　　——構想調査　54
産業技術歴史展テクノフェスタ21　50,51
産業考古学会　81
産業振興　18,35
産業の文化遺産化　181
産業博物館　14,19,37,40,176
産業文化財　14
産業文化博物館　66
産業文化博物館コンソーシアム　68
シカゴ科学産業博物館　14,15,38,60
シカゴ万国博覧会　14
自社史料　82,83,174
自然史博物館　38,39
指定管理者制度　3,72
地場産業　35,36,137,142,194,195
市民のなかの博物館　10,187,195
社会科見学　129
社会教育施設　4,74
社会教育調査　3,37,74

社会教育統計　69
社会教育法　2,74
社会貢献　82,174
社会貢献活動　78,80,84
社会的貢献　1
社会的責任投資　77
社史　68,174
修学旅行　151
従業員参加　78
周年事業　15,60,70,159,160,164,168,174,
　　183
収蔵品　73
準公共財　73,84
私立博物館　74
真正性　25,32,176
水道蛇口論　72
末吉興一　145
須田寛　25,48,107,109,121,195
ステークホルダー　67,187
スペースワールド　146,154,177
スミソニアン博物館群　38,51,60
青少年科学館・科学センター　36
製造業　35,125
製造業離れ　35,49,97,126
生物多様性条約第10回締約国会議（COP10）
　　名古屋　54
世界遺産　14,32,61,143,184
　　——条約　14,184
世界の二重化　32
全国科学博物館協議会　37,67
全国科学館連携協議会　37
全国産業観光推進協議会　17,103,134,152
全国産業観光フォーラム　123
全国美術館会議　5,67
選奨土木遺産　158,159
全日本博物館学会　4
ゼンリン　170
ゼンリンミュージアム　142,157,171

索　引　225

た

第一回ロンドン万国博覧会　14
第三世代の博物館　10,195
対象　181-183,185
第二次産業　60
第四次全国総合開発計画　45
高橋雄造　28
他者　32
脱工業化　27,31,112,126,129,138,185,194
脱文脈化　187
棚橋祐治　49
ダニロフ，V.J.　15,66
地域アイデンティティ　34,138,178,181,186,
　187,191
地域貢献　82,111,174,178
地域資源　194
地域資源化プロセス　17
地域志向型　10,187,188,191
地域の産業　129,161
筑豊炭田　158,162
地図の資料館　170
地方自治法改正　72
着地型観光　8
中央志向型　10,187,188,191
中核文化観光拠点施設　3,153,155
中部経済連合会　47,59
中部産業遺産研究会　47,58
中部産業活性化センター　45-47
鉄鋼文明史館構想　147,176,183
ドイツ博物館　38,60
東海旅客鉄道　121
洞海湾　158,160
動態展示　127
動態保存　94
登録博物館　3,69,74,84
　——制度　69
登録文化財制度　14,61,134
常滑市　108,120,131

図書館法　74
戸畑　161
土木学会　58
トヨタ　85
トヨダAA型乗用車　92,94
　——の復元　93
豊田英二　91,125
トヨタ会館　85,88
豊田喜一郎　92,125
トヨタ鞍ヶ池記念館　86
トヨタグループ　85,97
　——発祥の地　97
豊田佐吉　98,126
豊田佐吉記念館　86
トヨタ産業技術記念館　85,97,120,126
豊田式汽力織機　92
トヨタ自動車　125
トヨタ自動車株式会社　85,86
　——創立50周年　93
トヨタ自動車工業株式会社　86
トヨタ自動車50年史　93
トヨタ自動車販売株式会社　86
豊田自動織機製作所栄生工場　97
豊田自動織機製作所内自動車部　91
トヨタ創業期試作工場　86
トヨタ博物館　85,93
トヨタホール　87
トリップアドバイザーの「工場見学＆社会科見
　学ランキング」　99,127

な

内国勧業博覧会　29
中牧弘允　66
名古屋市　47,54
名古屋商工会議所　47,59,122
　——文化委員会　121
ナショナリズム　28,186
21世紀日本の構想　76
21世紀万博基本構想策定委員会　45

ニッスイ　160
　——戸畑ビル　160
ニッスイパイオニア館　142,157,160,161
担い手　181-183,185,186
日本学術会議史学委員会博物館・美術館などの
　　組織運営に関する分科会　69
日本観光振興協会　103
日本経済団体連合会　77
日本産業技術史学会　42,43,58
日本社会教育学会　4
日本水産→ニッスイも参照　160
日本万国博覧会　41
認定制度　138,186,187
ネットワーク化　26,185,194
ノスタルジア　27,138,178
ノンフォーマル学習　107,113

は

博物館　1,29-31,73
博物館化　31,187
博物館学的欲望　32-34,142,176,181
博物館「酢の里」　129,130
博物館政策　141
博物館と観光　2,9,13,33,194,195
博物館の登録制度　69
博物館の三つの型　187
博物館法　69,74
博物館法の改正　2,4,69,70,85
博物館類似施設　3
博覧会　14,29
博覧会国際事務局（BIE）　45
発現力　26
発地型観光　8
場の遺産化　26,132,138,177,178,185,186
パブリック　71,84,85
パリ工芸院博物館　38
半田運河周辺地区　129
半田市　108,120,128
万博　29

万博記念公園　41,44
東田第一高炉　147,173
　——跡　149
東田地区　154,173
東田地区文化施設整備構想検討委員会　146
東田地区（八幡東区）ミュージアムパーク創造
　　事業　154
東田ミュージアムパーク実行委員会　153
ビジネスインバウンド　111
非日常　25
フィランソロピー活動　82
フォーマル学習　107
フーコー，M.　25
富士モータースポーツミュージアム　86,97
舞台裏　27
負の遺産　14
ブルジョアジー　29
文化　71
文化遺産　16,31,32,73
　——の社会学　142
文化観光　2,69
　——推進法　3,4,69,141
文化行政　72
文化芸術基本法　3
文化財　73
　——の観光資源化　4
　——保護法　5,74
文化資源　16,138,181
文化資源化　34
　——プロセス　192
文化施設　73,83
ヘンリー・フォード博物館　60
ポストモダン　25
ボヘミアン　28

ま

マキァーネル，D.　25,27,106,107,111,113
松原武久　54
まなざし　26

民主化　26,32,176,184,187
明治専門学校　162
明治日本の産業革命遺産　143,149
モノづくり　60,97,98,125,126,186
　——検討会議　54
　——文化　54
　——文化交流拠点構想　54,56
　——文化交流拠点　54,55
　——文化交流懇談会　54

や

安川敬一郎　158,162
安川財閥　158,162
安川第五郎　162
安川電機　162
安川電機みらい館　142,157,163,164
安川電機歴史館　163
安川電機ロボット村　163
YASKAWAの森　163

安村克己　25,107
ユネスコ　14
吉田光邦　41,44,58

ら

ラ・ヴィレット　38
ラーセン，J.　26,119,185
理工系人材不足　49
理工学系博物館　35,37
リニア・鉄道館　55
ルーヴル美術館　28
労働者階級　26
ロンドン科学博物館　38,60

わ

若築建設　158
わかちく史料館　142,157,158
若松港　158
若松港築港関連施設群　158,159

《著者紹介》

佐藤 友美 (さとう　ともみ)

1991年　京都大学経済学部卒業．2023年　名古屋大学大学院教育発達科学研究科博士後期課程修了．博士（教育学）．専攻は博物館学，文化政策．
1991年から株式会社中日新聞社事業局で美術展などの文化事業企画・運営に従事，2009年からはトヨタ自動車株式会社に勤務，トヨタ博物館副館長，トヨタボランティアセンター長などを歴任．2023年から名古屋市が設置した名古屋版アーツカウンシルの実働機能である中間支援組織クリエイティブ・リンク・ナゴヤ理事兼ディレクター，名古屋市文化芸術推進評議会委員．金城学院大学，名古屋学院大学非常勤講師．

主要著作

「愛知県における企業博物館の観光資源化プロセスに関する考察──『観光のまなざし』と『観光の場』発現の視点から──」（『博物館学雑誌』第46巻第2号，2021年）．

「トヨタの展示施設の設立経緯と，各役割の変遷」（『トヨタ博物館2021年度年報』，2022年）．

「産業技術への関心の高まりと企業博物館」（共著，辻浩編『高度経済成長と社会教育』大空社出版，2023年）．

地域資源としての企業博物館
──観光・文化への貢献の視点から考える──

2025年4月30日　初版第1刷発行

著　者　佐藤友美 ©

発行者　萩原淳平

印刷者　田中雅博

発行所　株式会社　晃洋書房
　　　　京都市右京区西院北矢掛町7番地
　　　　電話　075 (312) 0788 ㈹
　　　　振替口座　01040-6-32280

印刷・製本　創栄図書印刷㈱
装幀　三森健太（JUNGLE）
ISBN978-4-7710-3925-4

JCOPY 〈㈳出版者著作権管理機構 委託出版物〉
本書の無断複写は著作権法上での例外を除き禁じられています．複写される場合は，そのつど事前に，㈳出版者著作権管理機構（電話03-5244-5088, FAX 03-5244-5089, e-mail:info@jcopy.or.jp）の許諾を得てください．